Marita Henderson
Petra Born
Anne Rohner

Ausländische Patienten im Maßregelvollzug (§ 63 StGB)

Aufenthalt und Rückführung.
Ein Leitfaden für die Praxis.

Institut für forensische
Psychiatrie Haina e.V.

IFPH

Marita Henderson
Petra Born
Anne Rohner

Ausländische Patienten im Maßregelvollzug (§ 63 StGB)

Aufenthalt und Rückführung.
Ein Leitfaden für die Praxis.

Bibliografische Information der Nationalbibliothek. Die Deutsche Nationalbibliothek verzeichnet diese Publikation in der Deutschen Nationalbibliografie; detaillierte bibliografische Daten sind im Internet über http://dnb.d-nb.de abrufbar.

Dieses Werk einschließlich aller seiner Teile ist urheberrechtlich geschützt. Dies gilt ausdrücklich auch für die dem Manual beigefügte CD. Jede Verwertung außerhalb der engen Grenzen des Urheberrechtsgesetzes ist ohne Zustimmung der Herausgeber unzulässig und strafbar. Dies gilt insbesondere für Übersetzung, Nachdruck und Vervielfältigungen, Vortrag, Entnahme von Abbildungen und Tabellen, Funksendungen, Mikroverfilmung oder Vervielfältigung auf anderen Wegen sowie Speicherung in Datenverarbeitungsanlagen.

ISBN 978-3-933796-05-9
Haina 2019

Institut für forensische
Psychiatrie Haina e.V.

Die Herausgeberinnen

Marita Henderson ist seit 1994 im Maßregelvollzug tätig, seit 2012 in der Funktion der Ausländerbeauftragten der Vitos Klinik für forensische Psychiatrie Haina.

Dr. phil. Petra Born ist seit 1992 in der Vitos Klinik für forensische Psychiatrie Haina tätig, seit 2008 in der Stabsabteilung „Recht und Organisation".

Anne Rohner ist seit 2004 Justiziarin und seit 2016 Syndikusrechtsanwältin der Vitos Klinik für forensische Psychiatrie Haina.

Über diesen Leitfaden

Für Ausländer[1] in Deutschland hat ein Strafverfahren oft auch ausländerrechtliche Konsequenzen.[2]

So kann der Betroffene durch die Verurteilung sein Aufenthaltsrecht verlieren und aus der Bundesrepublik ausgewiesen und in sein Heimatland abgeschoben werden.

Die Behörden sind dabei ausländerrechtlich gehalten, zwischen dem Bleibeinteresse des Ausländers und dem Ausweisungsinteresse des Staates abzuwägen.

Bei verurteilten Ausländern kann die deutsche Justiz darüber hinaus gemäß § 456a der Strafprozessordnung (StPO) von der Vollstreckung der vollen Haftstrafe oder der Maßregel zur Besserung und Sicherung absehen, und der ausreisepflichtige Verurteilte wird in sein Herkunftsland abgeschoben. Bei Erwachsenen entscheidet die Staatsanwaltschaft, bei nach Jugendstrafrecht verurteilten Tätern entscheidet ein Jugendrichter. Nach Verurteilung wegen besonders schwerer Straftaten, bei schweren Rauschgiftdelikten oder Verbrechen aus dem Bereich der organisierten Kriminalität erfolgt in der Regel eine gesonderte Prüfung.

Der ausgewiesene ausländische Straftäter muss mit einem mehrjährigen Wiedereinreiseverbot in die Bundesrepublik rechnen.

Für in Deutschland verurteilte Ausländer ist es außerdem möglich, die hier verhängte Strafe ganz im Heimatland zu verbüßen – unter der Voraussetzung, dass der Heimatstaat das Übereinkommen über die Überstellung verurteilter Personen ratifiziert hat.

Zu den genannten Rückkehrmöglichkeiten kommen noch Abkommen auf europäischer Ebene, zum Teil ratifizierte Verträge, die sich in der Praxis noch

---

[1] Die Begriffe „Ausländerin" und „Ausländer" sind Fachbegriffe, die in den Berichten der Bundesregierung zur Bezeichnung nicht-deutscher Staatsangehöriger verwendet werden.
[2] Bundestag, 2015a, 2016a.

nicht auswirken. Hier gibt es nur ansatzweise Beispiele, so in der deutsch-französischen Grenzregion. Es handelt sich hier um Abkommen, die eine Untersuchungshaft und/oder die Umsetzung einer Bewährungszeit im europäischen Herkunftsland anstreben.

Ähnlich wird das im hessischen Maßregelvollzug schon in Einzelfällen durch die entscheidenden Gerichtsbarkeiten umgesetzt, z. B. bei Mehrfachstaatern in Form der Entlassung auf Bewährung bei gleichzeitiger Ausreise in das Herkunftsland. Zukunftsweisend und arbeitsaufwendig für alle Beteiligten – dazu später mehr.

Im Hinblick auf Rückführungsmöglichkeiten ist die Situation für ausländische Patienten im Maßregelvollzug grundsätzlich nicht anders als die für Strafgefangene. Allerdings bestehen aufgrund der psychischen Erkrankung zusätzliche Bedingungen für die Rückführung (oder freiwillige Ausreise) in die Herkunftsländer. Für ausländische Patienten des Maßregelvollzugs muss beispielsweise die psychiatrische Behandlung im Heimatland sichergestellt werden. Diese Voraussetzungen haben im Rahmen der Maßnahmen gemäß des § 456a StPO rechtliche Notwendigkeit, aber auch professionell ethische Gründe für die Maßregelvollzugsklinik und die entscheidenden Behörden.

Rechtsstaatliche Vorgaben wie die ausländerrechtlichen Regelungen und die strafrechtlichen Gegebenheiten bilden je eine Seite des Rahmens, in dem sich die Mitarbeiter des Maßregelvollzugs bei der Bearbeitung von Rückführungsfällen bewegen. Die anderen Seiten werden bestimmt von der Haltung des Patienten selbst: So kann der freiwillige Rückkehrwunsch eines Patienten im Rahmen von Maßnahmen gemäß § 456a StPO schon innerhalb der geschlossenen Unterbringung unterschiedlich diskutiert werden, und nicht zu vergessen ist die Sichtweise der über die Maßnahme entscheidenden Staatsanwaltschaft, auch unter Beachtung des Sicherheitsbedürfnisses der Bevölkerung.

Ziel dieses Taschenführers ist die Bereitstellung eines kurzen, praktischen Leitfadens zu Aufenthaltsrecht und Rückkehr von ausländischen Patienten im Maßregelvollzug für die mit diesen Fragen befassten Mitarbeiter.

Nach einem kurzen historischen Abriss und der Erläuterung zentraler Begriffe sowie der Darstellung einiger Kerndaten (Kapitel 1) soll dieses kleine Handbuch dem Leser die juristischen Grundlagen knapp und übersichtlich präsentieren (Kapitel 2, 3 und 4). Eine ausführliche Beschreibung der hessischen Praxis (Kapitel 5) soll als Aide-Mémoire im Beratungs- und Organisationsprozess dienen.

Zur Erleichterung bei der Nutzung in der täglichen Arbeit enthält der Leitfaden eine Liste hilfreicher Internet-Quellen (Kapitel 6), relevante Gesetze zum schnellen Nachschlagen (Kapitel 7), Urteile (Kapitel 8), Vorlagen für Bescheinigungen und eine Belehrung (Kapitel 9) sowie Informationstexte für Patienten (Kapitel 10) mit sieben Übersetzungen (auf CD).

Auch mit dem in diesem Taschenführer bereitgestellten Rüstzeug wird der Prozess der Rückführung oder Ausreise nicht die lineare Struktur haben, die hier durch die Darstellungsweise nahegelegt wird. Beginnend mit dem Zeitpunkt, an dem es zu klären gilt, wie die ausländerrechtliche Situation des betreffenden Patienten sich überhaupt darstellt, über die Klärung der grundsätzlichen und noch möglichen Optionen, der Klärung der Wünsche des Patienten und eventuell seiner Angehörigen in Deutschland und im Herkunftsland, über die Herstellung einer Einigung aller juristischen und Verwaltungsinstanzen bis zur Realisierung des geplanten Vorgehens nehmen viele, teilweise konfligierende und häufig im Verlauf sich ändernde Interessen einen Einfluss auf die Frage, ob ein ausländischer Patient im deutschen Maßregelvollzug bleibt und falls nicht, auf welchem Wege er ihn in welche Richtung unter welchen Maßgaben verlässt.

Die Halbwertszeit der referierten Daten liegt je nach internationaler Krisenlage bei einigen Monaten bis einem Jahr, und natürlich führt die aktuelle politische Situation mit der Ankündigung und dann vermutlich auch Realisierung von Änderungen im Hinblick auf die gesetzlichen Vorschriften zur Abschiebung von Gewalttätern dazu, dass ein solcher Leitfaden die „Tagesaktualität" einbüßt. Ein großer Teil dieses Buches bleibt jedoch davon unberührt, weiterhin interessant für den Leser und hilfreich insbesondere für den Praktiker vor Ort.

Inhalt

1	**Migranten in Deutschland**	**1**
1.1	Definitionen	1
1.2	Strukturdaten	2
1.3	Straf- und Maßregelvollzug	6
2	**Ausländerrecht**	**11**
2.1	Aufenthalt	11
2.1.1	Aufenthalt der ausländischen Patienten gemäß Freizügigkeitsgesetz/EU (FreizügG/EU)	12
2.1.2	Aufenthalt ausländischer Patienten gemäß Aufenthaltsgesetz (AufenthG)	13
2.1.3	Aufenthaltsgestattung/Duldung	17
2.1.3.1	Aufenthaltsgestattung (§ 55 AsylG)	17
2.1.3.2	Duldung (§ 60 AufenthG)	17
2.1.4	EU-Assoziationsrecht	18
2.2	Ausweisung	20
2.2.1	Ausweisung (§ 53 AufenthG)	22
2.2.2	Ausweisungsinteresse (§ 54 AufenthG)	23
2.2.3	Bleibeinteresse (§ 55 AufenthG)	26
3	**Asylrecht**	**29**
3.1	Historischer Hintergrund, aktuelle Daten	29
3.2	Aktuelle gesetzliche Regelungen	36
3.3	Europäisches Asylrecht	39
4	**Rückführungsmöglichkeiten im Maßregelvollzug – bundesweite Regelungen**	**41**
4.1	Vollstreckung im Heimatland – rechtliche Möglichkeiten und Vorgaben	41
4.2	Bestimmungen in den Bundesländern	46
5	**Hessische Praxis**	**51**
5.1	Beratung	51
5.2	Rückführungsmaßnahmen	55
5.2.1	§ 456a StPO – Absehen von Vollstreckung bei Auslieferung, Überstellung oder Ausweisung	55

5.2.1.1	Juristischer Hintergrund und Praxisanleitung.	55
5.2.1.2	Kasuistiken	66
5.2.2	Überstellung	71
5.2.2.1	Juristischer Hintergrund und Praxisanleitung.	71
5.2.2.2	Kasuistiken	77
5.2.3	Entlassung auf Bewährung bei gleichzeitiger Ausreise in das Herkunftsland.	81
5.2.3.1	Entlassung auf Bewährung bei gleichzeitiger Ausreise in das Herkunftsland bei fortgeschrittener Behandlung	81
5.2.3.1.1	Juristischer Hintergrund und Praxisanleitung.	81
5.2.3.1.2	Kasuistiken	82
5.2.3.2	Entlassung auf Bewährung bei gleichzeitiger Ausreise in das Herkunftsland sogleich ab Hauptverhandlung.	84
5.2.3.2.1	Juristischer Hintergrund und Praxisanleitung.	84
5.2.3.2.2	Kasuistiken	87
5.2.4	EU-Rahmenbeschlüsse.	90
6	**Hilfreiche Internet-Quellen**	**93**
7	**Sammlung relevanter Rechtsvorschriften und Unterlagen**	**95**
7.1	Grundgesetz für die Bundesrepublik Deutschland – Art. 16a	95
7.2	Gesetz über die allgemeine Freizügigkeit von Unionsbürgern (Freizügigkeitsgesetz/EU – FreizügG/EU)	96
7.2.1	Anwendungsbereich, Recht auf Einreise und Aufenthalt – §§ 1, 2	96
7.2.2	Daueraufenthaltsrecht – § 4a	98
7.3	Aufenthaltsgesetz	100
7.3.1	Befristeter Aufenthaltstitel – § 7.	100
7.3.2	Verlängerung der Aufenthaltserlaubnis – § 8	101
7.3.3	Unbefristeter Aufenthaltstitel – § 9.	102
7.3.4	Ausweisung – § 53	103
7.3.5	Ausweisungsinteresse – § 54	104
7.3.6	Bleibeinteresse – § 55	107

7.3.7	Überwachung ausreisepflichtiger Ausländer aus Gründen der inneren Sicherheit – § 56	108
7.3.8	Abschiebung – § 58	109
7.3.9	Verbot der Abschiebung – § 60	111
7.3.10	Vorübergehende Aussetzung der Abschiebung (Duldung) – § 60a	113
7.3.11	Beantragung des Aufenthaltstitels – § 81	116
7.4	Abkommen zur Gründung einer Assoziation zwischen der Europäischen Wirtschaftsgemeinschaft und der Republik Türkei	117
7.5	Asylgesetz	130
7.5.1	Geltungsbereich – § 1	130
7.5.2	Asylantrag – § 13	131
7.5.3	Aufenthaltsgestattung – § 55	132
7.6	Überstellung verurteilter Personen	133
7.6.1	Übereinkommen über die Überstellung verurteilter Personen Sammlung Europäischer Verträge – Nr. 112	133
7.6.2	Zusatzprotokoll zum Übereinkommen über die Überstellung verurteilter Personen – Sammlung Europäischer Verträge – Nr. 167	143
7.7	Merkblatt für in Deutschland verurteilte ausländische Staatsangehörige zum Übereinkommen über die Überstellung verurteilter Personen (Stand 15.07.2011)	147
7.8	Gesetz zur Umsetzung des Rahmenbeschlusses über den Europäischen Haftbefehl und die Übergabeverfahren zwischen den Mitgliedstaaten der Europäischen Union (Europäisches Haftbefehlsgesetz – EUHbG)	149
7.9	Gemeinsamer Runderlass betr. Vollstreckung von Maßregeln der Besserung und Sicherung nach den §§ 63 und 64 StGB, § 7 JGG; hier: Ersuchen um Vollstreckung im Wege des Vollstreckungshilfeverkehrs; Absehen von der Vollstreckung nach § 456a StPO	159
8	**Urteile**	**165**
8.1	Urteil des VGH München vom 08.03.2016: Ausweisung eines assoziationsberechtigten türkischen Staatsangehörigen	165
8.2	Urteil zu Vollziehbarkeit vs. Bestandskraft	184

9		**Vorlagen für Bescheinigungen und Belehrung 191**
9.1		Beispiel einer Bescheinigung für die Mitgabe von Medikation 191
9.2		Beispiel für ein Belehrungsprotokoll inklusive Bestätigung 192
9.3		Beispiel für eine Ärztliche Bescheinigung der Flugtauglichkeit 195
10		**Informationstexte für Patienten 197**
10.1		Deutscher Ausgangstext Patienteninformation zu § 126a StPO – Einstweilige Unterbringung in einem psychiatrischen Krankenhaus 197
10.2		Deutscher Ausgangstext Patienteninformation zu § 63 StGB – Unterbringung in einem psychiatrischen Krankenhaus.................................200
11		**Stichwortverzeichnis 203**
12		**Literaturverzeichnis 207**

Tabellen

Tabelle 1-1	Bevölkerung nach Migrationsstatus	4
Tabelle 1-2	Überblick über den Anteil ausländischer Strafgefangener und Sicherungsverwahrter für den Stichtag 31.03.2016 im Hinblick auf Straftaten nach StGB ohne Straftaten im Straßenverkehr (Einteilung nach Kontinenten)	7
Tabelle 1-3	Überblick über den Anteil ausländischer Strafgefangener und Sicherungsverwahrter für den Stichtag 31.03.2016 im Hinblick auf Straftaten nach StGB ohne Straftaten im Straßenverkehr (EU-Länder)	7
Tabelle 1-4	Überblick über den Anteil ausländischer Strafgefangener und Sicherungsverwahrter für den Stichtag 31.03.2016 im Hinblick auf Straftaten nach StGB ohne Straftaten im Straßenverkehr (Europa ohne EU-Länder)	8
Tabelle 1-5	Überblick über den Anteil ausländischer Strafgefangener und Sicherungsverwahrter für den Stichtag 31.03.2016 im Hinblick auf Straftaten nach StGB ohne Straftaten im Straßenverkehr (Afrika, Amerika, Asien)	8
Tabelle 3-1	Entwicklung der jährlichen Asylantragszahlen seit 1995 . . .	32
Tabelle 3-2	Entscheidung und Entscheidungsquoten seit 2008 (Erst- und Folgeanträge)	33
Tabelle 3-3	Entwicklung der Schutzquote	34
Tabelle 3-4	Die zehn zugangsstärksten Staatsangehörigkeiten von 2014 bis 2017	35

Übersichten

Übersicht 2-1	Zweckgebundener Aufenthalt	14
Übersicht 2-2	Änderungen des Aufenthaltsgesetzes im Überblick	21
Übersicht 5-1	Aufgaben der Ausländerberatung im Maßregelvollzug	51
Übersicht 5-2	Rechtliche Voraussetzungen des § 456a StPO	57
Übersicht 5-3	Inhaltliche Voraussetzungen des § 456a StPO	57
Übersicht 5-4	Verfahrensablauf für die § 456a StPO-Maßnahme in vereinfachter Form	58
Übersicht 5-5	Gründe für eine Rückführungsmaßnahme	58
Übersicht 5-6	Wichtige Begriffe zur Überstellung	72

Kasuistiken

Kasuistik 5-1	Rückführung eines Patienten gemäß § 456a StPO nach Nigeria	61
Kasuistik 5-2	Rückführung eines tunesischen Patienten	66
Kasuistik 5-3	Beispiel eines rumänischen Patienten: Rückkehr auf Wunsch des Patienten, einhergehend mit der Feststellung des Rechtsverlustes auf Aufenthalt (Entzug der Freizügigkeit)	70
Kasuistik 5-4	Überstellung eines italienischen Patienten	77
Kasuistik 5-5	Überstellung eines niederländischen Patienten	78
Kasuistik 5-6	Überstellung eines dänischen Patienten	79
Kasuistik 5-7	Überstellung eines ungarischen Patienten	80
Kasuistik 5-8	Entlassung auf Bewährung, freiwillige Ausreise nach Tunesien	82
Kasuistik 5-9	Rückführung einer deutsch-amerikanischen Patientin nach Amerika	87
Kasuistik 5-10	Freiwillige Ausreise in den Iran	89

Abkürzungen

a. F.	alte Fassung
Abs.	Absatz
AEUV	Vertrag über die Arbeitsweise der Europäischen Union
AG	Amtsgericht
ARB	Assoziationsratsbeschluss
Art.	Artikel
AsylbLG	Asylbewerberleistungsgesetz
AsylG	Asylgesetz
AsylVfG	Asylverfahrensgesetz (alte Bezeichnung)
AufenthG	Aufenthaltsgesetz. Gesetz über den Aufenthalt, die Erwerbstätigkeit und die Integration von Ausländern im Bundesgebiet
AuslG	Ausländergesetz
BAMF	Bundesamt für Migration und Flüchtlinge
BGB	Bürgerliches Gesetzbuch
BGBl.	Bundesgesetzblatt
BtMG	Betäubungsmittelgesetz
BVerwG	Bundesverwaltungsgesetz
EG	Europäische Gemeinschaft
EMRK	Europäische Menschenrechtskonvention
EU	Europäische Union
EUGH	Europäischer Gerichtshof
EUHbG	Europäisches Haftbefehlsgesetz
EURODAC	European Dactyloscopy Europäisches daktyloskopisches System
EWR	Europäischer Wirtschaftsraum
FreizügG/EU	Freizügigkeitsgesetz der EU Gesetz über die allgemeine Freizügigkeit von Unionsbürgern
GARP	Government Assisted Repatriation Programme
GEAS	Gemeinsames Europäisches Asylsystem

Abkürzungen

GFK	Genfer Flüchtlingskonvention
GG	Grundgesetz
GK	Abkommen über die Rechtsstellung der Flüchtlinge vom 28.07.1951 (inoffiziell: Genfer Flüchtlingskonvention)
GKG	Gerichtskostengesetz
IOM	International Organization for Migration Internationale Organisation für Migration
IRG	Gesetz über internationale Rechtshilfe in Strafsachen
IRS	Internationale Rechtshilfe
IStGH	Internationaler Strafgerichtshof
JGG	Jugendgerichtsgesetz
JMBl.	Justizministerialblatt
MOC	Medical Operation Center
OLG	Oberlandesgericht
REAG	Reintegration and Emigration Programme for Asylum Seekers in Germany
RDGEG	Einführungsgesetz zum Rechtsdienstleistungsgesetz
RiVASt	Richtlinien für den Verkehr mit dem Ausland in strafrechtlichen Angelegenheiten
StGB	Strafgesetzbuch
StPO	Strafprozessordnung
StVG	Strafvollzugsgesetz
StVollstrO	Strafvollstreckungsordnung
ÜAG	Überstellungsausführungsgesetz
UN	United Nations Vereinte Nationen
UNHCR	United Nation High Commissioner for Refugees Der Hohe Flüchtlingskommissar der Vereinten Nationen
VG	Verwaltungsgericht
VGH	Verwaltungsgerichtshof
VwGO	Verwaltungsgerichtsordnung

1 Migranten in Deutschland

1.1 Definitionen

Die Begriffe „Ausländerin" und „Ausländer" werden in den Berichten der Bundesregierung vor allem in rechtlichen Zusammenhängen verwendet, da sie dort – zur Bezeichnung nicht-deutscher Staatsangehöriger – Teil der Fachsprache oder themenspezifischer Statistiken sind.

Ansonsten werden in diesen Veröffentlichungen die international üblichen Begriffe „Migranten", „Zugewanderte" oder „Personen mit Migrationshintergrund" verwendet.

„Eine Person hat einen Migrationshintergrund, wenn sie selbst oder mindestens ein Elternteil die deutsche Staatsangehörigkeit nicht durch Geburt besitzt."[3] Migrationshintergrund ist nicht identisch mit Staatsangehörigkeit, sondern meint alle nach 1949 auf das heutige Gebiet der BRD Zugewanderten sowie alle in Deutschland geborenen Ausländer und alle in Deutschland als Deutsche Geborenen mit zumindest einem zugewanderten oder als Ausländer in Deutschland geborenen Elternteil. Menschen mit Migrationshintergrund können durchaus einen deutschen Pass besitzen und sind daher keine Ausländer.[4]

Als Ausländerinnen und Ausländer werden ausschließlich Personen bezeichnet, die nicht Deutsche im Sinne des Art. 116 Abs. 1 Grundgesetz (GG) sind, d.h. die nicht die deutsche Staatsangehörigkeit besitzen.

Aussiedlerinnen und Aussiedler bzw. Spätaussiedlerinnen und Spätaussiedler unterscheiden sich von anderen Zuwanderergruppen, da sie Deutsche im Sinne des Art. 116 GG sind und auf Grundlage des Bundesvertriebenengesetzes in Deutschland aufgenommen werden.[5]

Umgangssprachlich werden Menschen, die aus ihrem Heimatland fliehen, als *„Flüchtlinge"* bezeichnet. Der Begriff „Geflüchtete" oder „Flüchtlinge" wird hierbei für alle Personen verwendet, die als Schutzsuchende nach Deutschland

---

[3] Statistisches Bundesamt, 2017c, S. 4.
[4] Beauftragte der Bundesregierung für Migration, Flüchtlinge und Integration, 2016, S. 15.
[5] Beauftragte der Bundesregierung für Migration, Flüchtlinge und Integration, 2016, S. 16.

gekommen sind – unabhängig von ihrem rechtlichen Status und dessen Entwicklung. Im Verständnis des Asylrechts umfasst er aber ausschließlich **anerkannte Flüchtlinge** nach der Genfer Flüchtlingskonvention (GFK), d.h. diese Personen haben nach Abschluss des Asylverfahrens „Flüchtlingsschutz" erhalten.

Nach Artikel 16a des Grundgesetzes genießen politisch Verfolgte in Deutschland Asyl. Das bedeutet: Kommt ein Mensch nach Deutschland, um Asyl zu suchen, heißt er *„Asylsuchender"*[6]. Sobald er beim Bundesamt für Migration und Flüchtlinge (BAMF) Asyl beantragt, wird er zum *„Asylbewerber"*. Kann er nachweisen, dass er aus politischen Gründen in seiner Heimat vom Staat verfolgt wird, erhält er Asyl. Er ist dann ein *„Asylberechtigter"* gemäß Grundgesetz.

Neben dem Grundrecht auf Asyl gemäß Art. 16a GG gibt es gemäß den Vorschriften der Qualifikations-Richtlinie, des Asylgesetzes (AsylG) und des Aufenthaltsgesetzes (AufenthG) drei weitere **Schutzformen: Flüchtlingsschutz** gemäß § 3 AsylG, **subsidiärer Schutz** gemäß § 4 AsylG und **Abschiebungsverbote** gemäß § 60 Abs. 5 und Abs. 7 AufenthG. Kann weder Asyl noch Flüchtlingsschutz gewährt werden, prüft das BAMF im Asylverfahren stets, ob subsidiärer Schutz im Sinne des § 4 AsylG gewährt wird oder ein Abschiebungsverbot vorliegt.[7]

Das Anerkennungsverfahren für Asylsuchende ist im Wesentlichen im deutschen Asylgesetz geregelt. Außerdem finden die Vorschriften des sogenannten Gemeinsamen Europäischen Asylsystems (GEAS) Anwendung, insbesondere die Dublin-Verordnung, die EURODAC-Verordnung[8], die Asylverfahrens-Richtlinie, die Aufnahme-Richtlinie und die Qualifikations-Richtlinie.

1.2 Strukturdaten

Insbesondere im Jahr 2015 war nach vorläufigen Ergebnissen des Statistischen Bundesamtes die Zuwanderung nach Deutschland so hoch wie nie zuvor.

---

[6] Im Anhang findet sich ein Wegweiser für Asylsuchende.
[7] https://www.bmi.bund.de/DE/themen/migration/asyl-fluechtlingsschutz/asyl-fluechtlingspolitik/asyl-fluechtlingspolitik-node.html.
[8] https://eur-lex.europa.eu/.

Danach sind 2015 alleine 2.137.000 Personen nach Deutschland zugezogen (672.000 Zuzüge mehr als im Jahr 2014: + 46 %). Im Vergleichszeitraum zogen insgesamt 998.000 Personen aus Deutschland fort (83.000 mehr als 2014: + 9 %). Damit ergibt sich mit einem Wanderungsüberschuss von 1.139.000 Personen ein neuer Höchststand seit Bestehen der Bundesrepublik.[9]

Rund 45 % der im Jahr 2015 Zugewanderten sind Personen mit Staatsangehörigkeit eines Mitgliedstaates der Europäischen Union (EU), 13 % besitzen Staatsangehörigkeiten aus anderen europäischen Ländern, 30 % haben die Staatsangehörigkeit eines asiatischen Staates und 5 % die Staatsangehörigkeit eines afrikanischen Staates.[10]

Die Gesamtbevölkerung von 81,4 Millionen setzte sich 2015 zusammen aus 64,3 Millionen Deutschen ohne Migrationshintergrund (79 %) und 17,1 Millionen (21 %) mit Migrationshintergrund (siehe Tabelle 1-1).

Bei den Personen mit Migrationshintergrund (17,1 Millionen) finden sich 7,8 Millionen Ausländer und 9,3 Millionen Deutsche mit Migrationshintergrund.[11]

Der Mikrozensus 2016 beziffert die Zahl der Personen mit Migrationshintergrund auf 18,6 Millionen (fast 1,5 Millionen Personen mehr als 2015).[12]

190 Staatsangehörigkeiten aktuell existierender diplomatisch anerkannter Staaten sind in Deutschland vertreten.[13] Personen türkischer Herkunft bilden mit 16,7 % die größte Gruppe unter der Bevölkerung mit Migrationshintergrund, gefolgt von Personen mit polnischer Herkunft (9,9 %) und der Russischen Föderation (7,1 %). Kasachstan ist mit 5,5 % das einzig wichtige nichteuropäische Herkunftsland. Aus den Gastarbeiteranwerbestaaten stammen insgesamt rund 36,5 % aller Personen mit Migrationshintergrund.[14]

---

[9] Statistisches Bundesamt, 2016.
[10] Statistisches Bundesamt, 2016.
[11] Beauftragte der Bundesregierung für Migration, Flüchtlinge und Integration, 2016, S. 19, Abbildung 1.
[12] Statistisches Bundesamt, 2017b, S. 8. Siehe auch Statistisches Bundesamt 2017a.
[13] Statistisches Bundesamt, 2015.
[14] Beauftragte der Bundesregierung für Migration, Flüchtlinge und Integration, 2016, S. 19.

1 Migranten in Deutschland

Tabelle 1-1 Bevölkerung nach Migrationsstatus[15, 16]

Status	2005 in 1.000 (%)	2011 in 1.000 (%)	2012 in 1.000 (%)	2013 in 1.000 (%)	2014 in 1.000 (%)	2015 in 1.000 (%)
Bevölkerung insgesamt	82.465	80.249	80.413	80.611	80.897	81.404
Personen ohne Migrationshintergrund	67.132 (81,4)	65.396 (81,5)	65.083 (80,9)	64.074 (79,5)	64.511 (79,7)	64.286 (79,0)
Personen mit Migrationshintergrund im engeren Sinne	15.057 (18,3)	14.853 (18,5)	15.330 (19,1)	15.913 (19,7)	19,7 (20,3)	17.118 (21,0)
darunter						
Personen mit eigener Migrationserfahrung	10.399 (12,6)	9.833 (12,3)	10.127 (12,6)	10.490 (13,0)	10.877 (13,4)	11.453 (14,1)
Personen ohne eigene Migrationserfahrung	4.657 (5,6)	5.021 (6,3)	5.203 (6,5)	5.423 (6,7)	5.510 (6,8)	5.665 (7,0)

Die Heterogenität der Herkunftsländer ist allerdings leicht angestiegen: Die bisher und weiterhin größte Gruppe unter den Personen mit Migrationshintergrund (türkische Herkunft) machte 2012 noch 18,3 % aus und ist somit anteilig kleiner geworden. Der Anteil „sonstiger Herkunftsländer" ist von 43,1 % auf 44,5 % gestiegen.[17]

Personen mit Migrationshintergrund sind im Durchschnitt deutlich jünger als jene ohne Migrationshintergrund (36,0 gegenüber 47,7 Jahre). Bei den unter Fünfjährigen stellen Personen mit Migrationshintergrund inzwischen 35,9 % der Bevölkerung.[18]

---

[15] Beauftragte der Bundesregierung für Migration, Flüchtlinge und Integration, 2016, S. 19.
[16] Die alle zwei Jahre erscheinenden Berichte der Bundesregierung orientieren sich im Hinblick auf die Datenstruktur an den drei Gliederungsmerkmalen „mit/ohne Migrationshintergrund", „mit/ohne eigene Migrationserfahrung" sowie „Staatsangehörigkeit". Damit lassen sich u.a. Deutsche mit eigener Migrationserfahrung und hier geborene Deutsche mit Migrationshintergrund differenziert betrachten.
[17] Beauftragte der Bundesregierung für Migration, Flüchtlinge und Integration, 2016, S. 19.
[18] Beauftragte der Bundesregierung für Migration, Flüchtlinge und Integration, 2016, S. 22.

Die unterschiedliche Altersstruktur wirkt sich auch auf die Geschlechterstruktur aus. Innerhalb der Bevölkerung mit Migrationshintergrund überwiegt mit 50,6 % nur unwesentlich der Männeranteil gegenüber dem Frauenanteil (49,4 %). In der Bevölkerung ohne Migrationshintergrund wirkt sich der im Alter typischerweise höhere Frauenanteil dahingehend aus, dass insgesamt der Frauenanteil mit 51,3 % höher ist als der Männeranteil mit 48,7 %.[19]

Hinsichtlich der Geschlechtsstruktur bestehen auch herkunftsspezifische Unterschiede. Ein höherer Männeranteil ist für die Herkunftsländer und -regionen Griechenland (55,1 %), Italien (58,5 %), Vereinigtes Königreich (60,2 %) und Nordafrika (60,0 %) festzustellen. Hingegen ist der Frauenanteil aus den Herkunftsregionen Polen (51,9 %), Russische Föderation (53,4 %), Ukraine (57,2 %) sowie Süd- und Südostasien (51,5 %) höher. Dies weist auf unterschiedliche geschlechtsspezifische Migrationsmuster aus diesen Ländern hin.[20]

Personen mit Migrationshintergrund sind häufiger ledig (46,5 % gegenüber 39,0 %), und der Anteil der Männer unter ihnen ist höher (50,6 % gegenüber 48,7 %).[21]

Etwa 11 % aller Ehen sind binational. 7,5 Millionen von 17,1 Millionen Personen mit Migrationshintergrund sind verheiratet. 20 % der Frauen mit Migrationshintergrund haben einen Ehepartner ohne Migrationshintergrund (17 % der Männer mit Migrationshintergrund sind mit einer Partnerin ohne Migrationshintergrund verheiratet).[22]

Nach den Daten des Mikrozensus 2016 unterscheiden sich Personen mit Migrationshintergrund auch weiterhin deutlich hinsichtlich der Bildungsbeteiligung von jenen ohne Migrationshintergrund: 13,3 % haben keinen allgemeinen Schulabschluss und 38,3 % keinen berufsqualifizierenden Abschluss (bei Personen ohne Migrationshintergrund: 1,7 % bzw. 14,1 %), wobei in allen Fällen die sich noch in schulischer und beruflicher Ausbildung Befindenden unberücksichtigt bleiben.[23]

---

[19] Beauftragte der Bundesregierung für Migration, Flüchtlinge und Integration, 2016, S. 23.
[20] Beauftragte der Bundesregierung für Migration, Flüchtlinge und Integration, 2016, S. 23.
[21] Beauftragte der Bundesregierung für Migration, Flüchtlinge und Integration, 2016, S. 23.
[22] Beauftragte der Bundesregierung für Migration, Flüchtlinge und Integration, 2016, S. 26.
[23] Statistisches Bundesamt, 2017c, S. 8.

Menschen mit Migrationshintergrund im Alter von 25 bis 65 Jahren sind häufiger erwerbslos als jene ohne (7,3 % gegenüber 3,7 % aller Erwerbspersonen) oder gehen ausschließlich einer geringfügigen Beschäftigung nach, z. B. einem Minijob (11,0 % gegenüber 6,4 % aller Erwerbstätigen). Erwerbstätige mit Migrationshintergrund sind fast doppelt so häufig als Arbeiter tätig als Erwerbstätige ohne Migrationshintergrund (34,1 % gegenüber 18,4 %). Angestellte und Beamte sind unter ihnen entsprechend seltener. Erwerbstätige mit Migrationshintergrund gehen ihrer Tätigkeit vor allem im produzierenden Gewerbe, im Handel und Gastgewerbe nach. Hier sind zusammen 62,9 % aller Menschen mit, aber nur 51,2 % der Menschen ohne Migrationshintergrund tätig.[24]

1.3   Straf- und Maßregelvollzug

Grundlegende, bundesweite Strukturdaten von ausländischen Straftätern im Straf- und Maßregelvollzug existieren nicht.

Hier kann nur ein „Daten-Patchwork" angeboten werden.

Die Tabellen 1-2 bis 1-5 geben einen Überblick über den Anteil ausländischer Strafgefangener und Sicherungsverwahrter für den Stichtag 31.03.2016 im Hinblick auf Straftaten nach StGB (ohne Straftaten im Straßenverkehr), wie sie vom Statistischen Bundesamt regelmäßig erfasst werden.[25] Aufgrund der hier aus Platzgründen notwendigen Teilung der Originaltabelle trennt der erste Überblick nach Kontinenten und die nachfolgenden Tabellen „zoomen" auf einzelne Länder dieser Kontinente und geben ausgewählte detailliertere Daten wieder. Analoge Aufschlüsselungen des Statistischen Bundesamtes für Maßregelvollzugspatienten liegen nicht vor.

---

[24] Statistisches Bundesamt, 2017c, S. 8.
[25] Statistisches Bundesamt, 2017d, S. 31-32.

Tabelle 1-2 Überblick über den Anteil ausländischer Strafgefangener und Sicherungsverwahrter für den Stichtag 31.03.2016 im Hinblick auf Straftaten nach StGB ohne Straftaten im Straßenverkehr (Einteilung nach Kontinenten)

		N Gesamt		Nur Männer	
		Straftaten Gesamt	Straftaten nach StGB	Straftaten Gesamt	Straftaten nach StGB
Gesamt		14.195	10.959	13.597	10.464
Europa		9.867	7.789	9.409	7.390
davon	EU-Länder	5.058	4.009	4.768	3.764
	sonstiges Europa	4.809	3.780	4.641	3.626
Afrika		1.994	1.438	1.945	1.408
Amerika		214	113	191	102
Asien		1.806	1.381	1.762	1.347
Australien, Ozeanien, Antarktis		1	1	1	1
Staatenlos/ungeklärt/ohne Angabe		313	237	289	216

Tabelle 1-3 Überblick über den Anteil ausländischer Strafgefangener und Sicherungsverwahrter für den Stichtag 31.03.2016 im Hinblick auf Straftaten nach StGB ohne Straftaten im Straßenverkehr (EU-Länder)

		N Gesamt		Nur Männer	
		Straftaten Gesamt	Straftaten nach StGB	Straftaten Gesamt	Straftaten nach StGB
EU-Länder zusammen		5.058	4.009	4.768	3.764
darunter	Frankreich	64	44	60	41
	Griechenland	197	153	188	144
	Italien	561	418	542	401
	Polen	1.221	1.059	1.151	996
	Rumänien	1.012	876	963	834

Tabelle 1-4 Überblick über den Anteil ausländischer Strafgefangener und Sicherungsverwahrter für den Stichtag 31.03.2016 im Hinblick auf Straftaten nach StGB ohne Straftaten im Straßenverkehr (Europa ohne EU-Länder)

		N Gesamt		Nur Männer	
		Straftaten Gesamt	Straftaten nach StGB	Straftaten Gesamt	Straftaten nach StGB
Sonstiges Europa zusammen		4.809	3.780	4.641	3.626
darunter	Bosnien-Herzegowina	288	246	270	229
	Russische Föderation	242	189	227	177
	Serbien	574	485	526	440
	Türkei	2.405	1.885	2.359	1.841

Tabelle 1-5 Überblick über den Anteil ausländischer Strafgefangener und Sicherungsverwahrter für den Stichtag 31.03.2016 im Hinblick auf Straftaten nach StGB ohne Straftaten im Straßenverkehr (Afrika, Amerika, Asien)

		N Gesamt		Nur Männer	
		Straftaten Gesamt	Straftaten nach StGB	Straftaten Gesamt	Straftaten nach StGB
Afrika zusammen		1.994	1.438	1.945	1.408
darunter	Marokko	436	341	433	338
Amerika zusammen		214	113	191	102
darunter	USA	44	37	40	33
Asien zusammen		1.806	1.381	1.762	1.347
darunter	Irak	265	199	264	198

Nach Hoffmann (2006)[26] liegt der Ausländer- und Aussiedleranteil im Maßregelvollzug höher als in der Allgemeinpsychiatrie, deutlich höher als in der Bevölkerung und erheblich niedriger als im Strafvollzug.

Hoffmann, Kluttig und Ross gaben 2010 einen Überblick über die damals bekannten Daten für den Maßregelvollzug nach § 63 StGB. Für die 1980er Jahre bis 1990 wurden Anteile von 4 % und 5 % (jeweils klinikweite Erfassun-

---

[26] Zitiert nach Bulla, Querengässer, Hoffmann & Ross, 2015, S. 1-2.

gen) genannt. Für den Stichtag 1. Januar 1993 wurde der Anteil der Patienten mit fremdkulturellem Hintergrund in Hessen mit 9 % von 245 (§ 63 StGB) angegeben.

In einer Gesamterfassung aller 865 Patienten, die in der Zeit vom 1. Januar 1990 bis 31. Dezember 1999 in drei forensischen Bereichen in Süddeutschland (Baden) aufgenommen worden waren, lag der Anteil der ausländischen Patienten mit 17 % über dem Anteil in der Allgemeinpsychiatrie (12 % in Baden-Württemberg) und unter dem Anteil im Strafvollzug (27 %) (Hoffmann et al., 2010).

In einer Zusammenschau verschiedener Studien durch Steinböck und Krahl (2015) ergab eine Analyse der Daten des Oberlandesgerichtsbezirks Karlsruhe (OLG Karlsruhe) im Zeitraum vom 1. Januar 1990 bis 31.12.1999 für alle 865 Untergebrachten (§§ 126a StPO, 453c StPO, 63 StGB, 64 StGB) einen Anteil von 17 % Ausländern, davon 6 % Aussiedler.

In einer Studie in bayerischen forensischen Kliniken wurde am Stichtag in 2004 ein Anteil von 15 % ausländischer Patienten erfasst (hier wurden die Nachkommen von Russlanddeutschen miterfasst, sofern nicht in Deutschland geboren) (Hoffmann et al., 2010). In den forensischen Abteilungen von zwölf psychiatrischen Krankenhäusern (der Teilnehmer der Arbeitsgruppe „Psychiatrie und Migration" der Bundesdirektorenkonferenz) lag der Anteil der Patienten mit Migrationshintergrund 2004 bei 27 % (Koch et al., 2008).

2013 wiesen 34,1 % der in Baden-Württemberg nach § 63 StGB untergebrachten Patienten einen Migrationshintergrund auf (Baumann & Bulla 2013; Anteil der Einwohner in Baden-Württemberg mit Migrationshintergrund: 25,3 %).

Nach einem Überblick von Hoffmann (2017) sind die entsprechenden Anteile für 2015 unverändert (34,9 % und 27,1 %).

2 Ausländerrecht

Die Ausführungen zum Ausländerrecht begrenzen sich inhaltlich durch den Bezug auf die aus der Praxis bekannte ausländerrechtliche Problematik im Maßregelvollzug untergebrachter ausländischer Patienten.

2.1 Aufenthalt

Für Ausländer im Vollzug sind folgende Gesetze[27] relevant:

- Für EU-Bürger gilt das **Freizügigkeitsgesetz/EU** (FreizügG/EU). EU-Bürger fallen nur in Ausnahmefällen unter die Regelungen des Aufenthaltsgesetzes.

- **Aufenthaltsgesetz** (AufenthG)
  Das Aufenthaltsgesetz enthält die wesentlichen gesetzlichen Grundlagen über Ein- und Ausreise sowie den Aufenthalt von Ausländern.

- Das **EU-Assoziationsrecht**[28] regelt zusätzlich die aufenthaltsrechtliche Rechtsstellung von türkischen Staatsangehörigen.

- Das Aufenthaltsrecht für Asylsuchende wird im **Asylgesetz** (AsylG) bestimmt (siehe Kapitel 3).

Für Unionsbürger und ihre Familienangehörigen ist das Aufenthaltsgesetz grundsätzlich nicht anwendbar. Für diesen Personenkreis wurde das Gesetz über die allgemeine Freizügigkeit von Unionsbürgern (FreizügG/EU)) erlassen. Das Freizügigkeitsgesetz/EU verweist allerdings in folgenden Fällen auf das Aufenthaltsgesetz: (i) falls das Aufenthaltsgesetz eine günstigere Rechtsstellung vermittelt als das Freizügigkeitsgesetz, (ii) falls festgestellt wird, dass ein Frei-

---

[27] Alle in diesem Kapitel in Auszügen wiedergegebenen Vorschriften finden sich vollständig in Kapitel 7.
[28] Unter Assoziierung wird die Verbindung eines Drittstaats mit einer internationalen Organisation verstanden. Eine Assoziierung ist nicht mit einer Mitgliedschaft gleichzusetzen, dennoch kann sie einer Mitgliedschaft sehr nahekommen. Der wesentliche Unterschied zwischen einer Mitgliedschaft und einer Assoziierung besteht darin, dass der Drittstaat im Rahmen einer Assoziierung nicht in den Organen der internationalen Organisation mitwirkt.

zügigkeitsrecht nicht länger besteht oder (iii) falls Vorschriften des Aufenthaltsgesetzes ausdrücklich für entsprechend anwendbar erklärt werden.[29]

2.1.1 Aufenthalt der ausländischen Patienten gemäß Freizügigkeitsgesetz/EU (FreizügG/EU)

Die bis dahin geltende Freizügigkeitsbescheinigung wurde am 29. Januar 2013 gestrichen.[30]

Nun benötigen EU-Bürger zunächst für einen Aufenthalt von drei Monaten lediglich gültige Ausweisdokumente (§ 2 Abs. 5). Unbeschränkt freizügigkeitsberechtigten EU-Bürgern gleichgestellt sind Staatsangehörige des Europäischen Wirtschaftsraums (EWR, d.h. die Mitgliedstaaten der EU sowie Island, Liechtenstein und Norwegen) und ihre Familienangehörigen (§ 12). Staatsangehörige der Schweiz und ihre Familienangehörigen genießen ebenfalls Freizügigkeit innerhalb der EU, müssen aber eine spezielle, rein deklaratorische Aufenthaltserlaubnis-Schweiz beantragen.

Nach Ablauf der Drei-Monats-Frist müssen für die Freizügigkeitsberechtigung weitere Voraussetzungen erfüllt sein. Diese sind in § 2 (Recht auf Einreise und Aufenthalt) und § 4a (Daueraufenthaltsrecht) im Gesetz über die allgemeine Freizügigkeit von Unionsbürgern – FreizügG/EU geregelt.

> **Gesetz über die allgemeine Freizügigkeit von Unionsbürgern (Freizügigkeitsgesetz/EU – FreizügG/EU)**
> **§ 2 Recht auf Einreise und Aufenthalt**
> (1) Freizügigkeitsberechtigte Unionsbürger und ihre Familienangehörigen haben das Recht auf Einreise und Aufenthalt nach Maßgabe dieses Gesetzes.
> (2) Unionsrechtlich freizügigkeitsberechtigt sind:
>   1. Unionsbürger, die sich als Arbeitnehmer oder zur Berufsausbildung aufhalten wollen,

---

[29] https://www.bmi.bund.de/DE/themen/migration/asyl-fluechtlingsschutz/asyl-fluechtlingspolitik/asyl-fluechtlingspolitik-node.html.

[30] Zur schnellen Suche der in den folgenden Abschnitten genannten Gesetzestexte sei auf die vom Bundesministerium der Justiz und für Verbraucherschutz veröffentlichten „Gesetze im Internet" verwiesen: https://www.gesetze-im-internet.de/index.html.

1a. Unionsbürger, die sich zur Arbeitssuche aufhalten, für bis zu sechs Monate und darüber hinaus nur, solange sie nachweisen können, dass sie weiterhin Arbeit suchen und begründete Aussicht haben, eingestellt zu werden,
2. Unionsbürger, wenn sie zur Ausübung einer selbständigen Erwerbstätigkeit berechtigt sind (niedergelassene selbständige Erwerbstätige),
3. Unionsbürger, die, ohne sich niederzulassen, als selbständige Erwerbstätige Dienstleistungen im Sinne des Art. 57 des Vertrages über die Arbeitsweise der Europäischen Union erbringen wollen (Erbringer von Dienstleistungen), wenn sie zur Erbringung der Dienstleistung berechtigt sind,
4. Unionsbürger als Empfänger von Dienstleistungen,
5. nicht erwerbstätige Unionsbürger unter den Voraussetzungen des § 4,
6. Familienangehörige unter den Voraussetzungen der §§ 3 und 4,
7. Unionsbürger und ihre Familienangehörigen, die ein Daueraufenthaltsrecht erworben haben.

...

Gesetz über die allgemeine Freizügigkeit von Unionsbürgern (Freizügigkeitsgesetz/EU – FreizügG/EU)

§ 4a Daueraufenthaltsrecht

(1) Unionsbürger, die sich seit fünf Jahren ständig rechtmäßig im Bundesgebiet aufgehalten haben, haben unabhängig vom weiteren Vorliegen der Voraussetzungen des § 2 Abs. 2 das Recht auf Einreise und Aufenthalt (Daueraufenthaltsrecht). Ihre Familienangehörigen, die nicht Unionsbürger sind, haben dieses Recht, wenn sie sich seit fünf Jahren mit dem Unionsbürger ständig rechtmäßig im Bundesgebiet aufgehalten haben. § 3 Absatz 1 und 2 ist für Personen nach Satz 2 nicht anzuwenden; insoweit sind die Vorschriften des Aufenthaltsgesetzes zum Familiennachzug zu Inhabern einer Erlaubnis zum Daueraufenthalt – EU entsprechend anzuwenden.

...

2.1.2 Aufenthalt ausländischer Patienten gemäß Aufenthaltsgesetz (AufenthG)

Mit der Neuerung der bis Dezember 2004 geltenden Fassung erfolgte eine Abschaffung der bis dahin vier verschiedenen Arten von Aufenthaltsgenehmigungen zugunsten von zwei „Aufenthaltstiteln", nämlich der Aufenthaltserlaubnis (befristet, stets in Abhängigkeit von einem Aufenthaltszweck erteilt;

siehe Übersicht 2-1) und der Niederlassungserlaubnis (unbefristet). Die befristete Aufenthaltserlaubnis kann verlängert werden.[31]

Übersicht 2-1 Zweckgebundener Aufenthalt

- Aufenthalt zum Zweck der Ausbildung (§§ 6-17 AufenthG),
- Aufenthalt zum Zweck der Erwerbstätigkeit (§§ 18 ff. AufenthG),
- Aufenthalt aus völkerrechtlichen, humanitären oder politischen Gründen (§§ 22-26 AufenthG),
- Aufenthalt aus familiären Gründen (§§ 27-36 AufenthG).

Gesetz über den Aufenthalt, die Erwerbstätigkeit und die Integration von Ausländern im Bundesgebiet (Aufenthaltsgesetz – AufenthG)

§ 7 Aufenthaltserlaubnis

(1) Die Aufenthaltserlaubnis ist ein befristeter Aufenthaltstitel. Sie wird zu den in den nachfolgenden Abschnitten genannten Aufenthaltszwecken erteilt. In begründeten Fällen kann eine Aufenthaltserlaubnis auch für einen von diesem Gesetz nicht vorgesehenen Aufenthaltszweck erteilt werden.

(2) Die Aufenthaltserlaubnis ist unter Berücksichtigung des beabsichtigten Aufenthaltszwecks zu befristen. Ist eine für die Erteilung, die Verlängerung oder die Bestimmung der Geltungsdauer wesentliche Voraussetzung entfallen, so kann die Frist auch nachträglich verkürzt werden.

Gesetz über den Aufenthalt, die Erwerbstätigkeit und die Integration von Ausländern im Bundesgebiet (Aufenthaltsgesetz – AufenthG)

§ 9 Niederlassungserlaubnis

(1) Die Niederlassungserlaubnis ist ein unbefristeter Aufenthaltstitel. Sie berechtigt zur Ausübung einer Erwerbstätigkeit und kann nur in den durch dieses Gesetz ausdrücklich zugelassenen Fällen mit einer Nebenbestimmung versehen werden.

(2) Einem Ausländer ist die Niederlassungserlaubnis zu erteilen, wenn
  1. er seit fünf Jahren die Aufenthaltserlaubnis besitzt,
  2. ein Lebensunterhalt gesichert ist,

---

[31] Die Voraussetzungen für eine Aufenthaltsverlängerung werden in § 8 AufenthaltG genannt (Bundestag, 2018).

3. er mindestens 60 Monate Pflichtbeiträge oder freiwillige Beiträge zur gesetzlichen Rentenversicherung geleistet hat oder Aufwendungen für einen Anspruch auf vergleichbare Leistungen einer Versicherungs- oder Versorgungseinrichtung oder eines Versicherungsunternehmens nachweist; berufliche Ausfallzeiten auf Grund von Kinderbetreuung oder häuslicher Pflege werden entsprechend angerechnet,
4. Gründe der öffentlichen Sicherheit oder Ordnung unter Berücksichtigung der Schwere oder der Art des Verstoßes gegen die öffentliche Sicherheit oder Ordnung oder der vom Ausländer ausgehenden Gefahr unter Berücksichtigung der Dauer des bisherigen Aufenthalts und dem Bestehen von Bindungen im Bundesgebiet nicht entgegenstehen,
5. ihm die Beschäftigung erlaubt ist, sofern er Arbeitnehmer ist,
6. er im Besitz der sonstigen für eine dauernde Ausübung seiner Erwerbstätigkeit erforderlichen Erlaubnisse ist,
7. er über ausreichende Kenntnisse der deutschen Sprache verfügt,
8. er über Grundkenntnisse der Rechts- und Gesellschaftsordnung und der Lebensverhältnisse im Bundesgebiet verfügt und
9. er über ausreichenden Wohnraum für sich und seine mit ihm in häuslicher Gemeinschaft lebenden Familienangehörigen verfügt.

...

Neben der grundsätzlichen Vorschrift des § 9 AufenthaltG gibt es noch einige Sondervorschriften, nach denen ebenfalls eine Niederlassungserlaubnis erteilt werden kann:

- Absolventen deutscher Hochschulen (§ 18b AufenthG),
- Hochqualifizierte (§ 19 AufenthG),
- Inhaber einer Blauen Karte/EU (§ 19a Abs. 6 AufenthG),
- selbstständige Erwerbstätigkeit (§ 21 Abs. 4 AufenthG),
- humanitäre Gründe (§ 26 Abs. 3 und 4 AufenthG),
- familiäre Lebensgemeinschaften mit Deutschen (§ 28 Abs. 2 S. 1 AufenthG),
- unbefristetes Aufenthaltsrecht für Kinder (§ 35 Abs. 1 S. 1 und 2 AufenthG),
- ehemalige Deutsche (§ 38 Abs. 1 S. 1 Nr. 1 AufenthG).

In der Praxis darüber hinaus zu beachten ist eine Fiktionsbescheinigung (§ 81 AufenthG): eine Bescheinigung über die Wirkung der Antragstellung auf Erteilung oder Verlängerung eines Aufenthaltstitels, d.h. der abgelaufene Aufenthaltstitel ist weiterhin als rechtmäßig anzusehen, bis über den Antrag entschieden wurde. Der Antrag auf Verlängerung wurde fristgemäß gestellt und der Titel wirkt „fiktiv" weiter.

> **Gesetz über den Aufenthalt, die Erwerbstätigkeit und die Integration von Ausländern im Bundesgebiet (Aufenthaltsgesetz – AufenthG)**
>
> **§ 81 Beantragung des Aufenthaltstitels**
>
> (1) Ein Aufenthaltstitel wird einem Ausländer nur auf seinen Antrag erteilt, soweit nichts Anderes bestimmt ist.
> (2) Ein Aufenthaltstitel, der nach Maßgabe der Rechtsverordnung nach § 99 Abs. 1 Nr. 2 nach der Einreise eingeholt werden kann, ist unverzüglich nach der Einreise oder innerhalb der in der Rechtsverordnung bestimmten Frist zu beantragen. Für ein im Bundesgebiet geborenes Kind, dem nicht von Amts wegen ein Aufenthaltstitel zu erteilen ist, ist der Antrag innerhalb von sechs Monaten nach der Geburt zu stellen.
> (3) Beantragt ein Ausländer, der sich rechtmäßig im Bundesgebiet aufhält, ohne einen Aufenthaltstitel zu besitzen, die Erteilung eines Aufenthaltstitels, gilt sein Aufenthalt bis zur Entscheidung der Ausländerbehörde als erlaubt. Wird der Antrag verspätet gestellt, gilt ab dem Zeitpunkt der Antragstellung bis zur Entscheidung der Ausländerbehörde die Abschiebung als ausgesetzt.
> (4) Beantragt ein Ausländer vor Ablauf seines Aufenthaltstitels dessen Verlängerung oder die Erteilung eines anderen Aufenthaltstitels, gilt der bisherige Aufenthaltstitel vom Zeitpunkt seines Ablaufs bis zur Entscheidung der Ausländerbehörde als fortbestehend. Dies gilt nicht für ein Visum nach § 6 Absatz 1. Wurde der Antrag auf Erteilung oder Verlängerung eines Aufenthaltstitels verspätet gestellt, kann die Ausländerbehörde zur Vermeidung einer unbilligen Härte die Fortgeltungswirkung anordnen.
> (5) Dem Ausländer ist eine Bescheinigung über die Wirkung seiner Antragstellung (Fiktionsbescheinigung) auszustellen.
> …

In der Allgemeinen Verwaltungsvorschrift zum Aufenthaltsgesetz[32] finden sich Erläuterungen zu den Verwaltungsabläufen. In der Aufenthaltsverord-

---

[32] http://www.verwaltungsvorschriften-im-internet.de/pdf/BMI-MI3-20091026-SF-A001.pdf.

nung sind Fragen geregelt, die der Praktiker häufig zu beantworten, wenn nicht gar zu bearbeiten hat (beispielsweise: Wo bekommt der ausländische Patient/Straftäter Passersatzpapiere? Wie lange sind sie gültig? Was kostet das? u.s.w).

2.1.3 Aufenthaltsgestattung/Duldung

2.1.3.1 Aufenthaltsgestattung (§ 55 AsylG)

Bis zur Beendigung des Asylverfahrens kann der Aufenthalt gestattet werden.

> **§ 55 Aufenthaltsgestattung**
>
> (1) Einem Ausländer, der um Asyl nachsucht, ist zur Durchführung des Asylverfahrens der Aufenthalt im Bundesgebiet ab Ausstellung des Ankunftsnachweises gemäß § 63a Absatz 1 gestattet (Aufenthaltsgestattung). Er hat keinen Anspruch darauf, sich in einem bestimmten Land oder an einem bestimmten Ort aufzuhalten. In den Fällen, in denen kein Ankunftsnachweis ausgestellt wird, entsteht die Aufenthaltsgestattung mit der Stellung des Asylantrags.
> (2) Mit der Stellung eines Asylantrags erlöschen eine Befreiung vom Erfordernis eines Aufenthaltstitels und ein Aufenthaltstitel mit einer Gesamtgeltungsdauer bis zu sechs Monaten sowie die in § 81 Abs. 3 und 4 des Aufenthaltsgesetzes bezeichneten Wirkungen eines Antrags auf Erteilung eines Aufenthaltstitels. § 81 Abs. 4 des Aufenthaltsgesetzes bleibt unberührt, wenn der Ausländer einen Aufenthaltstitel mit einer Gesamtgeltungsdauer von mehr als sechs Monaten besessen und dessen Verlängerung beantragt hat.
> (3) Soweit der Erwerb oder die Ausübung eines Rechts oder einer Vergünstigung von der Dauer des Aufenthalts im Bundesgebiet abhängig ist, wird die Zeit eines Aufenthalts nach Absatz 1 nur angerechnet, wenn der Ausländer als Asylberechtigter anerkannt ist oder ihm internationaler Schutz im Sinne des § 1 Absatz 1 Nummer 2 zuerkannt wurde.

2.1.3.2 Duldung (§ 60 AufenthG)

Bei der Duldung[33] handelt es sich nicht um einen besonderen Aufenthaltstitel, sondern um eine zeitlich befristete „Aussetzung der Abschiebung", die sich mit völkerrechtlichen oder humanitären Gründen sowie politischen Interessen der

---

[33] Tatsächlich handelt es sich um eine Duldungsbescheinigung. Umgangssprachlich wird dies verkürzt auf „Duldung".

BRD begründen kann, die aber auch signalisieren kann, dass eine Abschiebung aus tatsächlichen oder rechtlichen Gründen nicht möglich ist. Auch eine psychiatrische Erkrankung und die Unmöglichkeit der entsprechenden Versorgung im Herkunftsland kann für Maßregelvollzugspatienten im ausländerrechtlichen Verfahren zunächst eine Duldung bedingen, die dann im Verlauf in eine Aufenthaltserlaubnis übergehen kann („Abschiebehindernisse" gem. § 60 Abs. 5, Abs. 7; siehe Anhang 7.3.9).

> **Gesetz über den Aufenthalt, die Erwerbstätigkeit und die Integration von Ausländern im Bundesgebiet (Aufenthaltsgesetz – AufenthG)**
>
> **§ 60a Vorübergehende Aussetzung der Abschiebung (Duldung)**
>
> (1) Die oberste Landesbehörde kann aus völkerrechtlichen oder humanitären Gründen oder zur Wahrung politischer Interessen der Bundesrepublik Deutschland anordnen, dass die Abschiebung von Ausländern aus bestimmten Staaten oder von in sonstiger Weise bestimmten Ausländergruppen allgemein oder in bestimmte Staaten für längstens drei Monate ausgesetzt wird. Für einen Zeitraum von länger als sechs Monaten gilt § 23 Abs. 1.
>
> (2) Die Abschiebung eines Ausländers ist auszusetzen, solange die Abschiebung aus tatsächlichen oder rechtlichen Gründen unmöglich ist und keine Aufenthaltserlaubnis erteilt wird. Die Abschiebung eines Ausländers ist auch auszusetzen, wenn seine vorübergehende Anwesenheit im Bundesgebiet für ein Strafverfahren wegen eines Verbrechens von der Staatsanwaltschaft oder dem Strafgericht für sachgerecht erachtet wird, weil ohne seine Angaben die Erforschung des Sachverhalts erschwert wäre. Einem Ausländer kann eine Duldung erteilt werden, wenn dringende humanitäre oder persönliche Gründe oder erhebliche öffentliche Interessen seine vorübergehende weitere Anwesenheit im Bundesgebiet erfordern. ...
>
> ...

2.1.4 EU-Assoziationsrecht

Die aufenthaltsrechtliche Stellung von türkischen Staatsangehörigen kann sich in gegebenen Fällen neben dem für Drittstaaten-Angehörige geltenden Aufenthaltsgesetz auch nach dem EU-Assoziationsrecht richten.

Das EU-Assoziationsrecht beruht auf dem Assoziationsabkommen der Europäischen Wirtschaftsgemeinschaft mit der Türkei vom 12. September 1963 („Assoziierungsabkommen zwischen der Europäischen Wirtschaftsgemeinschaft und der Türkei"[34] und dem am 23. November 1970 verabschiedeten Zusatzprotokoll[35]).

Das Assoziierungsabkommen zwischen der Europäischen Wirtschaftsgemeinschaft und der Türkei vom 12. September 1963 („Ankara-Abkommen") nennt allgemein die Ziele der Assoziierung und legt die Leitlinien für ihre Verwirklichung fest. Ziel des Abkommens war die Verstärkung der Handels- und Wirtschaftsbeziehungen, unter anderem durch die schrittweise Errichtung einer Zollunion und die Annäherung der jeweiligen Wirtschaftspolitik. Vereinbart wurde die schrittweise Herstellung der Freizügigkeit der Arbeitnehmer (Art. 12), der Niederlassungsfreiheit (Art. 13) und der Dienstleistungsfreiheit (Art. 14).

Das Zusatzprotokoll zum Abkommen vom 12. September 1963 zur Gründung einer Assoziation zwischen der Europäischen Wirtschaftsgemeinschaft und der Türkei für die Übergangsphase der Assoziation, das am 1. Januar 1973 in Kraft trat, regelte Einzelheiten und Zeitplan. Für die „schrittweise Herstellung" der Arbeitnehmerfreizügigkeit sah das Zusatzprotokoll eine Frist vor (Art. 36 Abs. 1). Im Assoziationsrat konnte indessen zwischen den Mitgliedstaaten und der Türkei keine Einigung über die Herstellung der Arbeitnehmerfreizügigkeit erzielt werden. Die im Zusatzprotokoll vorgesehene Frist lief daher ab, ohne dass Freizügigkeitsbeschlüsse gefasst worden wären. Einigen konnte man sich im Bereich der Arbeitnehmerfreizügigkeit lediglich auf die Gewährleistung von nach Aufenthaltsdauer gestuften Zugangsrechten türkischer Arbeitnehmer zum Arbeitsmarkt, sofern sie bereits dem regulären Arbeitsmarkt eines Mitgliedstaates angehörten, sowie über Zugangsrechte von deren Familienangehörigen. Die Ergebnisse dieser Einigung finden sich in zwei Assoziationsratsbeschlüssen.

Am 20. Dezember 1976 wurde vom Assoziationsrat der Beschluss Nr. 2/76 (ARB 2/76) gefasst. Dieser regelt insbesondere den Zugang türkischer Arbeitnehmer zum Arbeitsmarkt der Mitgliedstaaten der heutigen EU. Der ARB 2/76 trat am 1. Dezember 1976 in Kraft.

---

[34] BGBl. II 1964 S. 509, 510.
http://www.tuerkei-recht.de/downloads/EU_TR_Assoziationsvertrag.pdf.
[35] BGBl. II 1972 S. 385.

Der ARB 2/76 wurde in nahezu allen Bereichen durch den am 19. September 1980 gefassten Assoziationsratsbeschluss Nr. 1/80 (ARB 1/80) abgelöst, der die Bestimmungen des ARB 2/76 weitgehend übernahm, aber im sozialen Bereich für türkische Arbeitnehmer und deren Familienangehörige günstigere Bedingungen schuf – die sogenannten Stillhalteklauseln in Art. 41 Abs. 1 des Zusatzprotokolls und in Art. 13 ARB 1/80[36]:

> Art. 41 Abs. 1 ZusProt.: „Die Vertragsparteien werden untereinander keine neuen Beschränkungen der Niederlassungsfreiheit und des freien Dienstleistungsverkehrs einführen."
>
> Art. 13 ARB 1/80: „Die Mitgliedstaaten der Gemeinschaft und die Türkei dürfen für Arbeitnehmer und ihre Familienangehörigen, deren Aufenthalt und Beschäftigung in ihrem Hoheitsgebiet ordnungsgemäß sind, keine neuen Beschränkungen der Bedingungen für den Zugang zum Arbeitsmarkt einführen."[37]

2.2 Ausweisung

Die Ausweisung ist der Verwaltungsvorgang, durch den einem Menschen ohne deutsche Staatsangehörigkeit ein bestehendes Aufenthaltsrecht entzogen wird.

Eine Ausweisung wird verfügt, wenn bei Abwägung der Interessen festgestellt werden kann, dass das öffentliche Ausweisungsinteresse gegenüber dem Bleibeinteresse des Patienten überwiegt.

Bei einer Abschiebung handelt es sich um den unmittelbaren Zwang zum Verlassen des Staatsgebietes.

Die Wiedereinreise kann sowohl seitens der Ausländerbehörde befristet wie auch in bestimmten Fällen seitens der Staatsanwaltschaft (z.B. Haftbefehl) untersagt werden. Ein Patient mit Wiedereinreisewunsch muss dann die Bescheide beider Stellen beachten. Diese Einreisesperre kann sich nicht nur auf die Bundesrepublik Deutschland, sondern auf das gesamte Schengen-Gebiet beziehen.

---

[36] https://www.migrationsrecht.net/.
[37] Schröder, 2011, S. 4.

Ausländerrecht 2

Das Ausweisungsrecht wurde mit Wirkung vom 1. Januar 2016 grundlegend neu geordnet. An die Stelle der bisherigen drei Ausweisungstypen (Zwingende, Regel- und Ermessensausweisung) ist gemäß des neuen §53 AufenthG die Ausweisung als Ergebnis einer unter Berücksichtigung aller Umstände des Einzelfalles durchgeführten Abwägung von Ausweisungsinteressen (nun neuer §54 AufenthG) und Bleibeinteressen (nun neuer §55 AufenthG) getreten (siehe Übersicht 2-2). Einen förmlichen besonderen Ausweisungsschutz, wie in §56 AufenthG a.F. noch aufgeführt, gibt es nun nicht mehr; solche Gesichtspunkte finden künftig im Bleibeinteresse Berücksichtigung.

Übersicht 2-2   Änderungen des Aufenthaltsgesetzes im Überblick[38]

Alte Vorschrift	Übergegangen in:
Zwingende Ausweisung gemäß §53 AufenthG	Ausweisung gemäß §53 AufenthG
Ausweisung im Regelfall gemäß §54 AufenthG	Ausweisungsinteresse gemäß §54 AufenthG
Ermessensausweisung gemäß §55 AufenthG	Bleibeinteresse gemäß §55 AufenthG
Besonderer Ausweisungsschutz	Überwachung ausgewiesener Ausländer aus Gründen der Inneren Sicherheit gemäß §56 AufenthG

Am 17. März 2016 trat das tags zuvor im Bundesgesetzblatt veröffentlichte Gesetz zur erleichterten Ausweisung von straffälligen Ausländern und zum erweiterten Ausschluss der Flüchtlingsanerkennung bei straffälligen Asylbewerbern vom 11. März 2016[39] in Kraft. Dieses Änderungsrecht änderte §§53, 54 und 60 AufenthG sowie §§3, 8, 26, 30, 73 und 75 des Asylgesetzes (AsylG). Durch diese Gesetzesänderung kann ein Asylbewerber trotz bestehender Verfolgung leichter ausgewiesen werden, wenn er wegen bestimmter Straftaten

---

[38] Bundestag, 2015b.
[39] Bundestag, 2016b.

verurteilt wurde. Mit dem Gesetz zur besseren Durchsetzung der Ausreisepflicht traten ab dem 20. Juli 2017 weitere Änderungen in Kraft.[40]

2.2.1 Ausweisung (§ 53 AufenthG)

Bei Vorliegen des Ausweisungsgrundes wird eine individuelle Güterabwägung getroffen. Es muss geprüft werden, ob der weitere Aufenthalt des Betroffenen eine Gefahr für die öffentliche Sicherheit und Ordnung darstellt. Im Rahmen dieser Abwägung ist eine Prognose vorzunehmen im Hinblick auf die geforderte hinreichende Wahrscheinlichkeit, dass durch den Betroffenen weiterer Schaden an einem der Schutzgüter eintritt. Das öffentliche Ausweisungsinteresse und das individuelle Bleibeinteresse sind unter umfassender Würdigung aller Umstände des Einzelfalls abzuwägen. Eine Ausweisung wird verfügt, wenn das öffentliche Ausweisungsinteresse überwiegt.

> **Gesetz über den Aufenthalt, die Erwerbstätigkeit und die Integration von Ausländern im Bundesgebiet (Aufenthaltsgesetz – AufenthG)**
>
> **§ 53 Ausweisung**
>
> (1) Ein Ausländer, dessen Aufenthalt die öffentliche Sicherheit und Ordnung, die freiheitliche demokratische Grundordnung oder sonstige erhebliche Interessen der Bundesrepublik Deutschland gefährdet, wird ausgewiesen, wenn die unter Berücksichtigung aller Umstände des Einzelfalles vorzunehmende Abwägung der Interessen an der Ausreise mit den Interessen an einem weiteren Verbleib des Ausländers im Bundesgebiet ergibt, dass das öffentliche Interesse an der Ausreise überwiegt.
>
> (2) Bei der Abwägung nach Absatz 1 sind nach den Umständen des Einzelfalles insbesondere die Dauer seines Aufenthalts, seine persönlichen, wirtschaftlichen und sonstigen Bindungen im Bundesgebiet und im Herkunftsstaat oder in einem anderen zur Aufnahme bereiten Staat, die Folgen der Ausweisung für Familienangehörige und Lebenspartner sowie die Tatsache, ob sich der Ausländer rechtstreu verhalten hat, zu berücksichtigen.
>
> …

---

[40] Zusammenfassend: Das Aufenthaltsgesetz in der Fassung der Bekanntmachung vom 25. Februar 2008 und das Asylgesetz in der Fassung vom 2. September 2008, das zuletzt durch Artikel 2 des Gesetzes vom 11. März 2016 geändert worden war, wurden mit Geltung vom 17. März 2016 geändert (siehe Bundestag, 2016b). Weitere Änderungen erfolgten durch das Gesetz zur besseren Durchsetzung der Ausreisepflicht vom 20. Juli 2017 (Bundestag, 2017).

Wer

- als Asylberechtigter anerkannt ist,
- Rechtsstellung als Flüchtling
  (mit Reiseausweis nach Genfer Konvention für Flüchtlinge),
- Aufenthaltsrecht nach Assoziationsabkommen EWG/Türkei oder
- Daueraufenthaltsrecht-EU besitzt,

darf nur ausgewiesen werden, wenn das persönliche Verhalten gegenwärtig eine schwerwiegende Gefahr für die öffentliche Sicherheit und Ordnung darstellt, die ein Grundinteresse der Gesellschaft berührt und die Ausweisung für die Wahrung dieses Interesses unerlässlich ist.

Türkische Staatsangehörige, denen nach dem Assoziationsratsbeschluss Nr. 1/80 (ARB 1/80) ein Aufenthaltsrecht zusteht, dürfen nur nach Maßgabe des Art. 14 ARB 1/80 ausgewiesen werden.[41] Ein förmliches Verlustfeststellungsverfahren wie bei EWR-Bürgern gibt es bei ihnen nicht. Eine Ausweisung darf bei türkischen Staatsangehörigen mit ARB 1/80-Status jedoch – wie bei EWR-Bürgern – nur ausgesprochen werden, wenn durch sie eine tatsächliche und hinreichend schwere Gefährdung gegeben ist, die ein Grundinteresse der Gesellschaft berührt. Diese vom Europäischen Gerichtshof vorgegebene Richtschnur findet sich nun ausdrücklich im neuen § 53 Abs. 3 AufenthG.

Ausländer, die einen Asylantrag gestellt haben, können nur unter der Bedingung ausgewiesen werden, dass das Asylverfahren unanfechtbar ohne Anerkennung als Asylberechtigte oder ohne die Zuerkennung internationalen Schutzes abgeschlossen ist.

2.2.2   Ausweisungsinteresse (§ 54 AufenthG)

Bei Vorliegen des Ausweisungsgrundes wird der Ausländer im Regelfall ausgewiesen.[42] Der Gesetzestext konkretisiert und gewichtet die Ausweisungs-

---

[41] Siehe Anhang 8.1: Beispiel eines assoziationsberechtigten türkischen Staatangehörigen.

[42] Die Vorschriften des § 54 AufenthG (Ausweisungsinteresse) werden aufgrund ihrer zentralen Bedeutung für den Leitfaden an dieser Stelle vollständig wiedergegeben.

interessen. In typisierter Form werden *besonders schwere* und *schwere* Ausweisungsinteressen genannt.

> **Gesetz über den Aufenthalt, die Erwerbstätigkeit und die Integration von Ausländern im Bundesgebiet (Aufenthaltsgesetz – AufenthG)**
>
> **§ 54 Ausweisungsinteresse**
>
> (1) Das Ausweisungsinteresse im Sinne von § 53 Absatz 1 wiegt besonders schwer, wenn der Ausländer
>   1. wegen einer oder mehrerer vorsätzlicher Straftaten rechtskräftig zu einer Freiheits- oder Jugendstrafe von mindestens zwei Jahren verurteilt worden ist oder bei der letzten rechtskräftigen Verurteilung Sicherungsverwahrung angeordnet worden ist,
>   1a. wegen einer oder mehrerer vorsätzlicher Straftaten gegen das Leben, die körperliche Unversehrtheit, die sexuelle Selbstbestimmung, das Eigentum oder wegen Widerstands gegen Vollstreckungsbeamte rechtskräftig zu einer Freiheits- oder Jugendstrafe von mindestens einem Jahr verurteilt worden ist, sofern die Straftat mit Gewalt, unter Anwendung von Drohung mit Gefahr für Leib oder Leben oder mit List begangen worden ist oder eine Straftat nach § 177 des Strafgesetzbuches ist; bei serienmäßiger Begehung von Straftaten gegen das Eigentum wiegt das Ausweisungsinteresse auch dann besonders schwer, wenn der Täter keine Gewalt, Drohung oder List angewendet hat,
>   2. die freiheitliche demokratische Grundordnung oder die Sicherheit der Bundesrepublik Deutschland gefährdet; hiervon ist auszugehen, wenn Tatsachen die Schlussfolgerung rechtfertigen, dass er einer Vereinigung angehört oder angehört hat, die den Terrorismus unterstützt oder er eine derartige Vereinigung unterstützt oder unterstützt hat oder er eine in § 89a Absatz 1 des Strafgesetzbuchs bezeichnete schwere staatsgefährdende Gewalttat nach § 89a Absatz 2 des Strafgesetzbuchs vorbereitet oder vorbereitet hat, es sei denn, der Ausländer nimmt erkennbar und glaubhaft von seinem sicherheitsgefährdenden Handeln Abstand,
>   3. zu den Leitern eines Vereins gehörte, der unanfechtbar verboten wurde, weil seine Zwecke oder seine Tätigkeit den Strafgesetzen zuwiderlaufen oder er sich gegen die verfassungsmäßige Ordnung oder den Gedanken der Völkerverständigung richtet,
>   4. sich zur Verfolgung politischer oder religiöser Ziele an Gewalttätigkeiten beteiligt oder öffentlich zur Gewaltanwendung aufruft oder mit Gewaltanwendung droht oder
>   5. zu Hass gegen Teile der Bevölkerung aufruft; hiervon ist auszugehen, wenn er auf eine andere Person gezielt und andauernd einwirkt, um Hass auf

Angehörige bestimmter ethnischer Gruppen oder Religionen zu erzeugen oder zu verstärken oder öffentlich, in einer Versammlung oder durch Verbreiten von Schriften in einer Weise, die geeignet ist, die öffentliche Sicherheit und Ordnung zu stören,
  a) gegen Teile der Bevölkerung zu Willkürmaßnahmen aufstachelt,
  b) Teile der Bevölkerung böswillig verächtlich macht und dadurch die Menschenwürde anderer angreift oder
  c) Verbrechen gegen den Frieden, gegen die Menschlichkeit, ein Kriegsverbrechen oder terroristische Taten von vergleichbarem Gewicht billigt oder dafür wirbt,

es sei denn, der Ausländer nimmt erkennbar und glaubhaft von seinem Handeln Abstand.

(2) Das Ausweisungsinteresse im Sinne von § 53 Absatz 1 wiegt schwer, wenn der Ausländer
  1. wegen einer oder mehrerer vorsätzlicher Straftaten rechtskräftig zu einer Freiheitsstrafe von mindestens einem Jahr verurteilt worden ist,
  1a. wegen einer oder mehrerer vorsätzlicher Straftaten gegen das Leben, die körperliche Unversehrtheit, die sexuelle Selbstbestimmung, das Eigentum oder wegen Widerstands gegen Vollstreckungsbeamte rechtskräftig zu einer Freiheits- oder Jugendstrafe verurteilt worden ist, sofern die Straftat mit Gewalt, unter Anwendung von Drohung mit Gefahr für Leib oder Leben oder mit List begangen worden ist oder eine Straftat nach § 177 des Strafgesetzbuches ist; bei serienmäßiger Begehung von Straftaten gegen das Eigentum wiegt das Ausweisungsinteresse auch dann schwer, wenn der Täter keine Gewalt, Drohung oder List angewendet hat,
  2. wegen einer oder mehrerer vorsätzlicher Straftaten rechtskräftig zu einer Jugendstrafe von mindestens einem Jahr verurteilt und die Vollstreckung der Strafe nicht zur Bewährung ausgesetzt worden ist,
  3. als Täter oder Teilnehmer den Tatbestand des § 29 Absatz 1 Satz 1 Nummer 1 des Betäubungsmittelgesetzes verwirklicht oder dies versucht,
  4. Heroin, Kokain oder ein vergleichbar gefährliches Betäubungsmittel verbraucht und nicht zu einer erforderlichen seiner Rehabilitation dienenden Behandlung bereit ist oder sich ihr entzieht,
  5. eine andere Person in verwerflicher Weise, insbesondere unter Anwendung oder Androhung von Gewalt, davon abhält, am wirtschaftlichen, kulturellen oder gesellschaftlichen Leben in der Bundesrepublik Deutschland teilzuhaben,
  6. eine andere Person zur Eingehung der Ehe nötigt oder dies versucht oder wiederholt eine Handlung entgegen § 11 Absatz 2 Satz 1 und 2 des Personenstandsgesetzes vornimmt, die einen schwerwiegenden Verstoß gegen

diese Vorschrift darstellt; ein schwerwiegender Verstoß liegt vor, wenn eine Person, die das 16. Lebensjahr noch nicht vollendet hat, beteiligt ist,

7. in einer Befragung, die der Klärung von Bedenken gegen die Einreise oder den weiteren Aufenthalt dient, der deutschen Auslandsvertretung oder der Ausländerbehörde gegenüber frühere Aufenthalte in Deutschland oder anderen Staaten verheimlicht oder in wesentlichen Punkten vorsätzlich keine, falsche oder unvollständige Angaben über Verbindungen zu Personen oder Organisationen macht, die der Unterstützung des Terrorismus oder der Gefährdung der freiheitlichen demokratischen Grundordnung oder der Sicherheit der Bundesrepublik Deutschland verdächtig sind; die Ausweisung auf dieser Grundlage ist nur zulässig, wenn der Ausländer vor der Befragung ausdrücklich auf den sicherheitsrechtlichen Zweck der Befragung und die Rechtsfolgen verweigerter, falscher oder unvollständiger Angaben hingewiesen wurde,

8. in einem Verwaltungsverfahren, das von Behörden eines Schengen-Staates durchgeführt wurde, im In- oder Ausland
   a) falsche oder unvollständige Angaben zur Erlangung eines deutschen Aufenthaltstitels, eines Schengen-Visums, eines Flughafentransitvisums, eines Passersatzes, der Zulassung einer Ausnahme von der Passpflicht oder der Aussetzung der Abschiebung gemacht hat oder
   b) trotz bestehender Rechtspflicht nicht an Maßnahmen der für die Durchführung dieses Gesetzes oder des Schengener Durchführungsübereinkommens zuständigen Behörden mitgewirkt hat, soweit der Ausländer zuvor auf die Rechtsfolgen solcher Handlungen hingewiesen wurde oder

9. einen nicht nur vereinzelten oder geringfügigen Verstoß gegen Rechtsvorschriften oder gerichtliche oder behördliche Entscheidungen oder Verfügungen begangen oder außerhalb des Bundesgebiets eine Handlung begangen hat, die im Bundesgebiet als vorsätzliche schwere Straftat anzusehen ist.

2.2.3 Bleibeinteresse (§ 55 AufenthG)

Diese Vorschrift normiert besonders schwere Bleibeinteressen (Abs. 1 und 2). Die Aufzählung in Absatz 1 ist abschließend und erfasst Personen mit einer erheblichen Aufenthaltsverfestigung oder Verwurzelung im Bundesgebiet, während Absatz 2 typische Fallgruppen benennt.

Ausländerrecht

Gesetz über den Aufenthalt, die Erwerbstätigkeit und die Integration von Ausländern im Bundesgebiet (Aufenthaltsgesetz – AufenthG)

§ 55 Bleibeinteresse

(1) Das Bleibeinteresse im Sinne von § 53 Absatz 1 wiegt besonders schwer, wenn der Ausländer
1. eine Niederlassungserlaubnis besitzt und sich seit mindestens fünf Jahren rechtmäßig im Bundesgebiet aufgehalten hat,
2. eine Aufenthaltserlaubnis besitzt und im Bundesgebiet geboren oder als Minderjähriger in das Bundesgebiet eingereist ist und sich seit mindestens fünf Jahren rechtmäßig im Bundesgebiet aufgehalten hat,
3. eine Aufenthaltserlaubnis besitzt, sich seit mindestens fünf Jahren rechtmäßig im Bundesgebiet aufgehalten hat und mit einem der in den Nummern 1 und 2 bezeichneten Ausländer in ehelicher oder lebenspartnerschaftlicher Lebensgemeinschaft lebt,
4. mit einem deutschen Familienangehörigen oder Lebenspartner in familiärer oder lebenspartnerschaftlicher Lebensgemeinschaft lebt, sein Personensorgerecht für einen minderjährigen ledigen Deutschen oder mit diesem sein Umgangsrecht ausübt,
5. die Rechtsstellung eines subsidiär Schutzberechtigten im Sinne des § 4 Absatz 1 des Asylgesetzes genießt oder
6. eine Aufenthaltserlaubnis nach § 23 Absatz 4, den §§ 24, 25 Absatz 4a Satz 3 oder nach § 29 Absatz 2 oder 4 besitzt.

(2) Das Bleibeinteresse im Sinne von § 53 Absatz 1 wiegt insbesondere schwer, wenn
1. der Ausländer minderjährig ist und eine Aufenthaltserlaubnis besitzt,
2. der Ausländer eine Aufenthaltserlaubnis besitzt und sich seit mindestens fünf Jahren im Bundesgebiet aufhält,
3. der Ausländer sein Personensorgerecht für einen im Bundesgebiet rechtmäßig sich aufhaltenden ledigen Minderjährigen oder mit diesem sein Umgangsrecht ausübt,
4. der Ausländer minderjährig ist und sich die Eltern oder ein personensorgeberechtigter Elternteil rechtmäßig im Bundesgebiet aufhalten beziehungsweise aufhält,
5. die Belange oder das Wohl eines Kindes zu berücksichtigen sind beziehungsweise ist oder
6. der Ausländer eine Aufenthaltserlaubnis nach § 25 Absatz 4a Satz 1 besitzt.

(3) Aufenthalte auf der Grundlage von § 81 Absatz 3 Satz 1 und Absatz 4 Satz 1 werden als rechtmäßiger Aufenthalt im Sinne der Absätze 1 und 2 nur berücksichtigt, wenn dem Antrag auf Erteilung oder Verlängerung des Aufenthaltstitels entsprochen wurde.

3 Asylrecht

3.1 Historischer Hintergrund, aktuelle Daten

Parallel zum internationalen Flüchtlingsrecht, das infolge des Zweiten Weltkrieges entstand, entwickelte sich in der Bundesrepublik Deutschland ein nationales Asylrecht. Im 1949 neu geschaffenen Grundgesetz verankerte dies der Parlamentarische Rat mit dem Satz „Politisch Verfolgte genießen Asylrecht" (Art. 16 Abs. 2 Satz 2 GG a.F.).

Flüchtlinge kamen bis Ende der 1970er Jahre vor allem als politisch Verfolgte aus den Staaten des Ostblocks und wurden größtenteils auch nach einer Ablehnung nicht zurückgeführt. Damit wurde eine Duldung für Osteuropäer begründet, die dem heutigen subsidiären Schutz entspricht.[43]

Mit dem Militärputsch in der Türkei im September 1980 und der Verhängung des Kriegsrechts in Polen von 1981 bis 1983 stiegen die Asylanträge Anfang der 1980er Jahre erstmals deutlich an, wenn auch nur für kurze Zeit.

Mitte der 1980er Jahre gab es erneut einen kurzzeitigen Anstieg der Asylanträge. Nun kamen vor allem tamilische Flüchtlinge aus Sri Lanka und kurdische Flüchtlinge aus der Türkei, dem Iran und dem Irak nach Deutschland.

Anfang der 1990er Jahre suchten viele Bürgerkriegsflüchtlinge aus dem zerfallenden Jugoslawien in Deutschland Schutz.

Diese Entwicklungen führten ab Ende der 1970er Jahre zu ersten Debatten über Flucht und Asyl in der Bundesrepublik. Erste Maßnahmen wurden ergriffen, um die Fluchtzuwanderung zu begrenzen (Arbeitsverbot für die ersten zwölf Monate des Asylverfahrens, Sachleistungen statt Bargeld, Sammelunterkünfte, Residenzpflicht).

Mit dem Schengener Übereinkommen (Schengen I) vereinbarten die Vertragsstaaten 1985, die Grenzkontrollen zwischen Belgien, Deutschland, Frankreich, Luxemburg und den Niederlanden abzubauen.

---

[43] Zu diesen und allen weiteren Angaben in diesem Abschnitt soweit nicht andere Quellen angegeben sind: Sachverständigenrat deutscher Stiftungen für Integration und Migration, 2017.

3 Asylrecht

Im Vertrag von Dublin regelten die Staaten der Europäischen Gemeinschaften (EG)[44] 1990 u.a. die Zuständigkeit der Mitgliedstaaten für Asylanträge. Nach dem „one-state-only"-Prinzip ist für die Durchführung des Asylverfahrens das Land zuständig, über dessen Boden ein Flüchtling die Europäische Gemeinschaft (EU) zuerst betritt (oder wo er sich nachweislich zuerst aufgehalten hat).

Da Artikel 16 Grundgesetz universell galt, hatte Deutschland an dem Abkommen jedoch nur bedingt teilnehmen können: Wenn Asylbewerber in einem der Vertragsstaaten abgelehnt worden waren, konnten sie problemlos nach Deutschland weiterwandern und dort erneut Asyl beantragen. In dieser Zeit wurden über zwei Drittel aller Asylanträge innerhalb der Europäischen Gemeinschaft in Deutschland gestellt.

Das deutsche Asylrecht erwies sich somit als nicht vereinbar mit dem europäischen Rahmen. Der Anpassungsdruck, die steigende Zahl von Asylanträgen sowie das zunehmend aufgeheizte gesellschaftliche Klima und ausländerfeindliche Anschläge führten schließlich zu einer lang umstrittenen Grundgesetzänderung. Am 6. Dezember 1992 schloss die damalige Bundesregierung aus Union und FDP mit der oppositionellen SPD den sogenannten Asylkompromiss. Er enthielt einschneidende Änderungen des Asylrechts, die Mitte 1993 in Kraft traten.

Mit der Reform wurde das Asylrecht in Deutschland restriktiver, denn der Gesetzgeber schränkte das Grundrecht auf Asyl deutlich ein (Art. 16a Abs. 1 GG). Seither können sich Ausländer nicht mehr auf das Asylrecht berufen, wenn sie aus einem sicheren Drittstaat einreisen (Art. 16a Abs. 2 GG). Zudem gelten Personen aus einem sicheren Herkunftsstaat nicht als politisch verfolgt

---

44 Begriffsklärung.
EWG = Europäische Wirtschaftsgemeinschaft, EURATOM = Europäische Atomgemeinschaft EGKS = Europäische Gemeinschaft für Kohle und Stahl (EGKS). In einem Fusionsvertrag vom 8. April 1965 wurde beschlossen, die Organe der drei Teile (EWG, EURATOM, EGKS) zum 1. Juli 1967 zu fusionieren. Es entstand die EG = die Europäischen Gemeinschaften. Mit dem Vertrag über die Europäische Union (EUV) vom 7. Februar 1992 in Maastricht entstand die Europäische Union = EU, die am 1. November 1993 in Kraft trat. Die EU löste die EG ab. (Konrad-Adenauer-Stiftung; http://www.kas.de/wf/de/71.5935/).
„Europäische Gemeinschaften" wurde in den Folgejahren umgangssprachlich abgekürzt zu „Europäische Gemeinschaft".

(Art. 16a Abs. 3 GG).[45] Für Asylbewerber, die über den Luftweg einreisen, wurde ein Eilverfahren im Transitbereich des Flughafens eingeführt (Flughafenverfahren, §18a AsylVfG). Die Neuregelung zielte darauf, dass nur noch Personen in Deutschland Asyl beantragen können, die mit gültigen Papieren auf dem Luft- oder Seeweg einreisen, ohne dabei sichere Drittländer zu passieren.

Darüber hinaus wurde das Asylbewerberleistungsgesetz (AsylbLG) geschaffen, nach dem Asylbewerber weniger Leistungen als zuvor erhalten. Zeitgleich endeten die Jugoslawienkriege.

Seit 1953 stellten rund. 5,3 Millionen Menschen in Deutschland einen Asylantrag, davon 4,4 Millionen seit 1990. Lediglich 17,5 % der gestellten Asylanträge entfallen auf den Betrachtungszeitraum bis 1989. Der große Anteil aller Asylanträge (82,5 %) wurde seit 1990 gestellt, wobei allein 16,8 % dieser Anträge im Jahr 2016 entgegengenommen wurden (2015: 10,8 %). Von der Mitte der 90er Jahre bis 2008 sank die Zahl der Anträge (siehe Tabelle 3-1). Seither zeigt sich eine deutliche Steigerung der jährlichen Zugangszahlen. Im Jahr 2016 wurden Asylanträge von insgesamt 745.545 Personen in Deutschland verzeichnet: 722.370 Asylerstanträge und 23.175 Asylfolgeanträge[46]. Die Zahl der Erstanträge hatte sich im Vergleich zum Vorjahr stark erhöht. Damit stellte der Jahreswert 2016 auch den höchsten Erstantragszugang seit Einführung der getrennten statistischen Erfassung von Erst- und Folgeanträgen im Jahr 1995 dar. Die Zahl der Folgeanträge sank im Vergleich zu 2015 (34.750) um 33,3 %.[47] Die Zahl der Erstanträge sank im Jahr 2017 rapide.[48]

---

[45] In Deutschland gelten (Stand: Mai 2018) folgende Länder als sichere Herkunftsstaaten: die Mitgliedstaaten der Europäischen Union, Albanien, Bosnien und Herzegowina, Ghana, Kosovo, Mazedonien, ehemalige jugoslawische Republik, Montenegro, Senegal, Serbien.

[46] Im Asylverfahren werden zwei Arten von Asylanträgen unterschieden. Ein Asylerstantrag liegt vor, wenn Ausländer erstmals einen Asylantrag stellen; ein Asylfolgeantrag, wenn nach Rücknahme oder unanfechtbarer Ablehnung eines früheren Asylantrags ein weiterer Asylantrag gestellt wird (vgl. §71 AsylG). Ein weiteres Asylverfahren ist nur durchzuführen, wenn ein Wiederaufnahmegrund nach §51 Abs. 1 bis 3 Verwaltungsverfahrensgesetz vorliegt. Ein Wiederaufnahmegrund ergibt sich beispielsweise, wenn sich die der ersten Entscheidung zugrunde liegende Sach- oder Rechtslage für die Antragstellenden geändert hat (siehe beispielsweise Bundesamt für Migration und Flüchtlinge, 2018b, S. 11).

[47] Bundesamt für Migration und Flüchtlinge, 2017a, S. 10.

[48] Bundesamt für Migration und Flüchtlinge, 2018a, S. 4.

Tabelle 3-1 Entwicklung der jährlichen Asylantragszahlen seit 1995[49]

Zeitraum	Asylanträge		
	insgesamt	davon Erstanträge	davon Folgeanträge
1995	166.951	127.937	39.014
1996	149.193	116.367	32.826
1997	151.700	104.353	47.347
1998	143.429	98.644	44.785
1999	138.319	95.113	43.206
2000	117.648	78.564	39.084
2001	118.306	88.287	30.019
2002	91.471	71.127	20.344
2003	67.848	50.563	17.285
2004	50.152	35.607	14.545
2005	42.908	28.914	13.994
2006	30.100	21.029	9.071
2007	30.303	19.164	11.139
2008	28.018	22.085	5.933
2009	33.033	27.649	5.384
2010	48.589	41.332	7.257
2011	53.347	45.741	7.606
2012	77.651	64.539	13.112
2013	127.023	109.580	17.443
2014	20.834	173.073	29.762
2015	476.649	441.899	34.750
2016	745.545	722.370	23.175
2017	222.683	198.317	24.366

Im Jahr 2017 haben insgesamt 222.683 Personen in Deutschland Asyl beantragt. Im Vergleich zum Vorjahr (745.545 Personen) ergibt sich ein Rückgang von 70,1 %. Die Zahl der Erstanträge hat sich im Vergleich zum Vorjahr (722.370 Personen) um 72,5 % verringert. Der Jahreswert 2016 mit 722.370 Asylerstanträgen stellt auch den höchsten Erstantragszugang seit Einführung der getrennten statistischen Erfassung von Erst- und Folgeanträgen im Jahr 1995 dar.[50,51]

---

[49] Bundesamt für Migration und Flüchtlinge, 2018a, S. 4.
[50] Bundesamt für Migration und Flüchtlinge, 2018b, S. 8.
[51] Monatlich aktualisierte Daten finden sich über http://www.bamf.de/DE/Infothek/Statistiken/.

Die nachfolgende Tabelle 3-2 gibt einen Überblick über die Zahl der getroffenen Entscheidungen und die Grundlagen dieser Entscheidungen. Von den im Jahr 2017 insgesamt getroffenen Entscheidungen führten 20,5 % zur Anerkennung als Flüchtling, 16,3 % der Antragstellenden erhielten subsidiären Schutz, in 6,6 % der Fälle erging ein Abschiebungsverbot, 38,5 % der Anträge führten zu Ablehnungen und in 18,1 % der Anträge erfolgten formelle Entscheidungen.

Tabelle 3-2   Entscheidung und Entscheidungsquoten seit 2008 (Erst- und Folgeanträge)[52]

		Sachentscheidungen										Formelle Entscheidungen	
		davon Rechtsstellung als Flüchtling (§ 3 Abs. 1 AsylG, Art. 16 GG)		darunter Anerkennung als Asylberechtigte (Art. 16 a GG und Familienasyl)		davon Gewährung von subsidiärem Schutz gem. § 4 Abs. 1 AsylG		davon Feststellung eines Abschiebungsverbotes gem. § 60 Abs. 5. o. 7 AufenthaltG		davon Ablehnungen (unbegründet, offensichtlich unbegründet)			
Jahr	Insgesamt		%		%		%		%		%		%
2008	20.817	7.291	35,0	233	1,1	126	0,6	436	2,1	6.761	32,5	6.203	29,8
2009	28.816	8.115	28,2	452	1,6	395	1,4	1.216	4,2	11.360	39,4	7.730	26,8
2010	48.187	7.704	16,0	643	1,3	548	1,1	2.143	4,4	27.255	56,6	10.537	21,9
2011	43.362	7.098	16,4	652	1,5	666	1,5	1.911	4,4	23.717	54,7	9.970	23,0
2012	61.826	8.764	14,2	740	1,2	6.974	11,3	1.402	2,3	30.700	49,7	13.986	22,6
2013	80.978	10.915	13,5	919	1,1	7.005	8,7	2.208	2,7	31.145	38,5	29.705	35,7
2014	128.911	33.310	25,8	2.285	1,8	5.174	4,0	2.079	1,6	43.018	33,4	45.330	35,2
2015	282.726	137.136	48,5	2.029	0,7	1.707	0,6	2.072	0,7	91.514	32,4	50.297	17,8
2016	695.733	256.136	36,8	2.120	0,3	153.700	22,1	24.084	3,5	173.846	25,0	87.967	12,6
2017	603.428	123.909	20,5	4.359	0,7	98.074	16,3	39.659	6,6	232.307	38,5	109.479	18,1

---

[52]   Bundesamt für Migration und Flüchtlinge, 2017c, ohne Paginierung; 2018b, S. 35 - 36.

3 Asylrecht

Nach Abschluss des Asylverfahrens berechnet sich die sogenannte Schutzquote aus der Anzahl der Asylanerkennungen (Art. 16a GG und Familienasyl), der Anerkennungen als Flüchtling (§ 3 Abs. 1 AsylG), der Gewährung von subsidiärem Schutz (§ 4 Abs. 1 AsylG) und der Zahl der Feststellungen eines Abschiebungsverbotes (§ 60 Abs. 5 oder 7 AufenthG) bezogen auf die Gesamtzahl der Entscheidungen im betreffenden Zeitraum (siehe Tabelle 3-3).

Tabelle 3-3 Entwicklung der Schutzquote[53]

Jahr	Gesamtschutzquote
2008	37,7 %
2009	33,8 %
2010	21,6 %
2011	22,3 %
2012	27,7 %
2013	24,9 %
2014	31,5 %
2015	49,8 %
2016	62,4 %
2017	43,4 %

Wenn das Bundesamt für Migration und Flüchtlinge feststellt, dass ein anderer Mitgliedstaat in der Europäischen Union, die Schweiz, Norwegen oder Island für die Prüfung des Asylantrags zuständig ist (sogenanntes Dublin-Verfahren), verändert sich der Ablauf des Asylverfahrens. In diesem Fall entscheidet das BAMF lediglich über die Frage, wer für die Prüfung des Asylantrags zuständig ist. Vom BAMF werden also keine inhaltlichen Feststellungen zu den Verfolgungsgründen des Asylsuchenden getroffen. Mit dem „Dublin-Bescheid" ergeht in der Regel eine Abschiebungsanordnung. Hierin wird der zuständige Mitgliedstaat benannt, in den die oder der Betroffene überstellt werden soll. In diesen Fallkonstellationen gelten kurze Fristen für die Einlegung von Rechtsmitteln, weshalb gegebenenfalls ein Rechtsanwalt aufgesucht werden sollte, der in Asylrechtsfragen kompetent ist.

---

[53] Bundesamt für Migration und Flüchtlinge, 2018b, S. 36.

Tabelle 3-4 zeigt die zehn zugangsstärksten Staatsangehörigkeiten der letzten vier Jahre.

Tabelle 3-4   Die zehn zugangsstärksten Staatsangehörigkeiten von 2014 bis 2017[54]

Staatsangehörigkeiten	2014		2015		2016		2017	
Afghanistan	4	9.115	4	31.382	2	127.012	3	16.423
Albanien	5	7.865	2	53.805	6	14.853		
Bosnien und Herzegowina	7	5.705						
Eritrea	3	13.198	8	10.876	5	18.854	4	10.226
Irak	10	5.345	5	29.784	3	96.116	2	21.930
Iran, Islamische Republik					4	26.426	5	8.608
Kosovo	6	6.908	3	33.427				
Mazedonien	8	5.614	9	9.083				
Nigeria					9	12.709	7	7.811
Pakistan			10	8.199	8	14.484		
Russische Föderation					10	10.985	9	4.884
Serbien	2	17.172	6	16.700				
Somalia	9	5.528					8	6.836
Syrien, Arabische Republik	1	39.332	1	158.657	1	266.250	1	48.974
Türkei							6	8.027
Ungeklärt			7	11.721	7	14.659	10	4.067
Summe Top Ten		115.782		363.634		602.348		137.786
Asylanträge insgesamt		173.072		441.899		722.370		198.317
Prozentanteil [55]		66,9		82,3		83,4		69,5

Die Verteilung der Asylbegehrenden auf die Bundesländer erfolgt nach dem Königsteiner Schlüssel.[56]

---

[54] Bundesamt für Migration und Flüchtlinge, 2017c, ohne Paginierung; Bundesamt für Migration und Flüchtlinge, 2018b, S. 17.

[55] Prozentanteil der Top-Ten-Staatsangehörigkeiten an den Gesamtzugängen. Die Rangziffer ist den absoluten Zahlen jeweils vorangestellt.

[56] Bundesamt für Migration und Flüchtlinge, 2018b, S. 14.

3.2 Aktuelle gesetzliche Regelungen

Das Asylgesetz (AsylG; zuvor Asylverfahrensgesetz) regelt das Asylverfahren in der Bundesrepublik Deutschland.[57]

> **Asylgesetz (AsylG) § 1 Geltungsbereich**
>
> (1) Dieses Gesetz gilt für Ausländer, die Folgendes beantragen:
> 1. Schutz vor politischer Verfolgung nach Artikel 16a Absatz 1 des Grundgesetzes oder
> 2. internationalen Schutz nach der Richtlinie 2011/95/EU des Europäischen Parlaments und des Rates vom 13. Dezember 2011 über Normen für die Anerkennung von Drittstaatsangehörigen oder Staatenlosen als Personen mit Anspruch auf internationalen Schutz, für einen einheitlichen Status für Flüchtlinge oder für Personen mit Anrecht auf subsidiären Schutz und für den Inhalt des zu gewährenden Schutzes (ABl. L 337 vom 20.12.2011, S. 9); …
>
> …

Das Abkommen über die Rechtsstellung der Flüchtlinge („Genfer Flüchtlingskonvention")[58] vom 28. Juli 1951 (in Kraft getreten am 22. April 1954) in Verbindung mit dem Protokoll über die Rechtsstellung der Flüchtlinge vom 31. Januar 1967 (in Kraft getreten am 4. Oktober 1967) ist das Fundament des internationalen Flüchtlingsrechts. Die Genfer Flüchtlingskonvention (GFK) definierte den Begriff „Flüchtling" ursprünglich vor dem Hintergrund der Ereignisse vor 1951. Aufgrund späterer Krisen wurden Änderungen notwendig, denen mit Zusatzabkommen begegnet wurde (Protokoll über die Rechtsstellung der Flüchtlinge vom 31. Januar 1967 [„New Yorker Protokoll"][59]).

Kernstück des Abkommens ist das Gebot der sogenannten Nicht-Zurückweisung, das den individuellen Schutzanspruch gegenüber dem Unterzeichnerstaat vor Abschiebung in eine Verfolgungsgefahr manifestiert: Die Rechtsstellung eines Flüchtlings erhält ein Ausländer, der nicht in einen Staat abgeschoben

---

[57] Zur aktuellen Vorgehensweise siehe die Broschüre des Bundesamtes für Migration und Flüchtlinge zum Download unter https://www.bamf.de/SharedDocs/Anlagen/DE/Publikationen/Broschueren/das-deutsche-asylverfahren.html.
[58] UNHCR, 2015.
[59] UNHCR, 2015.

werden darf, in dem sein Leben oder seine Freiheit wegen seiner Rasse, Religion, Staatsangehörigkeit, seiner Zugehörigkeit zu einer bestimmten sozialen Gruppe oder wegen seiner politischen Überzeugung bedroht ist (dies gilt auch für Asylberechtigte).

Einen Anspruch auf den nachrangigen „subsidiären Schutz" hat nur der Ausländer, der die Anerkennung für das Asyl oder des Flüchtlings nicht erfüllt, aber stichhaltige Gründe für die Annahme vorgebracht hat, dass er bei einer Rückkehr in sein Herkunftsland oder, bei Staatenlosen, in das Land, in dem er/sie seinen vorherigen gewöhnlichen Aufenthalt hatte, tatsächlich Gefahr liefe, einen ernsthaften Schaden (z.B. erhebliche Gefahr für Leib, Leben oder Freiheit) zu erleiden.

Nach der Anhörung zu den Fluchtgründen erlässt das BAMF einen Bescheid, in dem festgestellt wird, ob der Asylsuchende:

- nach Artikel 16a Grundgesetz als politisch Verfolgter anerkannt wird (Asylberechtigung)

Art 16a Grundgesetz für die Bundesrepublik Deutschland

(1) Politisch Verfolgte genießen Asylrecht.
(2) Auf Absatz 1 kann sich nicht berufen, wer aus einem Mitgliedstaat der Europäischen Gemeinschaften oder aus einem anderen Drittstaat einreist, in dem die Anwendung des Abkommens über die Rechtsstellung der Flüchtlinge und der Konvention zum Schutze der Menschenrechte und Grundfreiheiten sichergestellt ist. Die Staaten außerhalb der Europäischen Gemeinschaften, auf die die Voraussetzungen des Satzes 1 zutreffen, werden durch Gesetz, das der Zustimmung des Bundesrates bedarf, bestimmt. In den Fällen des Satzes 1 können aufenthaltsbeendende Maßnahmen unabhängig von einem hiergegen eingelegten Rechtsbehelf vollzogen werden.

- Schutz nach der Genfer Flüchtlingskonvention von 1951 erhält (§ 3 Asylgesetz),

- subsidiären Schutz erhält (§ 4 Asylgesetz),

- das Vorliegen von Abschiebungsverboten erfolgreich geltend gemacht hat (§ 60 Abs. 5 oder 7 Aufenthaltsgesetz).

Aus diesen Feststellungen folgt, ob und gegebenenfalls welche (befristete) humanitäre Aufenthaltserlaubnis nach Abschluss des Asylverfahrens zu erteilen ist oder erteilt werden soll. Auch eine Ausreiseverpflichtung kann Ergebnis des Bescheids sein.

Die Aufenthaltserlaubnisse sind hinsichtlich der mit ihnen verbundenen sozialen Rechte („Status- oder Folgerechte") teilweise unterschiedlich ausgestaltet.

Wird ein Asylantrag insgesamt abgelehnt und sind hiergegen eingelegte Rechtsmittel (Klage bzw. Anträge beim Verwaltungsgericht) im Ergebnis erfolglos, wird der Betroffene vollziehbar bzw. bestandskräftig ausreisepflichtig. Das heißt, die Person muss, wenn keine Duldung erteilt wird, Deutschland innerhalb der gesetzten Ausreisefrist verlassen. Andernfalls kann der Betroffene abgeschoben werden.[60]

Ein Asylberechtigter oder aber ein Flüchtling gemäß Genfer Flüchtlingskonvention erhält eine auf längstens drei Jahre befristete Aufenthaltserlaubnis (dies gilt nicht, wenn der Ausländer aus schwerwiegenden Gründen der öffentlichen Sicherheit und Ordnung ausgewiesen worden ist).

Sollten keine Gründe für den Widerruf oder die Rücknahme der Asyl- und Flüchtlingsanerkennung vorliegen, wird wegen des erworbenen Anspruches nach drei Jahren eine Niederlassungserlaubnis erteilt.

Ein Widerruf der Asyl- und Flüchtlingsanerkennung führt nicht immer automatisch zum Verlust des Aufenthaltsrechtes, da in vielen Fällen ein asylunabhängiges eigenständiges Aufenthaltsrecht erworben wurde.

Für Angelegenheiten und Fragen zum Aufenthalt in Deutschland nach Abschluss des Asylverfahrens ist nicht das BAMF zuständig. Dies ist Aufgabe der örtlichen Ausländerbehörden in den Bundesländern. Nach einem positiven oder teilweise positiven Asylbescheid ist die Ausländerbehörde verantwortlich für die Erteilung oder Verlängerung von Aufenthaltstiteln oder Anträgen auf Familienzusammenführung.

---

[60] http://www.bamf.de/DE/Fluechtlingsschutz/AblaufAsylv/Schutzformen/schutzformen-node.html.

Auch nach einem negativen Asylbescheid sind die Ausländerbehörden für das weitere Verfahren zuständig. Sie sind verantwortlich für aufenthaltsbeendende Maßnahmen (Rückführung/Abschiebung) oder die Ausstellung von Duldungsbescheinigungen.[61]

Hier wird weiterhin die Ausländerbehörde als zuständige ausländerrechtliche Behörde genannt. Es können sich aber im Ausweisungsverfahren auch Zuständigkeiten übergeordneter Behörden ergeben, aktuell als Beispiel ab 01.07.2018 in Hessen die der Regierungspräsidien.[62]

3.3 Europäisches Asylrecht

Seit 1999 arbeitet die EU an einem Gemeinsamen Europäischen Asylsystem (GEAS). Kernelement ist die EU-weite Harmonisierung der Schutz- und Aufnahmenormen. Sie soll sicherstellen, dass Asylsuchenden in der gesamten EU unter gleichen Bedingungen internationaler Schutz gewährt wird. Hier besteht offensichtlich noch Handlungsbedarf – siehe die Situation in Italien und Griechenland.

„Das Stadium für das Mehrheitsverfahren ist seit langem erreicht. Die EU hat wesentliche Kompetenzen mit dem Erlass asylr Normen wahrgenommen u. beabsichtigt, entspr. den Aktionsplänen zu den sog. Programmen von Tampere (1999), Haag (2005) u Stockholm (2010) noch weitere AsylR-Harmonisierungen vorzunehmen. Das Gemeinsame Europäische Asylsystem (GEAS) hat heute seine primärrechtlichen Grundlagen in den Art. 67 bis 80 des Vertrages über die Arbeitsweise der EU (AEUV). Hiernach entwickelt die Union ‚eine gemeinsame Politik im Bereich Asyl, subsidiärer Schutz und vorübergehender Schutz, mit der jedem Drittstaatsangehörigen, der internationalen Schutz benötigt, ein angemessener Status angeboten und die Einhaltung des Grundsatzes der Nicht-Zurückweisung gewährleistet werden soll. Diese Politik muss mit dem Genfer Abkommen vom 28. Juli 1951 und dem Protokoll vom 31. Januar 1967 über die Rechtsstellung der Flüchtlinge sowie den anderen einschlägigen Verträgen in Einklang stehen'. Nach Art. 80 AEUV gilt für diese Asyl-‚Politik der Union und ihre Umsetzung der **Grundsatz der Solidarität** und der gerechten Aufteilung der Verant-

---

[61] http://www.bamf.de/DE/Fluechtlingsschutz/AblaufAsylv/AusgangVerfahren/ausgang-verfahren-node.html.
[62] Verordnung über die Zuständigkeiten der Ausländerbehörden und zur Durchführung des Aufenthaltsgesetzes und des Asylgesetzes vom 4. Juni 2018. Gesetz- und Verordnungsblatt für das Land Hessen, 10, S. 251 – 254.

wortlichkeiten unter den Mitgliedsstaaten einschließlich in finanzieller Hinsicht.' Eine Solidaritätsmaxime, von der die Realität sehr weit entfernt ist, weil viele EU-Mitgliedsstaaten va. als dt. Problem ansehen."[63]

„Die rechtliche Basis des GEAS ist nach den EU-Verträgen also ausdrücklich die **Genfer Flüchtlingskonvention (GK)**. Deren wichtigster Grundsatz – das sog. **Refoulement-Verbot** – ist in Art 33 normiert. Hiernach darf kein Flüchtling ‚auf irgendeine Weise über die Grenzen von Gebieten ausgewiesen oder zurückgewiesen werden, in denen sein Leben oder seine Freiheit wegen seiner Rasse, Religion, Staatsangehörigkeit, seiner Zugehörigkeit zu einer bestimmten sozialen Gruppe oder wegen seiner politischen Überzeugung bedroht sein würde' jedenfalls nicht, bevor sein Flüchtlingsstatus bestandskräftig geklärt ist. Nach dem ergänzenden sog. Pönalisierungsverbot aus Art 31 GK darf ein Asylbew zudem grds nicht alleine deshalb bestraft werden, weil er ohne erforderliches Visum eingereist ist, sofern er sich umgehend hernach bei den Beh. meldet u. Asyl beantragt."[64]

---

[63] Bergmann & Dienelt, 2018, Rndr. 132, S. 2357 - 2358. Hervorhebung im Original.
[64] Bergmann & Dienelt, 2018, Rndr. 133, S. 2358. Hervorhebung im Original.

4 Rückführungsmöglichkeiten im Maßregelvollzug – bundesweite Regelungen

Mit dem rechtskräftigen Urteil eines Strafgerichts steht für den deutschen wie für den nichtdeutschen Verurteilten das Strafmaß bzw. eine Maßregel der Besserung und Sicherung fest. Ob, wie und wo diese Sanktionen vollzogen werden, ist insbesondere bei rechtskräftig verurteilten Ausländern damit noch nicht geklärt. Nach einem Urteil sehen viele Ausländer für sich in Deutschland keine Perspektive mehr. Häufig kommt der Verurteilte dann zu dem Punkt, an dem er beschließt, einen Neuanfang im Heimatland zu beginnen.

Hier gibt es verschiedene Möglichkeiten, die geprüft werden können. Damit sollen nicht in erster Linie der deutsche Strafvollzug bzw. Maßregelvollzug, sondern auch die persönlichen Interessen des Verurteilten geschützt werden.

4.1 Vollstreckung im Heimatland – rechtliche Möglichkeiten und Vorgaben

Voraussetzung ist grundsätzlich bei allen Maßnahmen das Vorliegen einer bestandskräftigen Ausweisung (§§ 53, 54 AufenthG) oder Auslieferung; dem stehen die Abschiebung (§ 58 AufenthG), die Zurückschiebung (§ 57 AufenthG) und die Pflicht zur Ausreise (§ 50 AufenthG) gleich.

Die Entscheidung steht im Ermessen der Vollstreckungsbehörde, die die Interessen des Verurteilten gegen die Gründe abwägen muss. Zu berücksichtigen sind vor allem Art und Umstände der Tat, die Schwere der Schuld, der Umfang bisher verbüßter Strafen, die familiäre und soziale Situation des Betroffenen sowie das öffentliche, insbesondere auch internationale Interesse an der Bekämpfung bestimmter Straftaten.[65]

Mehrere verschiedene Verfahren können geprüft werden.

Das Ersuchen um Vollstreckung eines ausländischen Staates nach § 71 IRG (Gesetz über internationale Rechtshilfe in Strafsachen), die Möglichkeit einer

---

[65] Dazu Pollähne in: Gercke, Julius, Temming u.a., 2012, Erster Abschnitt Strafvollstreckung, § 456a Rdnr. 2.

Überstellung nach dem Übereinkommen vom 21.03.1983[66] und die Entscheidung nach § 456a StPO (Absehen von Vollstreckung bei Auslieferung oder Ausweisung) stehen grundsätzlich rechtlich selbstständig nebeneinander.[67] Dabei ist allerdings umstritten, ob § 71 IRG Vorrang zu geben ist.[68] Es gibt daneben noch verschiedene völkerrechtliche Verträge, welche die Verbüßung von Freiheitsstrafen im Heimatland der Straftäter regeln. Diese sind dann im Einzelfall zu prüfen.

Hinsichtlich der Möglichkeiten, durch entsprechende Anträge auf „Vollstreckungshilfe" eine Lösung zu erhalten, ist zu beachten, dass dabei zwei verschiedene Wege zu unterscheiden sind. Zum einen ist zu prüfen, ob es zwischen der Bundesrepublik und dem jeweiligen Staat entsprechende völkerrechtliche Übereinkommen über die Überstellung verurteilter Personen gibt. Sollte dies nicht der Fall sein, so ist zu prüfen, ob der Weg über das IRG eröffnet ist. Dann gilt für die Vollstreckungshilfe der § 71 IRG.

> **Gesetz über die internationale Rechtshilfe in Strafsachen**
>
> **§ 71 Vollstreckung deutscher Erkenntnisse im Ausland**
>
> (1) Die Vollstreckung einer im Geltungsbereich dieses Gesetzes gegen eine ausländische Person verhängten Strafe oder sonstigen Sanktion kann auf einen ausländischen Staat übertragen werden, wenn
>   1. die verurteilte Person in dem ausländischen Staat ihren Wohnsitz oder gewöhnlichen Aufenthalt hat oder sich dort aufhält und nicht ausgeliefert wird, weil ein Auslieferungsersuchen nicht gestellt oder abgelehnt wird oder die Auslieferung nicht ausführbar ist, oder
>   2. die Vollstreckung in dem ausländischen Staat im Interesse der verurteilten Person oder im öffentlichen Interesse liegt.
>   Die Überstellung der verurteilten Person darf nur zur Vollstreckung einer freiheitsentziehenden Sanktion erfolgen; § 6 Absatz 2, § 11 gelten entsprechend.
> (2) Die Vollstreckung einer im Geltungsbereich dieses Gesetzes gegen eine Person mit deutscher Staatsangehörigkeit verhängten nicht freiheitsentziehenden Strafe oder Sanktion kann auf einen ausländischen Staat übertragen wer-

---

[66] Council of Europe, 1983; Council of Europe, 1997.
[67] Graalmann-Scheerer, in: Erb, Esser, Franke, Graalmann-Scheerer, Hilger & Ignor, 2010, StPO, § 456a Rdnr. 1.
[68] Groß, 1987, S. 38, 40.

den, wenn dies im öffentlichen Interesse liegt. Ferner kann die Vollstreckung einer im Geltungsbereich dieses Gesetzes gegen eine Person mit deutscher Staatsangehörigkeit verhängten freiheitsentziehenden Strafe oder sonstigen Sanktion auf einen ausländischen Staat übertragen werden, wenn
1. die verurteilte Person in dem ausländischen Staat ihren Wohnsitz oder gewöhnlichen Aufenthalt hat oder sich dort aufhält,
2. die verurteilte Person nicht ausgeliefert wird, weil ein Auslieferungsersuchen nicht gestellt oder abgelehnt wird oder die Auslieferung nicht ausführbar ist, und
3. der verurteilten Person durch die Vollstreckung in dem ausländischen Staat keine erheblichen, außerhalb des Strafzwecks liegenden Nachteile erwachsen.

Hält sich die verurteilte Person nicht in dem ausländischen Staat auf, so darf die Vollstreckung einer freiheitsentziehenden Sanktion ferner nur übertragen werden, wenn sich die verurteilte Person nach Belehrung zu Protokoll eines Richters oder eines zur Beurkundung von Willenserklärungen ermächtigten Berufskonsularbeamten damit einverstanden erklärt hat. Das Einverständnis kann nicht widerrufen werden.
(3) Die Vollstreckung darf nur übertragen werden, wenn gewährleistet ist, dass der ausländische Staat eine Rücknahme oder eine Beschränkung der Übertragung beachten wird.
(4) Die Vollstreckung einer freiheitsentziehenden Sanktion darf nur übertragen werden, wenn das Gericht die Vollstreckung in dem ausländischen Staat für zulässig erklärt hat. Über die Zulässigkeit entscheidet das Oberlandesgericht durch Beschluss. Die örtliche Zuständigkeit richtet sich nach dem Sitz des Gerichts, das die zu vollstreckende Strafe oder sonstige Sanktion verhängt hat, oder, wenn gegen die verurteilte Person im Geltungsbereich dieses Gesetzes eine Freiheitsstrafe vollstreckt wird, nach § 462a Absatz 1 Satz 1 und 2 der Strafprozessordnung. § 13 Absatz 1 Satz 2, Absatz 2, § 30 Absatz 2 Satz 2 und 4, Absatz 3, § 31 Absatz 1 und 4, die §§ 33, 52 Absatz 3, § 53 gelten entsprechend. Befindet sich die verurteilte Person im Geltungsbereich dieses Gesetzes, so gelten auch § 30 Absatz 2 Satz 1, § 31 Absatz 2 und 3 entsprechend.
(5) Die deutsche Vollstreckungsbehörde sieht von der Vollstreckung ab, soweit der ausländische Staat sie übernommen und durchgeführt hat. Sie kann die Vollstreckung fortsetzen, soweit der ausländische Staat sie nicht zu Ende geführt hat.

Daneben gestattet § 456a StPO ein Absehen von der Vollstreckung nur bei Freiheitsstrafen, Ersatzfreiheitsstrafen und freiheitsentziehenden Maßregeln der Besserung und Sicherung. Mit ihm wurde die Möglichkeit geschaffen, den

Justizvollzug sowie den Maßregelvollzug um solche Verurteilte zu entlasten, die demnächst ausgeliefert, überstellt oder ausgewiesen werden.[69]

> **§ 456a StPO Absehen von Vollstreckung bei Auslieferung, Überstellung oder Ausweisung[70]**
>
> (1) Die Vollstreckungsbehörde kann von der Vollstreckung einer Freiheitsstrafe, einer Ersatzfreiheitsstrafe oder einer Maßregel der Besserung und Sicherung absehen, wenn der Verurteilte wegen einer anderen Tat einer ausländischen Regierung ausgeliefert, an einen internationalen Strafgerichtshof überstellt oder wenn er aus dem Geltungsbereich dieses Bundesgesetzes ausgewiesen wird.
>
> (2) Kehrt der Ausgelieferte, der Überstellte oder der Ausgewiesene zurück, so kann die Vollstreckung nachgeholt werden. Für die Nachholung einer Maßregel der Besserung und Sicherung gilt § 67c Abs. 2 des Strafgesetzbuches entsprechend. Die Vollstreckungsbehörde kann zugleich mit dem Absehen von der Vollstreckung die Nachholung für den Fall anordnen, dass der Ausgelieferte, Überstellte oder Ausgewiesene zurückkehrt, und hierzu einen Haftbefehl oder einen Unterbringungsbefehl erlassen sowie die erforderlichen Fahndungsmaßnahmen, insbesondere die Ausschreibung zur Festnahme, veranlassen; § 131 Abs. 4 sowie § 131a Abs. 3 gelten entsprechend. Der Verurteilte ist zu belehren.

Sobald ein Ausweisungsbescheid in Rechtskraft erwachsen ist, kann ein Ausländer, gegen den eine Vollzugsstrafe zumindest bis zum Halbstrafenzeitpunkt vollstreckt worden ist, einen Antrag nach § 456a StPO stellen. Der frühestmögliche Zeitpunkt für die Durchführung einer Abschiebung wird jedoch in den einzelnen Bundesländern unterschiedlich bestimmt und hängt unter anderem auch von den Umständen der Tat, der Schwere der Schuld, der familiären und sozialen Lage und vom Verhalten des Ausländers im Straf- bzw. Maßregelvollzug[71] ab.

Die Maßnahme ist vor oder auch nach Beginn der Vollstreckung, also ganz oder teilweise, möglich; auch erneut, wenn nach Rückkehr des Verurteilten

---

[69] Zu den einzelnen gesetzlichen Voraussetzungen des § 456a StPO siehe ausführlich 5.2.1.
[70] Fassung aufgrund des Gesetzes zur Neubestimmung des Bleiberechts und der Aufenthaltsbeendigung vom 27.07.2015 (BGBl. I S. 1386), in Kraft getreten am 01.08.2015.
[71] Schmitt, in: Meyer-Goßner & Schmitt, 2018, StPO, § 456a Rdnr. 5.

nach Abs. 2 die Vollstreckung nachgeholt wird.[72] Im Regelfall und ohne Vorliegen besonderer Umstände wird die Vollstreckung anzuordnen und vollständig nachzuholen sein; dies soll nur ausnahmsweise nicht gelten, wenn der Betroffene nur deshalb nach Deutschland wieder einreist, um sich einer durch die Strafvollstreckungskammer angeordneten Begutachtung zu unterziehen.[73]

Die Vorschrift kann nunmehr auch auf Deutsche Anwendung finden, nachdem Artikel 16 Absatz 2 Satz 2 Grundgesetz auch deren Auslieferung gestattet.[74]

Ziel des § 456a StPO ist es, Ausländer sobald wie möglich in ihr Heimatland zu verbringen, damit sie dort wieder integriert leben können.

Im § 456a Abs. 2 StPO ist weiter geregelt, dass bei Rückkehr in das Bundesgebiet die Verbüßung der Strafe nachgeholt wird. In der Regel ordnet die Vollstreckungsbehörde (Staatsanwaltschaft) gleichzeitig mit dem Absehen von der Strafvollstreckung die Nachholung für den Fall an, dass der Ausgewiesene oder Ausgelieferte zurückkehrt. Darüber muss der Betroffene belehrt werden.

Die Strafvollstreckungsordnung (StVollstrO) enthält ergänzende Regelungen, die vor allem dazu dienen, der Vollstreckungsbehörde Arbeitshilfen zu geben. So wird in § 17 Abs. 1 StVollstrO klargestellt, dass die Vollstreckungsbehörde bei der von ihr zu treffenden Ermessensentscheidung die hierzu erlassenen landesrechtlichen Vorschriften zu beachten hat. Dabei handelt es sich um Richtlinien, Erlasse oder Ähnliches, die von den Landesjustizverwaltungen und/oder den Generalstaatsanwältinnen und Generalstaatsanwälten als Allgemeine Verfügungen erlassen worden sind, die in erster Linie den Verfahrensablauf und die Berichtspflichten regeln.[75] Häufig wird das Ermessen der Strafvollstreckungsbehörde durch die Vorschriften gebunden.[76]

Nach § 17 Abs. 1 Satz 2 StVollstrO ist die Vollstreckungsbehörde verpflichtet, bei einem Absehen von der Vollstreckung dies der Ausländerbehörde mitzuteilen und einen Suchvermerk im Bundeszentralregister niederzulegen.

---

[72] OLG Frankfurt, Beschluss vom 1. November 2000 – 3 VAs 45/00 –, juris: nur bei Vorliegen besonderer Umstände.
[73] Schmitt, in: Meyer-Goßner & Schmitt, 2018, StPO, § 456a Rdnr. 6.
[74] Schmitt, in: Meyer-Goßner & Schmitt, 2018, StPO, § 456a Rdnr. 1.
[75] Vgl. Pohlmann, Jabel & Wolf, 2016, S. 117.
[76] Pohlmann u.a., 2016, S. 118.

§ 17 Abs. 2 Satz 2 StVollstrO stellt weiter klar, dass die gesetzlich vorgeschriebene Belehrung (Abs. 2 Satz 4) in einer für den Verurteilten verständlichen Sprache zu erfolgen hat und der Justizvollzugsanstalt übertragen werden kann (§ 17 Abs. 2 Satz 3 StVollstrO).

4.2 Bestimmungen in den Bundesländern

Im Folgenden soll ein Überblick über die Bestimmungen in einzelnen Bundesländern gegeben werden. Der Überblick ist nicht abschließend, da nicht aus jedem Bundesland gesicherte aktuelle Angaben vorliegen.

Bayern

In den Verwaltungsvorschriften zum Bayerischen Maßregelvollzugsgesetz (VVBayMRVG) des Bayerischen Staatsministeriums für Arbeit und Soziales, Familie und Integration vom 17.01.2017, Az. IV5/2182-1/49 ist unter Ziffer 46.1 die Möglichkeit der Rückführung nach § 456a StPO geregelt. Danach soll die zuständige Maßregelvollzugsklinik, wenn Anhaltspunkte dafür vorliegen, dass die Voraussetzungen des § 456a StPO gegeben sein könnten, Kontakt mit der zuständigen Strafvollstreckungsbehörde aufnehmen. Von dort sind dann die notwendigen Schritte einzuleiten. Die Maßregelvollzugsklinik hat die ausländische untergebrachte Person bei Aufnahme über den Rahmenbeschluss (Rahmenbeschluss Freiheitsstrafen – 2008/909/JI des Rates vom 27.11.2008) und bestimmte Übereinkommen zu informieren. Gesuche der untergebrachten Person sind durch die Klinik weiterzuleiten. Hinzu kommen die „Ergänzenden Bestimmungen zur Strafvollstreckungsordnung" (ErgStVollstrO, JMBl. 2006 S. 91), die Kriterien für die Entscheidung nach § 456a StPO aufstellen.

Brandenburg

Es existieren Verwaltungsvorschriften zur Abschiebung ausländischer Straftäter nach Teilverbüßung vom 20.03.1997 (JMBl./11, [Nr. 4], S. 38), zuletzt geändert durch Allgemeine Verfügung vom 02.02.2011 (JMBl./11, [Nr. 3], S. 18). Hier werden die Voraussetzungen für ein Verfahren nach § 456a StPO, das Verfahren selbst und die Zustimmungserforderlichkeiten dargelegt. Das Verhältnis zu anderen Verfahren, Vollstreckungshilfe nach § 71 IRG und Möglichkeiten der Überstellung sind in Ziffer IV dahingehend bestimmt, dass die Regelungen rechtlich nebeneinanderstehen. Sind für mehrere Verfahren die

Voraussetzungen erfüllt, soll die Vollstreckungsbehörde dem jeweils am schnellsten zu verwirklichenden Verfahren den Vorzug geben.

Bremen

Die Allgemeine Verfügung des Senators für Justiz und Verfassung über die Anwendung des § 456a StPO vom 25.09.1992 bestimmt die allgemeinen Voraussetzungen für dieses Verfahren und regelt in Ziffer V, dass das Verfahren nach § 71 IRG nach Möglichkeit zunächst zu betreiben ist.

Hessen

In einem gemeinsamen Runderlass der hessischen Ministerien der Justiz, für Integration und Europa (2009) werden die Möglichkeiten des Ersuchens um Vollstreckung im Wege der Vollstreckungshilfe und das Absehen von der Vollstreckung nach § 456a StPO geregelt und grundsätzlich als selbstständig nebeneinander stehend gesehen (§ 2).

Niedersachsen

Es existiert ein Runderlass des Niedersächsischen Ministeriums für Inneres und Sport vom 23.09.2014 – Az.: 61-12231/3 VORIS 26100. Hier werden Rückführungen nach § 456a StPO mit geregelt (siehe dazu Ziffer 6 des Erlasses).

Nordrhein-Westfalen

Es liegt eine Rundverfügung des Justizministeriums vom 20.08.1985 (9174 – III A. 2) vor, die das Absehen von der Vollstreckung bei Auslieferung und Ausweisung (§ 456a StPO) näher regelt. Es werden Grundsätze zum Vorgehen festgelegt. § 71 IRG soll Vorrang vor § 456a StPO haben, wenn hinreichende Aussicht auf Erfolg besteht (Ziffer 7).

Rheinland-Pfalz

Hier sind Grundsätze im Rundschreiben des Ministeriums der Justiz vom 23.04.2001 (4310-4-1) (Justizblatt vom 18.06.2001, S. 212) enthalten. Es werden Regelungen zum Ablauf des § 456a StPO getroffen, Möglichkeiten nach § 71 IRG und Überstellung stehen selbstständig nebeneinander (Ziffer 4).

Saarland

Die Allgemeine Verfügung des Justizministeriums (Nr. 1/1995 vom 06.01.1995 – 4300-27) enthält die Grundsätze zum Absehen von der Strafverfolgung oder Strafvollstreckung bei Auslieferung oder Ausweisung (§ 456a StPO). Auch hier ist festgelegt, dass die Einrichtung nach Ein-Drittel-Verbüßung der zuständigen Strafvollstreckungsbehörde darüber Mitteilung macht (Ziffer VII). Ziffer XI bestimmt, dass sich die Maßnahme nach § 456a StPO und Überstellungsmöglichkeiten selbstständig gegenüberstehen. Über die Anwendung ist nach pflichtgemäßem Ermessen zu entscheiden.

Sachsen

Die Verwaltungsvorschrift des Sächsischen Staatsministeriums der Justiz und für Europa über das Absehen von Strafverfolgung und Strafvollstreckung bei auszuliefernden oder abzuschiebenden Ausländern (§§ 154b, 456a StPO) vom 21.07.2011 (Sächsisches Verwaltungsblatt 8/2011 vom 31.08.2011 – Az.: 4300-III1-11764/92 – S. 41) regelt das Verfahren für das Bundesland Sachsen. Die Voraussetzungen und der Verfahrensablauf werden ausführlich beschrieben. Ziffer IV bestimmt, dass sich die Maßnahme nach § 456a StPO, § 71 IRG und Überstellungsmöglichkeiten selbstständig gegenüberstehen.

Sachsen-Anhalt

In Sachsen-Anhalt regelt der Erlass des Ministeriums der Justiz vom 23.03.2000, aktuell in der Fassung vom 04.03.2016 (gültig seit 15.03.2016) das Absehen von der Strafverfolgung und von der Strafvollstreckung bei auszuliefernden und auszuweisenden Ausländern (JMBl. LSA. 2000, 107). Ziffer 2.4.1 und Ziffer 2.4.2 regeln, dass sich die Maßnahme nach § 456a StPO, § 71 IRG und Überstellungsmöglichkeiten selbstständig gegenüberstehen. Über die Anwendung ist nach pflichtgemäßem Ermessen zu entscheiden.

Thüringen

Die Verwaltungsvorschrift des Thüringer Ministeriums für Justiz und Europaangelegenheiten vom 04.05.1995 (4300-1/92 JMBl. [Nr. 3], S. 31), zuletzt geändert durch Verwaltungsvorschrift vom 04.04.2013 (JMBl. 2013 [Nr. 3], S. 42) enthält die wichtigsten Gesichtspunkte für die Rückführung. Die Verwaltungsvorschrift ist bis zum 31.12.2018 in Kraft. Ziffer 2.2.4 regelt, dass sich die Maßnahme nach § 456a StPO und Überstellungsmöglichkeiten selbstständig gegenüberstehen. Über die Anwendung ist nach pflichtgemäßem Ermessen zu entscheiden.

Wie genau im Einzelfall vorzugehen ist, richtet sich demzufolge nach Bestimmungen in den einzelnen Bundesländern und den Voraussetzungen und Gegebenheiten des speziellen Falles.

Im Hinblick auf die Frage, inwieweit entsprechende Ausländerberatungen in den einzelnen forensischen Kliniken der Bundesländer durchgeführt werden, liegen keine Angaben vor. Hier sollte man sich bezüglich des Umfangs und der Art und Weise der Beratung in den jeweiligen Kliniken vor Ort erkundigen. Die hessische Praxis wird in Kapitel 5 dargestellt und mag als Orientierungshilfe gesehen werden.

5 Hessische Praxis

5.1 Beratung

Die Ausländerberatung klärt bereits bei Aufnahme die ausländerrechtliche Situation des Patienten (siehe Übersicht 5-1). Auf diese Weise wird die schon zu diesem Zeitpunkt bestehende ausländerrechtliche Problematik erfasst und auch die eventuellen Änderungen im Blick behalten, die sich ergeben können, wenn eine rechtskräftige Verurteilung erfolgt.

Ein etwaiges ausländerrechtliches Verfahren kann im Kontakt zu den Rechtsanwälten, Betreuern und Angehörigen begleitet werden. Der Patient nimmt die Ausländerberatung hierbei als ein zusätzliches und unterstützendes Angebot der Klinik wahr. Die Auswirkungen des ausländerrechtlichen Verfahrens auf den Behandlungsverlauf und die Entlassungsplanung sowie -perspektive können so entsprechend berücksichtigt werden.

Übersicht 5-1   Aufgaben der Ausländerberatung im Maßregelvollzug

- Frühzeitige Klärung des ausländerrechtlichen Status (d.h. schon bei Aufnahme), Informationen über bereits bestehende ausländerrechtliche Problematik
- Klärung des Sachstandes im Hinblick auf ein mögliches ausländerrechtliches Verfahren aufgrund des Indexdelikts und/oder vorheriger Straftaten
- Begleitung des ausländerrechtlichen Verfahrens, Kontakt zu Rechtsanwälten, Betreuern, Angehörigen
- Kontaktperson für den Patienten im ausländerrechtlichen Verfahren, zusätzlich zu den Therapeuten
- Rücksprache mit den Therapeuten wegen möglicher Auswirkungen des ausländerrechtlichen Verfahrens auf den Behandlungsverlauf oder die Entlassung
- Darstellung der ausländerrechtlichen Situation in den jährlichen Fortdauerstellungnahmen an die Staatsanwaltschaft (bei Unterbringung gemäß § 63 StGB)
- Koordinationsstelle für Rückführungsmaßnahmen u.a. gemäß Hessischem Runderlass

Bei Aufnahme des Patienten sollte möglichst der ausländerrechtliche Status der im Kapitel 2 („Ausländerrecht") genannten Aufenthaltstitel oder ein eventuell laufendes Asylverfahren – erkennbar durch die Aufenthaltsgestattung – oder der Status der Duldung – erkennbar durch die Duldungsbescheinigung – erfasst werden.

Einige Patienten kommen ohne Ausweispapiere. Diese haben sie möglicherweise aufgrund ihrer desolaten Lebenssituation, z.B. Wohnsitzlosigkeit, verbunden mit den Auswirkungen der psychiatrischen Erkrankung, verloren. Im Falle von Nationalpässen sollte der Patient bei der Polizei eine Verlustanzeige stellen, die meisten Konsulate verlangen den Nachweis bei einer späteren Neuausstellung. Natürlich muss für die Regelung solcher Angelegenheiten abgewartet werden, bis der Patient in der Lage ist, den Sachverhalt zu besprechen. Bei sich abzeichnender längerer Unterbringung hat das eventuell Zeit bis in den Entlassungsbereich. Es ist aber zu beachten, dass die meisten Aufenthaltstitel nur mit einem gültigen Nationalpass ausgestellt werden.

Gegebenenfalls kann die Situation mit der zuständigen Ausländerbehörde besprochen werden, hierfür muss eine Schweigepflichtentbindung vorliegen. Hat der Patient einen Betreuer, ist dieser einzubeziehen und hält bei Zuständigkeit auch den Kontakt zur Ausländerbehörde. Bei schwierigen ausländerrechtlichen Konstellationen und laufenden Ausweisungsverfahren ist der Verteidiger einzubeziehen, sofern noch beigeordnet. Gegebenenfalls sollte sich der Patient eine anwaltliche Vertretung für das ausländerrechtliche Verfahren suchen. Hat der Patient während der Unterbringung laufende Fiktionsbescheinigungen und wird hiermit auch entlassen, sollte er ebenfalls mit anwaltlicher Vertretung nach der Entlassung versuchen, zu gegebener Zeit von der dann zuständigen Ausländerbehörde wieder eine Aufenthaltserlaubnis zu erlangen. Es macht Sinn, wenn der Patient schon aus dem Vollzug heraus den Kontakt zu einem den Fall begleitenden Rechtsbeistand herstellt oder der Betreuer die ausländerrechtliche Situation begleitet.

Die Fiktionsbescheinigungen sind in der Regel für ein halbes Jahr gültig und für Anträge im Entlassungsbereich kann die kurze Laufzeit hinderlich sein. Hier ist die Ausländerbehörde vielleicht bereit, eine längere Frist zu bewilligen oder eventuell die ausländerrechtliche Situation in einem Schreiben zu erklären. Es gibt Institutionen bzw. Nachsorgeeinrichtungen, denen die Umstände einer Fiktionsbescheinigung nicht bekannt sind. Gegebenenfalls kann angesichts einer anstehenden Entlassung versucht werden, erneut eine Aufenthaltserlaubnis zu erhalten.

Bei den meisten EU-Bürgern ist zunächst von EU-Freizügigkeit auszugehen. Bei den Patienten (EU-Bürger), die gleich nach Einreise das Delikt begehen und bei denen das Kriterium der etwaigen Arbeitsaufnahme/-suche eindeutig nicht nachweisbar ist, ist mit einer Feststellungsentscheidung seitens der ausländerrechtlich zuständigen Behörde bei Eintritt der Rechtskraft des § 63 StGB zu rechnen. Diese Gruppe der EU-Bürger hat auch zumeist im Behandlungsverlauf den Wunsch nach Ausreise.

Sind keine aufenthaltsbeendenden Maßnahmen beabsichtigt, tragen die EU-Bürger in ihren Anträgen zur Entlassungsvorbereitung den Status „EU-Freizügigkeit" ein.

Der zu entlassene EU-Bürger benötigt ein gültiges Nationaldokument, und der Patient sollte bei entsprechenden Lockerungsstufen bei der Beschaffung unterstützt werden. Die Konsulate sind zumeist sehr hilfsbereit, wenn es um die Berücksichtigung besonderer Abläufe bei den notwendigen Ausführungen der Patienten zu den Konsulaten geht. In manchen Fällen kann von den europäischen Konsulaten auch ein entsprechendes Identitätspapier, ähnlich dem Personalausweis, als Alternative zum Nationalpass ausgestellt werden, um das persönliche Vorsprechen des Patienten zu umgehen. Dies kann der Patient nach Entlassung dann selbst, eventuell mit Unterstützung der Betreuenden, nachholen.

Im Kontakt mit Konsulaten und Einrichtungen im Heimatland des Patienten ist eventuell auf traditionelle Methoden der schriftlichen Kommunikation, sinnvollerweise Faxe, zurückzugreifen. Bevor man sich wundert, dass telefonisch mehrfach avisierte Mails mit wichtigen Daten oder angehängten Dokumenten nicht ankommen, empfiehlt es sich zu klären, ob diese aus Ländern geschickt werden, deren domains unterschiedliche Einrichtungen möglicherweise aus Gründen der IT-Sicherheit pauschal blockieren.

Bei der befristeten Aufenthaltserlaubnis sollte auf die Verlängerung, auch schon während der Unterbringung, unbedingt geachtet werden. In einigen Fällen kommt es nicht zu einer Verlängerung, sondern die Ausländerbehörde stellt wegen der strafrechtlichen Umstände eine Fiktionsbescheinigung aus (siehe Kapitel 2 „Aufenthaltsrecht").

Bei notwendigen Passbildern für die Ausweispapiere ist auf die Vorgaben der Länder zu achten (z. B. Größe der Bilder), die andere sein können, als die den

Fotografen bekannten Vorgaben für deutsche Ausweispapiere. Das lässt sich aber auf den Internetseiten der Konsulate oder durch Hinweis der Konsulatsmitarbeiter in Erfahrung bringen.

Die meisten Konsulate sind überlastet, üben Sie sich in Diplomatie und seien Sie zurückhaltend bei den Besuchen. Sie befinden sich im Hoheitsgebiet der jeweiligen Länder. Wenn Sie Termine für Ausführungen bzw. Besuche bei den Konsulaten vereinbaren, erklären Sie die besonderen Umstände. Ausführungen mit Patienten, die nur in Fesselung vorgeführt werden können, sollten möglichst vermieden werden. Versuchen Sie, die Fälle so zu bearbeiten, dass die Ausführungen mit entsprechenden Lockerungsstufen erfolgen können. Es gibt Konsulate, die einen gesonderten Termin vereinbaren, damit die Bearbeitung nicht während des Publikumsverkehrs erfolgen muss. Ansonsten bemühen sich die Konsulatsmitarbeiter immer um schnelle Bearbeitung. Klären Sie vorher die Kosten für das Dokument. Die Kostenübernahme der Nationalpässe ist umstritten, halten Sie sicherheitshalber mit dem Patientensekretariat Ihrer Vollzugsklinik Rücksprache. Zur Not lässt sich das Dokument aus der Rücklage im Rahmen der Entlassungsvorbereitung finanzieren.

Die türkischen Patienten haben bei Vorliegen einer chronischen psychiatrischen Erkrankung in Einzelfällen Interesse an einer Befreiung vom Militärdienst. Die Patienten können dies beim türkischen Konsulat beantragen. Das Konsulat übersendet ein entsprechendes Formblatt, das noch durch ein ärztliches Attest ergänzt werden muss. Die Übersetzung darf nur durch Dolmetscher erfolgen, die in einer ebenfalls vom Konsulat beigefügten Übersetzerliste aufgeführt sind.

Die Liste der diplomatischen Vertretungen und anderer Vertretungen in der Bundesrepublik Deutschland, herausgegeben und ständig aktualisiert durch das Auswärtige Amt, umfasst aktuell 307 Seiten und kann daher hier nicht abgedruckt werden.

Die Liste findet sich als pdf-Datei über die Seite des auswärtigen Amtes oder über die Eingabezeile einer Suchmaschine mit „Liste der diplomatischen Vertretungen in der Bundesrepublik Deutschland".[77]

---

[77] https://www.auswaertiges-amt.de/.

Wird man hier nicht fündig, sucht man das jeweilige Generalkonsulat des Bundeslandes, in dem man sich befindet. Für manche Staaten kann auch die Botschaft in Berlin oder Bonn zuständig sein.

Will der Patient im Rahmen einer Rückführungsmaßnahme auf seine Staatsangehörigkeit verzichten, sollte sich eine Maßregelvollzugsklinik in der Begleitung dieser Maßnahme zurückhalten. Es wird empfohlen, dass der Patient den Verzicht gegebenenfalls mithilfe eines Betreuers oder mithilfe von Angehörigen, ansonsten mit Unterstützung seines Rechtsanwaltes umsetzt. In Hessen sind die Regierungspräsidien zuständig, ansonsten rät das Bundesverwaltungsamt, sich an die jeweilige Stadt- oder Kreisverwaltung zu wenden.[78]

5.2 Rückführungsmaßnahmen

5.2.1 § 456a StPO – Absehen von Vollstreckung bei Auslieferung, Überstellung oder Ausweisung

5.2.1.1 Juristischer Hintergrund und Praxisanleitung

Der **§ 456a StPO** – Absehen von Vollstreckung bei Auslieferung, Überstellung oder Ausweisung – formuliert die rechtlichen Voraussetzungen für eine Rückführung. Dies wurde bereits in Kapitel 4 erläutert und wird den nachfolgenden Ausführungen zur Erleichterung der Bearbeitung nochmals vorangestellt.

> **Strafprozessordnung**
>
> **§ 456a StPO Absehen von Vollstreckung bei Auslieferung, Überstellung oder Ausweisung**[79]
>
> (1) Die Vollstreckungsbehörde kann von der Vollstreckung einer Freiheitsstrafe, einer Ersatzfreiheitsstrafe oder einer Maßregel der Besserung und Sicherung absehen, wenn der Verurteilte wegen einer anderen Tat einer ausländischen Regierung ausgeliefert, an einen internationalen Strafgerichtshof überstellt oder wenn er aus dem Geltungsbereich dieses Bundesgesetzes ausgewiesen wird.

---

[78] Informationen zum Verzicht auf die deutsche Staatsangehörigkeit sowie ein Antragsformular und ein Formular zur Erteilung einer Vollmacht finden sich auf der Homepage des Bundesverwaltungsamtes über http://www.bva.bund.de/DE/Themen/Staatsangehoerigkeit/Verzicht/verzicht-node.html.

[79] Fassung aufgrund des Gesetzes zur Neubestimmung des Bleiberechts und der Aufenthaltsbeendigung vom 27.07.2015 (BGBl. I S. 1386), in Kraft getreten am 01.08.2015.

> (2) Kehrt der Ausgelieferte, der Überstellte oder der Ausgewiesene zurück, so kann die Vollstreckung nachgeholt werden. Für die Nachholung einer Maßregel der Besserung und Sicherung gilt § 67c Abs. 2 des Strafgesetzbuches entsprechend. Die Vollstreckungsbehörde kann zugleich mit dem Absehen von der Vollstreckung die Nachholung für den Fall anordnen, dass der Ausgelieferte, Überstellte oder Ausgewiesene zurückkehrt, und hierzu einen Haftbefehl oder einen Unterbringungsbefehl erlassen sowie die erforderlichen Fahndungsmaßnahmen, insbesondere die Ausschreibung zur Festnahme, veranlassen; § 131 Abs. 4 sowie § 131a Abs. 3 gelten entsprechend. Der Verurteilte ist zu belehren.

Voraussetzung für die Entscheidungsfindung der Staatsanwaltschaft und damit für die rechtliche Umsetzung sind die Ausweisung[80] bei Drittstaatangehörigen und die Feststellungsentscheidung, d.h. der Entzug der Freizügigkeit bei EU-Bürgern.

Die zuständige Staatsanwaltschaft bzw. im Fall von noch unter Jugendstrafe erfolgten Verurteilungen, die Amtsgerichte, können bei Freiheitsstrafen zum Termin der Halbstrafe[81] einen entsprechenden Beschluss fassen. Bei der zeitlich unbegrenzten Maßregel ist dies dann möglich, wenn Deliktgeschehen und psychiatrischer Zustand es zulassen. Eine zusätzliche Freiheitsstrafe müsste entsprechende Berücksichtigung finden. Es handelt sich somit um einen „Kann-Paragrafen" oder „Halbstrafen-Paragrafen", wobei jedoch besonders schwerwiegende Delikte eine Ausnahme bilden.

Die Entscheidungsfindung im § 456a StPO-Verfahren wird auch beeinflusst durch das Setting im Herkunftsland, z.B. die Notwendigkeit und die Realisierbarkeit stationärer oder ambulanter Weiterbehandlung. Eine stationäre Unterbringung in der „Allgemeinpsychiatrie" des Herkunftslandes – ab Ankunft am Flughafen im Herkunftsland – kann sich auf Wunsch der deutschen Staatsanwaltschaft oder durch Auffälligkeiten im Behandlungsverlauf ergeben, z.B. mangelnde Krankheitseinsicht bei nicht geringem Deliktgeschehen. Auch für die Rückkehr in das Herkunftsland gilt, dass die allgemeinen Ziele des deut-

---

[80] Siehe hierzu Urteil zu Vollziehbarkeit vs. Bestandskraft in Anhang 8.2 bzw. über den Link http://www.lareda.hessenrecht.hessen.de/lexsoft/default/hessenrecht_lareda.html#docid:3311411.

[81] „Regeltermin": In der Regel kann zum Halbstrafentermin ein entsprechender Beschluss gefasst werden.

schen Strafrechts nicht in unvertretbarer Weise beeinträchtigt werden dürfen. Für den Fall der Wiedereinreise wird üblicherweise die Fortsetzung der Vollstreckung angeordnet.

Somit ergeben sich zusammengefasst die folgenden rechtlichen Voraussetzungen des § 456a StPO (siehe Übersicht 5-2).

Übersicht 5-2   Rechtliche Voraussetzungen des § 456a StPO

Ausweisungsverfügung (vollziehbare Ausreisepflicht) bzw. Feststellungsentscheidung zum Entzug der Freizügigkeit bei EU-Bürgern

Beschlussfassung der Staatsanwaltschaft

Nach den o.g. formalen Voraussetzungen für ein Absehen von der Vollstreckung gemäß § 456a StPO spielen die folgenden inhaltlichen Aspekte eine Rolle (siehe Übersicht 5-3).

Übersicht 5-3   Inhaltliche Voraussetzungen des § 456a StPO

Die Maßnahme kommt in der Regel bei solchen ausländischen verurteilten Personen in Betracht,

die wegen ihrer Herkunft aus anderen Kulturkreisen sowie wegen bestehender Sprachbarrieren

an Behandlungsangeboten oder vielen Freizeit- sowie Ausbildungsprogrammen der Justizvollzugs-/Maßregelvollzugseinrichtungen nicht oder nicht erfolgreich teilnehmen können oder

denen Vollzugslockerungen im Einzelfall nicht gewährt werden können, weil zu befürchten ist, dass sie die Vollzugslockerungen im Hinblick auf die angeordnete oder drohende Ausweisung missbrauchen werden.

Bei der Prüfung ist zu berücksichtigen, dass die Besserung und Sicherung gemäß Gemeinsamem Runderlass[82] grundsätzlich dem Heimatstaat obliegen.

Für den Praktiker ist der Verfahrensablauf der Maßnahme gemäß § 456a StPO nachfolgend in verkürzter Form dargestellt (siehe Übersicht 5-4).

---

[82] Hessisches Ministerium der Justiz, für Integration und Europa, 2009.

Übersicht 5-4 Verfahrensablauf für die § 456a StPO-Maßnahme in vereinfachter Form

- Ausweisungsverfügung, Ausreisepflicht, d.h. Ausweisung im Sinne von „vollziehbar ausreisepflichtig" bei Drittstaatangehörigen bzw. Entzug der Freizügigkeit, Feststellungsentscheidung bei EU-Bürgern muss vorliegen
- Anregung einer Maßnahme gemäß § 456a StPO durch Patient, Klinik, Ausländerbehörde, Staatsanwaltschaft
- Vorbereitung einer Entlassungssituation im Herkunftsland
- Konsulat > gültiges Rückreisedokument
- Koordination der Umsetzung der Maßnahme zwischen:
  Klinik – Ausländerbehörde – Flugbegleitung – Fluggesellschaft – Vertretungen des Herkunftslandes in BRD – Patient – Betreuer – Rechtsbeistände – Angehörige

Abschiebungen gemäß § 456a StPO können sich aus der Ausreisepflicht und einhergehender Ausweisung ergeben, aber auch durch den Verzicht auf den Aufenthaltstitel seitens des Patienten im Falle eines Rückkehrwunsches (siehe Übersicht 5-5).

Übersicht 5-5 Gründe für eine Rückführungsmaßnahme

- Der Patient möchte zu seiner Familie in das Herkunftsland zurückkehren.
- Die in Deutschland befindliche Familie kehrt ebenfalls in das Herkunftsland zurück.
- Der Patient befürchtet eine restriktive, kontrollierende Führungsaufsicht.
- Der Patient möchte hier nicht mehr leben, er möchte zurück.
- Das Leben hier war durch Drogenkonsum und Kleinkriminalität bestimmt.
- Der Patient empfindet seine Migration als gescheitert.
- Der Patient scheitert am therapeutischen Angebot.
- Das therapeutische Angebot erreicht den Patienten trotz aller Bemühungen nicht.

Bei Verzicht auf den Aufenthaltstitel sollte zuvor geprüft werden, ob die Ausländerbehörde[83] auch eine Ausweisung oder eine Feststellungsentscheidung bescheiden kann. „Hindernisse" könnten ein besonderer Ausweisungsschutz, ein zu „geringes Deliktgeschehen" oder auch die Höhe des Strafmaßes darstellen. Auch wenn die Ausländerbehörde davon ausgehen kann, dass keine Rechtsmittel eingelegt werden, müssen die ausländerrechtlichen Vorgaben für eine Ausweisung bzw. Feststellungsentscheidung erfüllt sein. Dies ist insbesondere zu prüfen, wenn der Patient sogar beabsichtigt, auf seine deutsche Staatsangehörigkeit zu verzichten, um dann als Drittstaatangehöriger oder EU-Bürger im Rahmen einer § 456a StPO-Maßnahme in sein Herkunftsland zurückzukehren.[84]

Mit Rechtsmittelverzicht gegenüber der Ausländerbehörde können die jeweiligen ausländerrechtlichen Vorgänge zeitlich verkürzt werden.

In der Anregung einer Rückführungsmaßnahme bei der zuständigen Staatsanwaltschaft sollten die beabsichtigten ausländerrechtlichen Maßnahmen beschrieben werden. Die zuständige Ausländerbehörde sollte genannt werden mit der Bitte um Kontaktaufnahme, damit sich die Staatsanwaltschaft den notwendigen ausländerrechtlichen Status bestätigen lassen kann. Zeitnah mit der Übersendung der Anregung kann dann der Verzicht auf den Aufenthaltstitel betrieben werden, auch dadurch kann der Prozess zeitlich verkürzt werden.

Hat der Patient eine Betreuung, sollte die Kontaktaufnahme mit der Ausländerbehörde über den Betreuer erfolgen, im Idealfall auch in Rücksprache mit dem Verteidiger.

Sowohl in den Fällen der Rückführung aus den Justizvollzugsanstalten als auch in jenen aus dem Maßregelvollzug sollte der im Verfahren zuständige Verteidiger im Verlauf informiert werden. Im Maßregelvollzug erfolgen jährliche Überprüfungen der Fortdauer der Unterbringung und der beigeordnete Verteidiger sollte nicht erst durch etwaige Prognosegutachten über die beabsichtigte Maßnahme erfahren. Der im Strafrechtsverfahren der Unterbringung

---

[83] Wie bereits erwähnt, kann es durch die Verordnung vom 01.07.2018 eine übergeordnete Zuständigkeit durch die hessischen Regierungspräsidien geben. Aufgrund der Komplexität in der Aufgabenaufteilung der Behörden wird hier auf eine differenzierte Darstellung verzichtet und weiterhin von Ausländerbehörde gesprochen.
[84] Siehe hierzu kritisch Pfaff, 2006.

beigeordnete Verteidiger hat zwar kein Mandat bzw. keine Vollmacht für die Vertretung im Rahmen der § 456a StPO-Maßnahme, aber der Patient trägt seinen Rückkehrwunsch sicherlich in den jährlichen Anhörungen zur Fortdauer der Maßregel vor, hier sollte dem Verteidiger der Sachstand bekannt sein.

Natürlich kann der Patient auch einen Rechtsanwalt für die § 456a StPO-Maßnahme beauftragen. Unterstützt die Maßregelvollzugsklinik den Rückkehrwunsch des Patienten, kann sich hier eine Kooperation im Sinne des Patienten ergeben, z. B. in Form eines unterstützenden Arztbriefes für die Kontaktaufnahme mit dem nachbehandelnden Arzt.

In Einzelfällen ist es angezeigt zu prüfen, ob keine weiteren Strafverfahren mehr offen sind, vielleicht einfach nicht gelöscht wurden, denn sonst gibt es Probleme bei der Ausreise am Flughafen. Sind mehrere Staatsanwaltschaften zuständig, z. B. im Fall von Überhaft, müssen alle Staatsanwaltschaften der Maßnahme zustimmen. Es bedarf der Koordination der Behörden untereinander.

In der Zusammenarbeit mit den rückführenden Behörden, wie den zuständigen Ausländerbehörden, kann es zu Verzögerungen im Verfahren durch Überlastung der Behörden kommen.

Unabhängig davon, ob sich die Rückführung auf Initiative des Patienten ergibt oder aufgrund der Ausreisepflicht, sollte eine psychiatrische Weiterbehandlung im Herkunftsland organisiert und der Staatsanwaltschaft in der Anregung übermittelt werden. Hierbei können, wenn möglich, die Angehörigen im Herkunftsland behilflich sein. In den Fällen, in denen über die Angehörigen keine Nachsorge organisiert werden kann, können auch die Auslandsvertretungen in der BRD einbezogen werden. Manchmal existieren in Deutschland auch Verbindungen von Ärzten (die hier studiert haben) aus dem Herkunftsland des betreffenden Patienten, oder es gibt Einzelpersonen, die den Mitarbeitern der Klinik dabei behilflich sind, im Herkunftsland des betreffenden Patienten einen entsprechenden Kontakt zu vermitteln.

Auf diesem Wege wird für eine Nachsorge in späterer Wohnortnähe Sorge getragen. In diesen Fällen kann für den nachbehandelnden Arzt ein Arztbrief, übersetzt in die Herkunftssprache, erstellt werden. Die Familie im Herkunftsland kann mit dem Arztbrief bei dem nachbehandelnden Arzt vorsprechen. Es ist dann wahrscheinlicher, auch eine Bescheinigung darüber zu erhalten, dass der angesprochene Arzt bereit ist, die Nachsorge zu übernehmen. Übersetzungskosten können eingeschränkt werden, wenn Teile des Briefes wieder für den Entlassungsbrief an den weiterbehandelnden Arzt verwendet werden. Es ist empfehlenswert zu prüfen, ob die Übersetzungskosten der Entlassungsbriefe nicht im Rahmen von Rückführungskosten von der zuständigen Ausländerbehörde übernommen werden können und so nicht das Klinikbudget belasten.

Arztbriefe für die Herkunftsländer sind grundsätzlich nicht so ausführlich zu formulieren wie beispielsweise Fortdauerstellungnahmen.

Es ist zu berücksichtigen, dass einige Patienten nur noch selten Kontakt zu ihrer Familie hatten, was nicht bedeutet, dass die Familie nicht bereit ist, den Patienten aufzunehmen. Es ist auch möglich, dass der Patient die Familie im Herkunftsland über seine Wirklichkeit, d. h. seine psychische Erkrankung und misslungene Migration im Unklaren gelassen hat. Dem Patienten sollte Zeit gegeben werden, sich der Familie mitzuteilen. Unterstützend können gegebenenfalls Telefonate mit dem Herkunftsland ermöglicht werden. Gibt es Angehörige in Deutschland, können diese vermittelnd einbezogen werden. Der Patient und die Angehörigen müssen die Notwendigkeit der Weiterbehandlung der chronischen psychischen Erkrankung verstehen, sofern dies nicht schon während der Behandlung erreicht werden konnte.

Es gibt auch Fälle, in denen der Patient schon im Herkunftsland wegen der psychischen Erkrankung behandelt wurde, die Familie trotzdem die Reise nach Deutschland unterstützt hat.

Kasuistik 5-1   Rückführung eines Patienten gemäß § 456a StPO nach Nigeria

> Der zum Zeitpunkt der Rückführung 29-jährige nigerianische Patient, Herr A., war zum Studium in die BRD eingereist. Der zuständige Landkreis hatte eine zweckgebundene befristete Aufenthaltserlaubnis ausgestellt, um die Teilnahme an studienvorbereitenden Maßnahmen zu ermöglichen.
> Bei Entlassung nach zweijähriger Behandlung im Maßregelvollzug bestand bei dem Patienten aus psychiatrischer Sicht eine inzwischen remittierte paranoide Schizophrenie mit einem episodischen Verlauf (Exazerbationen jeweils nach Abbruch einer regelmäßigen Einnahme der Medikation).

5 Hessische Praxis

Herr A. kam aus mittelständischen Verhältnissen, die Mutter war berufstätig und hatte für ihren Sohn das Geld, das entsprechend der Vorgaben für ausländische Studierende hinterlegt werden muss, aufgebracht.

Der Patient hatte mit 16 Jahren die „Highschool" in Nigeria mit durchschnittlichen Noten abgeschlossen. Mit 18 Jahren bestand er dann im zweiten Anlauf die Aufnahmeprüfung für eine Universität. Zeitgleich begann er mit dem Konsum von Alkohol und Nikotin in geringem Maße. Nach ca. einjähriger Studienzeit in Nigeria befand er sich in einer Gruppe, wahrscheinlich Kommilitonen, als ein Freund versehentlich einen anderen Freund erschoss. Gemeinsam mit den anderen Freunden blieb er beim Geschädigten und brachte die Leiche dann zu dessen Eltern. Er befand sich daraufhin einen Monat in Untersuchungshaft und wurde erst nach Aufklärung der Umstände entlassen.

Wenig später begann der Patient für einen Zeitraum von vier Jahren mit dem Konsum von Cannabis. Während dieser Zeit brach er sein Studium ab, obwohl ihm angeblich nur noch ein „Schein" bis zum erfolgreichen Abschluss fehlte, zog wieder bei seinen Eltern ein und begann einen Deutschkurs mit dem Ziel, in Deutschland zu studieren. Neben dem Deutschkurs hatte er eine Hilfstätigkeit. In dieser dreijährigen Lebensphase, die auch als beziehungslos beschrieben wird, entwickelte sich bei dem Patienten eine endogene Psychose aus dem schizophrenen Formenkreis. Im Verhalten wurde der Patient extremer und aggressiver, deshalb veranlassten die Eltern am Ende der genannten vierjährigen Phase des Cannabiskonsums die Einweisung in eine psychiatrische Klinik. Hier befand er sich zweimal in mehrmonatiger Behandlung. Der Patient zeigte sich nicht krankheitseinsichtig.

Die verschriebenen Medikamente nahm er unregelmäßig und bemängelte im Nachhinein, dass er sich durch die Einnahme eingeschränkt und inaktiv gefühlt habe. Schon in Nigeria benutzte er das laute Musikhören, um den Halluzinationen – der Teufel mit der Stimme seiner Mutter – zu begegnen.

Nach den Aufenthalten in der Psychiatrie nahm er wieder an den Deutschkursen teil und reiste dann nach Deutschland aus, wo sich seine psychische Erkrankung verschlimmerte.

Herr A. belegte zunächst einen Deutschkurs, absolvierte den Aufnahmetest für die Technische Universität und nahm anschließend an einem Studienkolleg teil.

Herr A. zog in eine Studentenunterkunft, wo er zurückgezogen lebte, mysteriös wirkte und durch sozial inadäquates Verhalten auffiel. Die notwendige Medikation nahm er in zu geringen Mengen ein.

Um den akustischen Halluzinationen in Form der (mahnenden) Stimme seiner Mutter zu entgehen, hörte der Patient teilweise Tag und Nacht laut Musik. Dies führte zu Auseinandersetzungen mit den Nachbarn – insbesondere mit einem Nachbarn, der im Verlauf die Musikanlage aus dem Zimmer des Patienten entfernte. Herr A. führte dem Nachbarn in der folgenden Auseinandersetzung mit einem Messer Schnittwunden zu, die aber als lediglich subkutane Verletzungen beschrieben wurden.

Die Tat führte zu der Unterbringung im Maßregelvollzug. Im Behandlungsplan wurden Psychoedukation, die Erstellung eines Rückfallvermeidungsplanes und der Umgang mit Stressoren herausgestellt. Herr A. machte wesentliche Fortschritte im Verständnis seiner Erkrankung und wurde im Stufensystem weitergehend gelockert.

Während der zweijährigen Unterbringung vollzog sich das ausländerrechtliche Verfahren des Patienten.

Die zuständige Ausländerbehörde drohte die Ausweisung an, und es folgte eine Ausweisungsverfügung, gegen die der Patient mit Hilfe eines Rechtbeistandes Rechtsmittel einlegte. Zunächst argumentierte der Rechtsbeistand, dass die Behandlung in Nigeria nicht fortgesetzt werden könne. Er ergänzte die Argumentation dann dahingehend, dass der Patient bei entsprechender Medikation in der Lage sei, sein Studium fortzusetzen. Das Verwaltungsgericht entschied bezüglich des Aufenthaltes zuungunsten des Patienten, und der Patient legte keine weiteren Rechtsmittel ein. Herr A. wartete die Entscheidung des Gerichtes ab und ließ sich dann auf die Umsetzung einer § 456a StPO-Maßnahme ein.

Der Patient sah die deutschen Behörden in der Bringschuld, die Rückführung zu organisieren, da man ihn hier nicht mehr haben wolle. Trotzdem gelang es, mit dem Patienten über mögliche Perspektiven in Nigeria zu sprechen. Ebenso kooperierte er bezüglich einer Nachsorge in Nigeria. Er bestätigte, dass sich seine Kenntnisse über seine psychische Erkrankung wesentlich verbessert hätten.

Hat der Patient keine Ausweispapiere, können die Kliniken auch, in Absprache mit den zuständigen rückführenden Behörden, bezüglich eines gültigen Rückreisedokumentes unterstützend tätig werden. Hierbei ist der Patient einzubeziehen. Jegliche Informationen an die Auslandsvertretungen müssen in Rücksprache (nach Erteilung einer Schweigepflichtentbindung) mit dem Patienten und seinen rechtlichen Vertretern erfolgen.

Entgegen der in den Medien vermittelten Information, dass die Konsulate zum Teil die Zusammenarbeit für notwendige Rückreisedokumente verwehren, reagieren nach hiesiger Erfahrung die ausländischen Behörden durchweg positiv auf die vermittelnden Anfragen der Klinik. Zu berücksichtigen ist die unterschiedliche Geltungsdauer der Rückreisedokumente der Konsulate. Ungeklärte Identitäten lassen sich relativ schnell klären, wenn der Patient weiterhin Kontakt zur Herkunftsfamilie hält. Nötigenfalls muss der Patient zum Konsulat ausgeführt werden.

Die meisten nachbehandelnden Ärzte begrüßen es, wenn der Patient zunächst für die ersten Wochen im Herkunftsland die in der BRD verabreichte Medikation mit sich führt, damit Zeit für eine etwaige Medikamentenumstellung bleibt. Durch die Mitteilung der aktuellen Medikation (Wirkstoff), die Mitgabe der Medikamente für eine Übergangszeit und die Zustimmung zur Weiterbehandlung ist die medikamentöse Versorgung sichergestellt. Eine etwaige Umstellung des Patienten auf die im Herkunftsland vorhandene antipsychotische Medikation kann dann im Herkunftsland erfolgen. Dem Patienten sollte für die Einreise ein übersetztes Attest ausgestellt werden, dass die mitgeführte Medikation zum Eigenbedarf und der Weiterbehandlung dient (siehe Beispiel in Anhang 9.1).

Es ist ratsam, die Angehörigen in Deutschland und/oder dem Herkunftsland über Flugzeiten bzw. Ankunftszeiten zu informieren; hier ist dem Patienten unterstützend ein Telefongespräch zu gewähren. Nötigenfalls ist das Gespräch mit Hilfe eines Dolmetschers zu führen, um sicher zu gehen, dass der Patient seine Angehörigen informiert hat.

Im Hinblick auf die Organisation des Fluges ist neben einer Flugtauglichkeitsbescheinigung, die von der Maßregelvollzugseinrichtung für die Bundespolizei auszustellen ist, zu beachten, dass einige Fluglinien, so die Lufthansa, die Flugfreigabe für den psychisch erkrankten Fluggast durch ihr Medical Operation Center (MOC) verlangen. In Rücksprache mit den rückführenden Behörden und mit Einverständnis des Patienten müssen entsprechende Formulare der Lufthansa ausgefüllt und an das Medical Operation Center übersandt werden, woraufhin das Medical Operation Center dann die Freigabe des Fluges bestätigt.[85]

Flugbegleitende Ärzte sollten auch bereit sein, vor Ort, also am Ankunftsflughafen, aktiv die Einreise des Patienten, z.B. im Falle einer Befragung seitens der Kontrollbehörden am Flughafen, zu unterstützen. Geht der Patient in stationäre Behandlung, sind die aufnehmenden Kliniken zumeist sehr kooperativ, und Mitarbeiter der Klinik oder der weiterbehandelnde Arzt kommen an

---

[85] https://www.lufthansa.com/mediapool/pdf/84/media_1603265584.pdf.

den Flughafen. Ebenso sollten immer, unabhängig von der Frage einer ambulanten oder stationären Weiterbehandlung, Angehörige vor Ort sein. Unabhängig von der emotionalen Situation bei Rückkehr kann es hilfreich sein, dass Angehörige vor Ort sind, wenn es Schwierigkeiten bei der Einreise in das Herkunftsland gibt. Es gibt engagierte, den Flug begleitende Ärzte, die mit den zur Verfügung stehenden öffentlichen Verkehrsmitteln die Patienten bis zur Familie auch in entlegene Landesteile oder bis zur Vorstellung bei dem dann ambulant nachbehandelnden Arzt begleiten. Aber das sind Einzelfälle.

Kriterium sollte immer sein, dass der entscheidenden gerichtlichen Behörde der Ablauf der Rückführung genauestens übermittelt werden kann. Dieser Ansatz in der Organisation der Maßnahme ist gleichzeitig Garant für den Patienten, gut in das Land zu kommen.

Der den Flug begleitende Arzt sollte alle notwendigen, den Fall betreffenden Dokumente bei sich haben. Dem Patienten ist der Entlassungsbrief mit aktueller Medikation in deutscher Sprache und der Herkunftssprache mitzugeben.

Die Belehrung über den Beschluss der § 456a StPO-Maßnahme wird zumeist der Klinik übertragen. Der Beschluss der § 456a StPO-Maßnahme sollte im Rahmen der Belehrung im Beisein eines Dolmetschers übersetzt werden. Bei der Belehrung ist zu berücksichtigen, dass besonders auf die Möglichkeit der erneuten Inhaftierung bei Einreise hingewiesen wird (siehe Beispiel für ein Belehrungsprotokoll in Anhang 9.2). Der Patient sollte die Belehrung bestätigen. Belehrungsprotokoll und Bestätigung werden der Akte beigefügt sowie der Staatsanwaltschaft zur Kenntnis und zur Vollständigkeit der Unterlagen übersandt.

Die Kosten der Maßnahme trägt bei den zumeist mittellosen Patienten die Ausländerbehörde. Die entstandenen Kosten sind bei einem späteren Wiedereinreisewunsch potenziell ein zusätzliches Hindernis. Gerade bei mittellosen Patienten ist die Ausländerbehörde aber auch gehalten, dafür zu sorgen, dass der Patient nicht ohne „einen Pfennig" (in Landeswährung) am Ankunftsflughafen steht. Dies gilt natürlich besonders dann, wenn beispielsweise ab Flughafen noch eine weitergehende Inlandsfahrt erfolgen muss. Die Gelder, die sich auf den Klinikkonten des Patienten befinden, müssen zu gegebener Zeit an den Patienten ausgehändigt werden.

Die Ausländerbehörde ist gehalten, den Flugtermin rechtzeitig mitzuteilen. Nach der Entlassung ist die Staatsanwaltschaft zu informieren. Wenn nicht zuvor bereits übermittelt, ist das Belehrungsprotokoll, wie zuvor erwähnt, der Entlassungsmeldung beizufügen.

Der den Flug begleitende Arzt gibt der Ausländerbehörde eine kurze Rückmeldung über den Verlauf der Rückführung. Es ist zu beachten, dass der Arzt möglicherweise ein Visum für die Einreise benötigt. In seltenen Fällen benötigen die flugbegleitenden Personen Visa auch für den Transitbereich. Sofern ein ärztlicher Mitarbeiter der Maßregelvollzugsklinik den Patienten begleitet, sollte er Urlaub nehmen und für die Tätigkeit der Flugbegleitung einen Vertrag mit der Ausländerbehörde schließen. Er begleitet den Patienten dann gemeinsam mit den Beamten der Bundespolizei.

Zumeist muss die Vollzugsklinik die Flugtauglichkeit des ausreisenden Patienten ärztlich bestätigen (siehe Beispiel in Anhang 9.3).

Beachten Sie: Die Ausländerbehörde, gegebenenfalls Regierungspräsidien und Bundespolizei organisieren die Umsetzung der Abschiebemaßnahme. Eine Vollzugsklinik schiebt nicht ab!

5.2.1.2 Kasuistiken

Kasuistik 5-2 Rückführung eines tunesischen Patienten

> Der tunesische Patient, Herr M., kam ohne Familie per Schiff zunächst nach Italien und im Jahre 2013 nach Deutschland.
> Der Vater des Patienten arbeitete in einem Supermarkt im Herkunftsort in Tunesien. Die Mutter arbeitete nicht. Herr M. besuchte die Schule bis zur 7. Klasse und unterstützte danach den Vater gelegentlich im Supermarkt. Herr M. hatte einen schulpflichtigen jüngeren Bruder.
> In Deutschland lebte Herr M. in Asylunterkünften, Jugendheimen und konsumierte gelegentlich Haschisch. Einer Arbeitsbeschäftigung ging er nicht nach.
> In seiner Zeit in Deutschland fiel Herr M. strafrechtlich auf. Zunächst wurde im September 2013 gemäß § 45 Abs. 1 JGG von der Verfolgung von Strafverfahren abgesehen (unerlaubter Aufenthalt im Bundesgebiet ohne Pass, Erschleichung von Leistungen in Tatmehrheit mit Verstoß gegen das Aufenthaltsgesetz). Im Juni 2014 erfolgte die Verurteilung zu Jugendarrest wegen Diebstahls. Der Jugendarrest war durch die Untersuchungshaft verbüßt und Herr M. kam in

ein Jugendheim. Bereits am Folgetag der Entlassung kam es zu weiteren Delikten. Mit anderen Jugendlichen beging er dann bis September 2014 mehrere Einbrüche in Häuser und Wohnungen. Hierbei handelt es sich um sieben Indexdelikte für die spätere Maßregelvollzugsunterbringung, wobei im Hinblick auf drei Taten gemäß § 154 StPO von der Verfolgung abgesehen wurde.

Herr M. befand sich dann aufgrund eines Haftbefehles (Dezember 2014, angeordnet durch das zuständige Amtsgericht, im Folgenden abgekürzt mit AG 1) von Januar bis April 2015 in Untersuchungshaft im Jugendvollzug.

Anfang März 2015 wurde das Jugendamt zum Betreuer bestellt. Zu diesem Zeitpunkt wurde von dem Geburtsjahr 1998 ausgegangen. Im späteren Verlauf wurde die Betreuung dann wieder aufgehoben und das Geburtsjahr aufgrund von Angaben der tunesischen Behörden auf 1995 korrigiert.

Mitte März 2015 randalierte Herr M. im Haftraum einer Jugendhaftanstalt und stach mit einem spitzen Gegenstand durch den Spion der Zellentür. Der Beamte hätte durch Glassplitter getroffen werden können. Ein Sachverständiger empfahl daraufhin die Unterbringung gemäß § 126a StPO. Das zuständige Amtsgericht (zuständig für den Bezirk, in dem sich die Jugendhaftanstalt befand; im Folgenden abgekürzt mit AG 2) erließ einen Unterbringungsbefehl, und Herr M. wechselte dann in eine forensische Maßregelvollzugsklinik. Schon zu diesem Zeitpunkt äußerte er den Wunsch auf Rückkehr in sein Herkunftsland. Das tunesische Konsulat hatte zu diesem Zeitpunkt bereits Kontakt zur Herkunftsfamilie, die um Unterstützung für die Rückkehr ihres Sohnes bat.

Herr M. war zum Zeitpunkt der Taten vermutlich 18 bzw. 19 Jahre alt, er war somit Heranwachsender im Sinne des § 1 Abs. 2 JGG. Aufgrund des Gutachtens eines Sachverständigen waren Reifeverzögerungen wahrscheinlich. Der Gutachter sah die Voraussetzungen für verminderte Schuldfähigkeit gemäß § 21 StGB aufgrund einer Psychose aus dem schizophrenen Formenkreis. Weiterhin diagnostizierte er einen Missbrauch von psychotropen Substanzen und eine Störung des Sozialverhaltens. Zudem liege eine dissoziale Entwicklung vor. Der Gutachter ging davon aus, dass weitere Straftaten nicht auszuschließen seien, was auch das Verhalten des Inhaftierten im Jugendvollzug zeige.

Das AG 1 ordnete daraufhin unter Abwägung gemäß §§ 7 JGG und 63 StGB die Unterbringung im Maßregelvollzug an. Im Juli 2015 erfolgte die Aufnahme in der Vitos Klinik für forensische Psychiatrie Haina.

Bei Aufnahme wurde der ausländerrechtliche Status erfasst.

Im August 2015 teilte das Jugendamt nochmals mit, dass man bei Herrn M. von Volljährigkeit ausgehe.

Im September und Oktober 2015 erfolgten gedolmetschte Gespräche mit Herrn M., in denen er seinen Rückkehrwunsch mitteilte. Im November 2015 nahm das tunesische Konsulat Kontakt zur Ausländerberatung der Klinik auf und verwies auf Bemühungen des Konsulats, die Rückführung des Patienten zu erwirken. Auf Bitte der Ausländerberatung übersandte das Konsulat ein Schreiben, in dem der Kontakt zur Familie beschrieben und die weitere medizinische Behandlung nach der Rückkehr in Tunesien zugesichert wurde.

Die Maßregelvollzugsklinik regte daraufhin die Durchführung einer Rückführung gemäß § 456a StPO gegenüber dem für die Klinik zuständigen Amtsgericht (im Folgenden abgekürzt mit AG 3) an. Der Richter (AG 3) wollte im Sinne des Patienten entscheiden, wenn die Ausländerbehörde ihm die entsprechende Ausreisepflicht des Patienten versichert habe.

Am 25.01.2015 teilte dann das Amtsgericht (AG 2) mit, dass es beabsichtige, die Tatvorwürfe für die Zeit in der Untersuchungshaft (Beschädigung einer Tür, Gefährdung eines Beamten) am 25.02.2015 zu verhandeln. Die Ausländerberatung der Klinik nahm deshalb noch am gleichen Tag Kontakt zur Richterin (AG 2) auf und informierte über den Verfahrensstand bezüglich der Rückführung. Die Richterin teilte dann nach Rücksprache mit der zuständigen Staatsanwaltschaft mit, dass auf die Verhandlung verzichtet werde, wenn Herr M. bis zur Terminierung der Verhandlung rückgeführt werde. Hierfür verblieben dreieinhalb Wochen.

Die Ausländerberatung nahm Kontakt mit der zuständigen Ausländerbehörde und den Beamten des Polizeipräsidiums auf, die üblicherweise die Flugbegleitung übernehmen, ebenso in Rücksprache mit der Ausländerbehörde zu einer Ärztin, die den Patienten bis Tunesien begleiten würde.

Die Ausländerberatung nahm Kontakt zu AG 3 auf und teilte die Bereitschaft der beteiligten Behörden und der Ärztin mit, die Rückführung in der von AG 2 festgesetzten Frist umzusetzen. Die Umsetzung war jetzt von der Bereitschaft des AG 3 abhängig. Der Schriftwechsel mit dem AG 3 wurde fortan auch zur Kenntnisnahme an das AG 2 übermittelt, ebenso wurden die Stationsärztin und die Abteilungsleitung der Klinik stetig informiert.

Die Ausländerbehörde bestätigte die Ausreisepflicht gegenüber dem AG 3, und das AG 3 übersandte dann die Zustimmung der Staatsanwaltschaft zur Kenntnisnahme. Das AG 3 ordnete dem Patienten einen Rechtsbeistand bei. Dieser Rechtsbeistand war auch in den vorherigen Verfahren beigeordnet, Herr M. und die Umstände waren dem Rechtsbeistand also bekannt. Der Rechtsbeistand sprach sich für die Umsetzung einer § 456a StPO-Maßnahme im Sinne seines Mandanten aus.

Am 27.01.2016 wurde der § 456a StPO-Beschluss erstellt und erreichte die Klinik am 04.02.2016. Die Richterin (AG 2) war ebenfalls informiert und meldete sich daraufhin mit der Bitte um Mitteilung, wann die Rückführung erfolge.

Am 18.02.2016 wurden dem tunesischen Konsulat inzwischen gefertigte Passfotos übersandt und eine Kopie der tunesischen „Identity Card". Dem tunesi-

schen Konsulat sollte dann rechtzeitig das Flugdatum mitgeteilt werden, damit der Patient ein zeitlich begrenztes Rückreisedokument von den tunesischen Behörden erhalte. Dieses Rückreisedokument („Laissez-passer") musste die flugbegleitenden Beamten aber auch noch rechtzeitig auf dem Postweg erreichen.
Zuvor war zunächst der 16.02.2016 als möglicher Rückführungstermin angedacht, am 11.02.2016 erhielt die flugbegleitende Ärztin auch die notwendigen Vertragsunterlagen durch die Ausländerbehörde, ebenso wurde Herr M. im Beisein seiner Therapeutin und mithilfe eines Dolmetschers bezüglich des Beschlusses belehrt.
Da die notwendigen Unterlagen nicht rechtzeitig ausgestellt werden konnten, konnte der 16.02.2016 als Rückführungstermin nicht gehalten werden. Das zu diesem Zeitpunkt für Rückführungen zuständige Polizeipräsidium bemühte sich aber weiterhin um Umsetzung der Maßnahme.
Wegen des im Laufe der Vorbereitungen sich ergebenden Zufallsbefundes eines angeborenen Herzfehlers bei Herrn M. wurde dieser Ende Januar 2016 erneut einem Kardiologen vorgestellt, der die Flugtauglichkeit bestätigte.
Für den in Tunesien weiterbehandelnden Arzt wurde ein Arztbrief erstellt und in die französische Sprache übersetzt
Der Flug wurde dann auf den Tag vor Ablauf der genannten Frist terminiert. Die Klinik musste hierfür eine Bescheinigung zur Flugtauglichkeit des Patienten ausstellen. Herr M. stellte für alle Vorgänge eine Schweigepflichtentbindung aus und der Rechtsbeistand wurde stetig telefonisch über den Sachstand informiert. Die Fluggesellschaft hatte nach näheren Informationen über die Rückführungsmaßnahme den Flug für den Patienten freigegeben.
Gegenüber der Androhung der Abschiebemaßnahme durch die Ausländerbehörde erklärte Herr M. in Rücksprache mit seinem Rechtsbeistand Rechtsmittelverzicht.
Durch das zuständige Polizeipräsidium erfolgte die Information an die Klinik, wann Herr M. abgeholt werde. Zusätzlich wurde mitgeteilt, wieviel Gepäck er haben dürfe und welche Papiere z.B. „Identity Card" zusätzlich zu dem Rückreisedokument vorliegen müssten.
Dem sichtlich erfreuten Patienten wurde der Flugtermin mitgeteilt, und er erhielt Gelegenheit, seine Familie anzurufen und dahingehend zu informieren, damit die Familie ihn am Flughafen bei Ankunft in Empfang nehmen konnte. Die Ausländerberatung teilte AG 3 und AG 2 die Organisation der Maßnahme mit sowie den Flugtermin (einen Tag vor der genannten Fristsetzung durch AG 2). Noch am Abend der vollzogenen Rückführungsmaßnahme informierte die flugbegleitende Ärztin die Ausländerberatung über den unproblematischen Verlauf der Rückführung. Der Flugkapitän hatte sich übrigens bei Herrn M. nach dessen Rückkehrwilligkeit und Befinden erkundigt.
An das AG 3 und AG 2 erging eine Entlassungsmeldung.

Kasuistik 5-3 Beispiel eines rumänischen Patienten: Rückkehr auf Wunsch des Patienten, einhergehend mit der Feststellung des Rechtsverlustes auf Aufenthalt (Entzug der Freizügigkeit)

Herr T. ist rumänischer Staatsangehöriger, ledig, kinderlos. Der zum Zeitpunkt der Rückführung 42-jährige Patient ist gelernter Autoelektroniker, übte nach der Ausbildung Gelegenheitstätigkeiten aus, nahm an einem Lehrgang zur Ausbildung als Friseur teil. Nachdem er auch in diesem Beruf nicht Fuß fassen konnte, machte er sich mit dem Vertrieb von Küchenartikeln selbstständig, bis das Unternehmen Insolvenz anmelden musste. Nach der Insolvenz kümmerte er sich um seinen erkrankten Großvater und lebte in der Zeit insbesondere von dessen staatlicher Unterstützung und Gelegenheitsarbeiten.

Der Patient hatte in Rumänien mehrere längere Beziehungen zu Frauen. Mit der später Geschädigten hatte er in Rumänien mehrere Jahre zusammengelebt. Kurz vor der Trennung zeigten sich bei dem Patienten die ersten Symptome einer schizophrenen Psychose. Die Eltern bemerkten die Veränderung ihres einzigen Sohnes ebenso wie die damalige Partnerin. In der Herkunftsfamilie des Patienten bestehe ein genetisch bedingtes erhöhtes Risiko einer psychischen Erkrankung.

In Rumänien hatte der Patient in einer zeitlich eingeschränkten Phase Haschisch konsumiert, was zu einem Verfahren wegen Verstoßes gegen das Betäubungsmittelgesetz führte (Bewährungsstrafe von einem Jahr).

Herr T. hielt vor dem Deliktgeschehen telefonischen Kontakt mit seiner ehemaligen Freundin, und die inzwischen in Deutschland lebende Geschädigte lud ihn zum Jahreswechsel ein. Der Patient befand sich wahrscheinlich schon bei Abreise in der beginnenden akuten Phase seiner psychischen Erkrankung. So musste Herr T. bei Anreise vorzeitig den Reisebus verlassen. Herr T. war mit der Situation überfordert und suchte mehrfach eine Polizeistation auf. Er schaffte es später, mit dem Taxi zu der ehemaligen Freundin zu gelangen.

Der Patient war dann in den nächsten Tagen des Besuches sehr auffällig im Verhalten. Letztlich zerschlug er die Scheibe einer Pizzeria, in der seine ehemalige Freundin arbeitete. Wieder hoffte er auf die Aufmerksamkeit der Polizei, inzwischen meinte er, auch seine Freundin retten zu müssen, und versuchte, sie zu bewegen, mit ihm nach Rumänien zu gehen. Gegenüber Arbeitgeber und Polizei äußerte die ehemalige Freundin, dass sie dafür Sorge trage, dass Herr T. nach Rumänien ausreise.

Zuvor kam es aber zu dem Umstand, dass Herr T. meinte, die Wohnung der Geschädigten von negativen Eindrücken reinigen zu müssen, und er schichtete mehrere Kleidungsstücke sowie zwei Zimmertüren, die er aus den Angeln gehoben hatte, aufeinander. Er legte eine brennende Kerze auf die Gegenstände und verließ die Wohnung mit zwei Koffern. In einem Koffer befanden sich

Gegenstände seiner ehemaligen Freundin, in dem anderen seine eigene Kleidung. Aus den von dem Patienten zuvor geöffneten Fenstern quoll Rauch, weshalb der Brand schnell bemerkt wurde. Herr T. wurde von einer Polizeistreife aufgegriffen. Er war den Beamten inzwischen bekannt. In der Untersuchungshaft setzte Herr T. sein bizarres Verhalten fort. Es stellte sich heraus, dass der Patient sich ständig beobachtet fühlte und auch davon ausging, dass andere seine Gedanken lesen können.

Gleich nach Rechtskraft der angeordneten Unterbringung gemäß § 63 StGB äußerte Herr T. den Wunsch auf Rückkehr nach Rumänien. Die Verständigung war auch in englischer Sprache sehr eingeschränkt, weshalb in regelmäßigen Abständen Gespräche mit einer Dolmetscherin durchgeführt wurden. Die Mutter des Patienten rief wöchentlich bei der Ausländerberatung der Klink an und bat um Unterstützung für die Rückkehr des Sohnes nach Rumänien. Zunächst musste den Eltern vermittelt werden, dass es einer gewissen Behandlungsdauer bedürfe, bis ihr Sohn aus forensisch-psychiatrischer Sicht im Rahmen einer Maßnahme gemäß § 456a StPO nach Rumänien zurückkehren könne. Sobald sich Herr T. stabilisierte, wurde die Mutter gebeten zu bestätigen, dass sie ihren Sohn aufnehmen würde und ebenso eine Bescheinigung eines weiterbehandelnden Psychiaters zu übersenden. Die Mutter kümmerte sich um die notwendigen Unterlagen, und die Ausländerberatung hatte ergänzend telefonischen Kontakt zu einem rumänischen Arzt aufgenommen. Arztbriefe wurden in die rumänische Sprache übersetzt.

Ausländerrechtlich lag ein Vermerk der zuständigen Ausländerbehörde vor, in dem festgehalten wurde, dass Herr T. sich nur zu Besuchszwecken in der Bundesrepublik Deutschland aufhalte und keine Freizügigkeitsberechtigung im Sinne eines längeren Aufenthaltes eingetreten sei. Die Klärung der Frage, ob dieser Vermerk rechtlich ausreichend sei als Entscheidungsgrundlage für die Staatsanwaltschaft oder ob eine Feststellungsentscheidung durch die Ausländerbehörde getroffen werden müsse, verzögerte die Rückführung.

5.2.2 Überstellung

5.2.2.1 Juristischer Hintergrund und Praxisanleitung

Für in Deutschland verurteilte Ausländer ist es außerdem möglich, die hier verhängte Strafe ganz im Heimatland zu verbüßen (EU-Rahmenbeschluss zur Umsetzung des Prinzips der gegenseitigen Anerkennung von Urteilen von 2008[86], vorher „Europäische Vollstreckungsanordnung" bzw. Übereinkommen über

---
[86] Rat der Europäischen Union, 2008.

die Überstellung verurteilter Personen von 1983[87]). Wichtige Begriffe dieser wenig bekannten Regelungen werden in Übersicht 5-6 kurz erläutert.

Übersicht 5-6   Wichtige Begriffe zur Überstellung

> Sanktion – jede freiheitsentziehende Strafe oder Maßnahme, die von einem Gericht wegen einer Straftat für eine bestimmte Zeit oder auf unbestimmte Zeit verhängt worden ist.
>
> Urteil – eine Entscheidung eines Gerichts, durch die eine Sanktion verhängt wird.
>
> Urteilsstaat – der Staat, in dem die Sanktion gegen die Person, die überstellt werden kann oder überstellt worden ist, verhängt worden ist.
>
> Vollstreckungsstaat – der Staat, in den die verurteilte Person zum Vollzug der gegen sie verhängten Sanktion überstellt werden kann oder überstellt worden ist.

Dem Übereinkommen über die Überstellung verurteilter Personen vom 21. März 1983 gehören nicht alle und nicht nur Mitglieder des Europarates an, das Übereinkommen regelt jedoch nur die Beziehungen zwischen den Vertragsstaaten. Der jeweilige Ratifizierungsstand des Übereinkommens und des Zusatzprotokolls ist in der Sammlung europäischer Verträge nachzulesen.[88]

Diese Regelung soll Gefangenen insofern helfen, als man davon ausgeht, dass Inhaftierte in ihrem Herkunftsland besser resozialisiert werden können. In der Praxis sind solche Verbüßungen im Heimatland aber eher die Ausnahme, zu unterschiedlich sind die gesetzlichen und praktischen Vorgaben der Mitgliedsstaaten. Im Hinblick auf Maßregelvollzugspatienten, die auch in diese Regelung eingeschlossen sind, ist insbesondere die rechtliche Situation besonders unübersichtlich, eine Vollstreckung kann hier nicht parallel zu der von Strafgefangenen geregelt werden.[89]

Die Möglichkeit der Überstellung war zunächst an die Voraussetzung gebunden, dass der Betroffene zustimmt (und natürlich, dass das Herkunftsland kooperiert).

---

[87] Council of Europe, 1983; Council of Europe, 1997.
[88] https://www.coe.int/de/web/conventions/full-list.
[89] Morgenstern, 2008.

**Artikel 3 – Voraussetzungen für die Überstellung –
gemäß Übereinkommen über die Überstellung verurteilter Personen[90]**

1 Eine verurteilte Person kann nach diesem Übereinkommen nur unter den folgenden Voraussetzungen überstellt werden:
   a daß sie Staatsangehöriger des Vollstreckungsstaats ist;
   b daß das Urteil rechtskräftig ist;
   c daß zum Zeitpunkt des Eingangs des Ersuchens um Überstellung noch mindestens sechs Monate der gegen die verurteilte Person verhängten Sanktionen zu vollziehen sind oder daß die Sanktion von unbestimmter Dauer ist;
   d *daß die verurteilte Person oder, sofern einer der beiden Staaten es in Anbetracht ihres Alters oder ihres körperlichen oder geistigen Zustands für erforderlich erachtet, ihr gesetzlicher Vertreter ihrer Überstellung zustimmt;*
   e daß die Handlungen oder Unterlassungen, derentwegen die Sanktion verhängt worden ist, nach dem Recht des Vollstreckungsstaats eine Straftat darstellen oder, wenn sie in seinem Hoheitsgebiet begangen worden waren, darstellen würden;
   f daß sich der Urteils- und der Vollstreckungsstaat auf die Überstellung geeinigt haben.
2 In Ausnahmefällen können sich die Vertragsparteien auch dann auf eine Überstellung einigen, wenn die Dauer der an der verurteilten Person noch zu vollziehenden Sanktion kürzer ist als die in Absatz 1 Buchstabe c vorgesehene.
3 Jeder Staat kann bei der Unterzeichnung oder bei der Hinterlegung seiner Ratifikations-, Annahme-, Genehmigungs- oder Beitrittsurkunde durch eine an den Generalsekretär des Europarats gerichtete Erklärung seine Absicht bekanntgeben, in seinen Beziehungen zu den anderen Vertragsparteien die Anwendung eines der in Artikel 9 Absatz 1 Buchstaben a und b vorgesehenen Verfahren auszuschließen.
4 Jeder Staat kann jederzeit durch eine an den Generalsekretär des Europarats gerichtete Erklärung für seinen Bereich den Begriff „Staatsangehöriger" im Sinne dieses Übereinkommens bestimmen.

Der damit befasste Sachverständigenausschuss der Bundesregierung und auch andere Vertragsstaaten stellten praktische Schwierigkeiten in der Umsetzung und gravierende Regelungslücken fest.[91]

---

[90] Übereinkommen über die Überstellung verurteilter Personen Sammlung Europäischer Verträge – Nr. 112.
[91] BGBl. 1992 II S. 98.

Das Abkommen wurde daher ergänzt durch ein Zusatzprotokoll zum Übereinkommen über die Überstellung verurteilter Personen vom 18. Dezember 1997. Danach stellt die Zustimmung des Betroffenen unter bestimmten Bedingungen keine Voraussetzung für die Maßnahme dar.[92]

> **Artikel 3 – Verurteilte Personen, die der Ausweisung oder Abschiebung unterliegen – in der geänderten Fassung des Zusatzprotokolls zum Übereinkommen über die Überstellung verurteilter Personen**[93]
>
> 1 Auf Ersuchen des Urteilsstaats kann der Vollstreckungsstaat vorbehaltlich der Bestimmungen dieses Artikels in die Überstellung einer verurteilten Person *ohne deren Zustimmung einwilligen, wenn die gegen diese Person verhängte Sanktion oder eine verwaltungsrechtliche Entscheidung infolge dieser Sanktion einen Ausweisungs- oder Abschiebungsbefehl oder eine andere Maßnahme enthält, aufgrund derer es dieser Person nicht gestattet sein wird, nach der Entlassung aus der Haft im Hoheitsgebiet des Urteilsstaats zu bleiben.*
> 2 Der Vollstreckungsstaat erteilt seine Einwilligung im Sinne von Absatz 1 nicht ohne Berücksichtigung der Meinung der verurteilten Person.
> 3 Zur Anwendung dieses Artikels stellt der Urteilsstaat dem Vollstreckungsstaat folgendes zur Verfügung:
>   a eine Erklärung, welche die Meinung der verurteilten Person zu ihrer vorgesehenen Überstellung enthält, und
>   b eine Mehrfertigung des Ausweisungs- oder Abschiebungsbefehls oder einer sonstigen Anordnung, die bewirkt, daß die verurteilte Person nach der Entlassung aus der Haft nicht mehr im Hoheitsgebiet des Urteilsstaats bleiben darf.
> 4 Eine nach diesem Artikel überstellte Person darf wegen einer anderen, vor der Überstellung begangenen Handlung als derjenigen, die dem zu vollstreckenden Urteil zugrunde liegt, nur in den folgenden Fällen verfolgt, abgeurteilt, zur Vollstreckung einer Strafe oder Maßregel der Sicherung und Besserung in Haft gehalten oder einer sonstigen Beschränkung seiner persönlichen Freiheit unterworfen werden:
>   a wenn der Urteilsstaat dies genehmigt. Zu diesem Zweck ist ein Ersuchen unter Beifügung aller einschlägigen Unterlagen und eines gerichtlichen Protokolls über die Erklärungen der verurteilten Person zu stellen. Die

---

[92] Council of Europe, 1997. Von Deutschland erst am 17. April 2007 ratifiziert, in Kraft getreten am 01. August 2007.
[93] Zusatzprotokoll zum Übereinkommen über die Überstellung verurteilter Personen – Sammlung Europäischer Verträge – Nr. 167.
http://www.coe.int/de/web/conventions/full-list/-/conventions/treaty/167.

Genehmigung wird erteilt, wenn die strafbare Handlung, derentwegen um Genehmigung ersucht wird, an sich nach dem Recht des Urteilsstaats der Verpflichtung zur Auslieferung unterliegt oder wenn die Auslieferung allein wegen der Strafhöhe ausgeschlossen ist;

b wenn die verurteilte Person, obwohl sie dazu die Möglichkeit hatte, das Hoheitsgebiet des Vollstreckungsstaats innerhalb von 45 Tagen nach ihrer endgültigen Freilassung nicht verlassen hat oder wenn sie nach Verlassen dieses Gebiets dorthin zurückgekehrt ist.

5 Unbeschadet des Absatzes 4 kann der Vollstreckungsstaat die nach seinem Recht erforderlichen Maßnahmen einschließlich eines Abwesenheitsverfahrens treffen, um die Verjährung zu unterbrechen.

6 Jeder Vertragsstaat kann durch eine an den Generalsekretär des Europarats gerichtete Erklärung mitteilen, daß er die Vollstreckung von Sanktionen in den in diesem Artikel beschriebenen Fällen nicht übernehmen wird.

Eine Wahlmöglichkeit besteht für einen aufgrund der verhängten Sanktion rechtskräftig ausgewiesenen Verurteilten gerade nicht. Damit sollte eine Überstellung möglich sein, wenn infolge der Sanktion eine bestandskräftige Ausweisungs- und Abschiebungsverfügung vorliegt.

Eine Überstellung gegen den Willen des Verurteilten kann erfolgen, wenn der Heimatstaat das Zusatzprotokoll vom 18. Dezember 1997 ratifiziert hat, eine bestandskräftige Ausweisungs- oder Abschiebungsverfügung vorliegt und das Oberlandesgericht die Vollstreckung im Heimatstaat für zulässig erklärt.[94, 95]

Würde ein Straftäter nach seiner Haftentlassung wegen ausländerrechtlicher Maßnahmen in sein Heimatland zurückkehren, liefe eine Resozialisierung

---

[94] Für die Entscheidung über eine Überstellung ist das Bundesministerium für Justiz zuständig. Die Bundesregierung hat die Ausübung der ihr zustehenden Befugnis den Landesregierungen übertragen. Siehe dazu ausführlich https://www.bundesjustizamt.de/DE/Themen/Gerichte_Behoerden/IRS/Rechtshilfe_node.html.

[95] Gesetz zur Änderung des Überstellungsausführungsgesetzes und des Gesetzes über die internationale Rechtshilfe in Strafsachen vom 17.12.2006 (Überstellungsausführungsgesetz – ÜAG). BGBl. I 62 S. 3175.
Siehe auch: Gesetz zur Ausführung des Übereinkommens vom 21. März 1983 über die Überstellung verurteilter Personen. Überstellungsausführungsgesetz in der geänderten Fassung vom 29. Juli 2009. Über: https://www.gesetze-im-internet.de/.

mit dem Ziel der gesellschaftlichen Wiedereingliederung im Urteilsstaat ins Leere.

Die Überstellung bereits unmittelbar nach Rechtskraft des Urteils und Bestandskraft der aufgrund der Sanktion ergangenen Ausweisungsverfügung trägt diesem Gedanken Rechnung.

Hier ergibt sich auch ein Unterschied zur deutschen Bestimmung des § 456a StPO, der zufolge in vergleichbaren Fällen nach der in der Praxis üblichen Verbüßung von der Hälfte oder von zwei Dritteln der verhängten Strafe bei einer Ausweisung von der weiteren Vollstreckung abgesehen werden kann („Abschiebung nach Teilverbüßung und Aussetzung des Strafrests im Urteilsstaat").

Ein weiterer Unterschied besteht darin, dass für die Umsetzung der Bestimmung des § 456a StPO eine Zustimmung des Heimatstaates nicht notwendig ist. Das Herkunftsland könnte die Einreise durch Nichtausstellen des Rückreisedokumentes blockieren.

Die Initiative kann natürlich auch vom Patienten ausgehen (siehe Merkblatt in Anhang 7.7). Zu diesem Zweck kann er dem Urteils- oder dem Vollstreckungsstaat gegenüber den Wunsch äußern, nach diesem Übereinkommen überstellt zu werden.

Für die Vertragsstaaten besteht keine Verpflichtung, einem Ersuchen um Überstellung oder Übernahme der Strafvollstreckung nachzukommen.

Zusammengefasst stellt sich die aktuelle Situation für den Praktiker wie folgt dar:

Die BRD ist Vertragspartei des Übereinkommens über die Überstellung verurteilter Personen vom 21. März 1983, in Kraft für die Bundesrepublik Deutschland seit dem 1. Februar 1992. Die BRD hat das Zusatzprotokoll am 17. April 2007 ratifiziert, es ist am 1. August 2007 in Kraft getreten.

Neben allen europäischen Mitgliedstaaten der Europäischen Union sind weitere Beitrittsstaaten bisher Albanien, Andorra, Armenien, Aserbaidschan, Bahamas, Chile, Costa Rica, Estland, Georgien, Island, Israel, Kanada, Lettland, Liechtenstein, Malta, Mazedonien, Norwegen, Panama, Slowenien,

Schweiz, Tonga, Trinidad und Tobago, Türkei, Ukraine, die Vereinigten Staaten.[96]

Das Verfahren wird im Allgemeinen als kompliziert und langwierig empfunden.[97] Als Haupthindernis gilt zum einen die Zustimmungsnotwendigkeit des Betroffenen, da das Zusatzprotokoll zum Übereinkommen von 1997, das die Zustimmung der inhaftierten Person nicht mehr in allen Fällen für erforderlich hält, nicht von allen Mitgliedsstaaten ratifiziert wurde. Zum anderen ist es hinderlich, dass der Heimatstaat zur Übernahme in der Regel nicht verpflichtet ist.

Derzeit gilt also für den Regelfall, dass der ausländische Straftäter, unabhängig ob Bürger der Europäischen Union oder nicht, die Freiheitsstrafe in dem Staat verbüßt, in dem er auch verurteilt wurde.

5.2.2.2 Kasuistiken

Kasuistik 5-4   Überstellung eines italienischen Patienten

> Der bei seiner letzten Entlassung aus dem Maßregelvollzug 48-jährige Patient, Herr P., litt an einer hebephrenen Schizophrenie, deren erste Symptome sich zwischen dem 17. und 20. Lebensjahr zeigten. Ebenso wurden eine Polytoxokomanie und eine dissoziale Persönlichkeitsstörung diagnostiziert.
> Problematisch über die Jahre der Behandlung war in diesem Fall die nicht remittierte Psychose und die wechselnde Intensität der Wahninhalte, die bei medikamentöser Behandlung und zu Zeiten der Entlassung aber nicht handlungsleitend waren.
> Die erste Behandlung im hessischen Maßregelvollzug erfolgte von Juli 1994 bis Juni 1997 nach Brandstiftung in der Wohnung der Mutter. In der Vorgeschichte finden sich zahlreiche Psychiatrieaufenthalte. Herr P. wurde durch fremd- wie auch autoaggressive Handlungen auffällig, die gewalttätigen Handlungen waren innerfamiliär und richteten sich hauptsächlich gegen die Mutter. Im Juni 1997 erfolgte auf Wunsch des Patienten und seiner Familie eine Rückführung gemäß § 456a StPO nach Italien.

---

[96] https://www.coe.int/en/web/conventions/full-list/-/conventions/treaty/167.
[97] Neben dem IRG (Internationale Rechtshilfe in Strafsachen) maßgeblich für die Praxis sind die Richtlinien für den Verkehr mit dem Ausland in strafrechtlichen Angelegenheiten (RiVASt). Ausführliche Informationen finden sich über die Homepage http://www.bmjv.de/.

Aufgrund der unerlaubten Wiedereinreise im September 1997 wurde Herr P. erneut in der Klinik untergebracht.

Im weiteren Verlauf der Unterbringung stellte Herr P. im Jahre 2000 einen Überstellungsantrag nach Italien, die Umsetzung erfolgte im Juni 2004.

Die Maßregel in Italien wurde dann durch ein italienisches Gericht im April 2005 aufgehoben. Der Bruder des Patienten erklärte sich gegenüber den italienischen Behörden bereit, den Patienten weiterhin zu versorgen, brachte Herrn P. aber, entgegen der Auflagen, nach Deutschland in die Wohnung der Mutter.

Im Juni 2005 erfolgte das Indexdelikt, ein tätlicher Übergriff auf den Bruder. Nach erneuter Behandlung in der Klinik wurde im Jahr 2010 nochmals seitens des Patienten der Wunsch der Rückkehr nach Italien gemäß § 456a StPO vorgetragen. Eine familiäre Unterstützung in Italien war aber inzwischen nicht mehr möglich, ebenso erfuhr er keine Unterstützung durch die italienischen Behörden (im Sinne einer Möglichkeit der Weiterbehandlung). Den zuständigen Gerichten und Behörden war es nicht möglich eine § 456a StPO-Maßnahme umzusetzen, gleichzeitig war aber die bestehende Ausweisungsverfügung ein Problem für die Kostenanträge (hier Wohnheim) ab Entlassung.

Herr P. ging letztlich mit einer Duldungsbescheinigung in den Entlassungsurlaub, und die Ausweisungsverfügung wurde, nach Vorliegen des Entlassungsbeschlusses, auf den Tag der Entlassung befristet, danach bestand EU-Freizügigkeit.

Kasuistik 5-5   Überstellung eines niederländischen Patienten

Bei letzter Entlassung des niederländischen Patienten Herrn U. im Jahre 2006 wurden eine paranoide Schizophrenie, episodisch, mit zunehmenden Residuum attestiert, ebenso schädlicher Gebrauch von Alkohol und Cannaboiden. Der bei Entlassung 50-jährige Patient war das erste Mal im April 1988 mit 27 Jahren rechtskräftig gemäß § 63 StGB untergebracht. Indexdelikte waren Köperverletzungen in drei Fällen und sexuelle Nötigung.

Nach dem Schulabschluss hatte Herr U. eine kaufmännische Lehre absolviert. Seit der Scheidung der Eltern war seine Mutter eine feste Bezugsperson. Durch ihren Tod war der kurz nach der Ausbildung arbeitslose Patient auf sich gestellt. Zeitweise hielt sich Herr U. in Deutschland auf und es erfolgten erste Diebstahlsdelikte. In Zeiten ohne Betreuung und Medikation neigte Herr U. zu Verwahrlosung einhergehend mit Kontaktarmut.

Im März 1993 wurden durch die Ausländerbehörde aufenthaltsbeendende Maßnahmen veranlasst und es wurde eine § 456a StPO-Maßnahme nach Amsterdam organisiert. Bei Ankunft erfolgte die Aufnahme in einem niederländischen psychiatrischen Krankenhaus.

Im August 1993 wurde Herr U. erneut in der Klinik aufgenommen, da er sich, entgegen der Vorgabe der § 456a StPO-Entscheidung, wieder im Bundesgebiet aufgehalten hatte.
Eine zunächst geplante erneute Umsetzung einer § 456a StPO-Maßnahme scheiterte, und Herr U. wurde in Deutschland in ein Wohnheim entlassen.
Von dort entfernte er sich im April 1997. Ein Sicherungshaftbefehl wurde ausgesprochen, die Aussetzung zur Bewährung widerrufen. Herr U. wurde im Jahr 2000 erneut in Deutschland aufgegriffen.
Im Juni 2001 wurde gemäß § 456a StPO von der weiteren Vollstreckung abgesehen und Herr U. in ein Entlassungssetting in die Niederlande entlassen. Im März 2002 erfolgte die vierte Aufnahme, im Februar 2006 wurde Herr U. dann in die Niederlande überstellt.

Kasuistik 5-6 Überstellung eines dänischen Patienten

Diagnostiziert wurden bei Herrn R. eine paranoide Schizophrenie, einhergehend mit schädlichem Gebrauch von Cannaboiden.
Das Indexdelikt war Totschlag in Tateinheit mit Widerstand gegen Vollstreckungsbeamte, unerlaubtes Entfernen vom Unfallort, Körperverletzung, gefährliche Körperverletzung, gefährlicher Eingriff in den Straßenverkehr und Gefährdung des Straßenverkehrs. Das Tatgeschehen war verbunden mit einer Fahrt nach Paris, die in wahnhaftem Auftrag und krankhafter Verkennung von Personen und Situationen erfolgte. Herr R. lebte zuvor mit seinem Bruder abgeschieden in ländlicher Gegend, und beide teilten das Ziel, die Funktion der Welt und deren Zusammenhänge zu ergründen.
Die Aufnahme in der Klinik erfolgte im September 2008 gemäß § 126a StPO, ab April 2009 war Herr R. gemäß § 63 StGB untergebracht.
Im Verlauf der Behandlung dominierte zunächst das Mißtrauen des Patienten gegenüber der Behandlung und insbesondere der Medikation. Einhergehend mit dem Einverständnis in die therapeutischen Maßnahmen äußerte Herr R. dann den Wunsch der Überstellung in den dänischen Maßregelvollzug. Seine in Dänemark lebende Mutter und sein Stiefvater unterstützten den Wunsch der Überstellung. Im Juli 2009 forderten die dänischen Behörden Akteneinsicht im Überstellungsverfahren. Im Oktober 2009 erfolgte ein Ausweisungsverfahren der Ausländerbehörde. Herr R. erklärte Rechtsmittelverzicht. Im Dezember 2009 bekräftigte Herr R. seinen Überstellungswunsch vor dem Amtsgericht. Ende Januar 2010 erhielt er einen Brief der Abteilung „Internationale Rechtshilfe" der zuständigen Staatsanwaltschaft. Es wurde ein Überstellungsersuchen an das dänische Justizministerium gestellt.
Im Dezember 2012 wurde Herr R. in die JVA Flensburg gebracht, von dort wurde er von der dänischen Polizei abgeholt.

Im Gemeinsamen Runderlass wird auf die Möglichkeit hingewiesen, dass Überstellung und § 456a StPO-Maßnahme in der Vorbereitung parallel angedacht werden können und die schneller zu realisierende Maßnahme dann umgesetzt werden sollte. Diese Vorgehensweise wird dem Umstand gerecht, dass es selten zu Überstellungen aus dem Maßregelvollzug kommt. Zum Teil mangelt es an der Zuarbeit des Ziellandes. Für die Maßregelvollzugseinrichtung stellt eine Überstellung, die vom Patienten gewünscht ist und die z.B. von einem rechtlichen Vertreter oder Mitarbeiter der jeweiligen Auslandsvertretung in der Umsetzung unterstützt wird, grundsätzlich kein Problem dar.

Schwierig ist es, wenn der Patient z.B. seinen Überstellungswunsch zurückzieht oder sich die politischen Umstände in einem Land verändern. Ebenso, wenn das Zielland nicht zuarbeitet und der Patient unverhältnismäßig lange auf eine Umsetzung warten muss, in dieser Zeit auch nicht im Lockerungsverfahren eingebunden werden kann.

Kasuistik 5-7   Überstellung eines ungarischen Patienten

> Genannt sei hier das Beispiel eines ungarischen Patienten, Herrn W., der zunächst seine Überstellung intensiv verfolgt und schon vor Rechtskraft seines Urteils den Kontakt zu seiner Auslandsvertretung aufgenommen hatte. Die im Herkunftsland befindliche Ehefrau hatte dann den zur späteren ambulanten Nachsorge bereiten Psychiater im Herkunftsland angesprochen, der aber wegen der schlechten Versorgung von einer Überstellung in den dortigen Maßregelvollzug abriet. Von da an versuchte Herr W. den Vorgang zu stoppen, und äußerte dies auch bei einer Anhörung am Amtsgericht im Beisein seines Rechtsbeistandes.
> Inzwischen liegt ausländerrechtlich eine Feststellungsentscheidung vor, Herr W. reiste lediglich für das Delikt ein, und es wird aktuell versucht, eine stationäre Aufnahme im Herkunftsland vorzubereiten, um die Überstellung mit einer § 456a StPO-Maßnahme, einhergehend mit einer stationären Unterbringung in einer Allgemeinpsychiatrie bei Ankunft in Ungarn, zu „überholen".
> Für eine ambulante Maßnahme konnte sich die Maßregelvollzugseinrichtung in diesem Fall nicht aussprechen, da Herr W. noch eine weiterführende psychiatrische Behandlung in der Landessprache als auch Unterstützung für den schrittweisen Übergang in die ambulante Nachsorge benötigt.

Die Überstellung wäre eine Maßnahme für diejenigen rückkehrwilligen Maßregelvollzugspatienten, die bestandskräftig ausreisepflichtig sind, bei denen die üblichen Kriterien für eine Überstellung vorliegen, bei denen auf Dauer, auch bedingt durch mangelnde Sprachkenntnisse, keine weiteren Lockerungen vertretbar wären und die im Herkunftsland über unterstützende familiäre Bezüge verfügen.

Kritisch für eine solche Maßnahme zu prüfen sind auch die Länder, in die Flüchtlinge im Dublin-Verfahren wegen mangelnder Versorgungsmöglichkeiten nicht rückgeführt werden.

Politische Entwicklungen können durchaus bestehende Abkommen überholen und eine vertretbare Umsetzung in Frage stellen. Der Patient hat aber die Möglichkeit, durch einen Rechtsbeistand die Gerichte einzuschalten. Hier sollte der Patient unterstützt werden.

5.2.3 Entlassung auf Bewährung bei gleichzeitiger Ausreise in das Herkunftsland

Die Entlassung auf Bewährung bei gleichzeitiger Ausreise in das Herkunftsland zum Zeitpunkt eines möglichen Entlassungsurlaubs, ebenso wie direkt ab Hauptverhandlung, beides verbunden mit einer freiwilligen Ausreise, sind Optionen, die besonders bei Doppelstaatern bzw. Mehrfachstaatern in Frage kommen.

5.2.3.1 Entlassung auf Bewährung bei gleichzeitiger Ausreise in das Herkunftsland bei fortgeschrittener Behandlung

5.2.3.1.1 Juristischer Hintergrund und Praxisanleitung

Entlassung auf Bewährung bei freiwilliger Ausreise in das Herkunftsland bei schon fortgeschrittener Behandlung ist gegebenenfalls eine Option für Doppelstaater, die nicht wegen der Entlassung auf ihre deutsche Staatsbürgerschaft verzichten möchten, um dann gemäß § 456a StPO in ihr Herkunftsland abgeschoben zu werden.

In einem dieser zunächst als Präzedenzfall zu betrachtenden Entscheidung im hessischen Maßregelvollzug ist die zuständige Strafvollstreckungskammer dem Anliegen des Patienten und dessen Rechtsbeistand entgegengekommen, machte aber die Vorgabe, dass der Patient zunächst weiter gelockert werden möge, damit das Verhalten verbindlich geprüft werden könne und eine notwendige Absprachefähigkeit zu erkennen sei. Somit ergab sich ein Entlassungszeitpunkt, der ungefähr dem Zeitpunkt der Organisation eines Entlassungsurlaubs entspräche.

In dieser Zeit sollte sich der Patient um eine psychiatrische Nachsorge im Herkunftsland bemühen. Ebenso sollten die soziale und familiäre Situation dem Gericht vermittelt werden können.

In diesen Fällen kommt dem Rechtsbeistand im Idealfall eine besondere Position zu, derart, dass der Patient Unterstützung findet, die Maßnahme gegenüber der Strafvollstreckungskammer entsprechend vorzustellen. Die Klinik hat dann die Möglichkeit, sich wie in den anderen Fällen auf die Behandlung zu konzentrieren, für die psychiatrische Weiterbehandlung einen Arztbrief zu fertigen und die Informationen in die forensisch-psychiatrische Prognose einfließen zu lassen.

Natürlich kann auch die Maßregelvollzugsklinik diese Entlassung gemeinsam mit dem Patienten vorbereiten. In diesem Falle sollte aber ebenfalls das Gespräch mit dem Rechtsbeistand gesucht werden, da die Strafvollstreckungskammer auch die möglichen Konsequenzen bei Wiedereinreise festlegen muss. Hier sollte der Rechtsbeistand seinen Mandanten entsprechend aufklären. Auch könnte sich der Patient nach Entlassung in das Herkunftsland zunächst an seinen, dann ehemaligen Rechtsbeistand wenden, falls ein Grund für eine mögliche Wiedereinreise besteht.

5.2.3.1.2 Kasuistiken

Kasuistik 5-8 Entlassung auf Bewährung, freiwillige Ausreise nach Tunesien

> Herr B. wurde in Tunis geboren, und ist in stabilen familiären Verhältnissen aufgewachsen. Herr B. besuchte die Schule regulär, konnte aber das Abitur und die spätere Hotelfachschule nicht zum Abschluss bringen.
> Er lernte 1992 in Tunesien seine deutsche Ehefrau kennen, die Heirat erfolgte im gleichen Jahr, und man zog nach Deutschland. Schon 1994 kam es dann zu ersten psychiatrischen Behandlungen. Trotzdem gelang es dem Patienten, die Fachhochschulreife zu erreichen. Die höhere Hotelfachschule beendete er nicht,

arbeitete aber im Hotelbereich, hauptsächlich als Barmann. Im Jahr 2003 erfolgte die Scheidung. Herr B. war 2002, als sich die Trennung abzeichnete, in die Schweiz gereist.

Nach seiner Wiedereinreise 2003 kam es zu weiteren Psychiatrieaufenthalten. Es gelang ihm aber trotzdem, eine Ausbildung zum Restaurantfachmann abzuschließen. Er wurde dann wegen der psychischen Erkrankung erwerbsunfähig berentet.

2004 kehrte Herr B. nach Tunesien zurück, wo er keiner Beschäftigung nachging. Von dort aus verbrachte er dann anderthalb Jahre in Kanada und arbeitete in verschiedenen Aushilfsjobs als Kellner. Er besaß eine Arbeitserlaubnis. In Montreal war der Patient in einem Krankenhaus, der Aufenthalt stand in Verbindung mit einer Straftat. Die Klinik entließ den Patienten, und der Patient kehrte nach Tunesien zurück. Dort lebte Herr B. bis 2011, zeitweise als Restaurantleiter. Im Jahr 2009 wurde er von den Eltern wieder in stationäre psychiatrische Behandlung gebracht. Als sich die politische Situation in Tunesien verschlechterte, kehrte er nach Deutschland zurück. Er war zeitweise als Aushilfe, Barkeeper und Kellner beschäftigt. Die psychotische Erkrankung zeichnete sich durch ein ausgeprägtes Wahnsystem aus. Hinzu kam gelegentlicher Cannabiskonsum sowie Spiel- und Alkoholsucht.

Indexdelikte waren versuchter Totschlag in Verbindung mit gefährlicher Körperverletzung, begangen im schuldunfähigen Zustand (§ 20 StGB). Die Unterbringung gemäß § 63 StGB wurde angeordnet. Das Opfer war der Geschäftsführer einer Shisha-Bar, der Herrn B. den Kontakt zum Eigentümer der Bar verweigerte. Herr B. gab an, dieser schulde ihm Geld.

Im Behandlungsverlauf remittierte die psychiatrische Erkrankung unter antipsychotischer Behandlung und Drogenfreiheit. Zu Beginn der Behandlung fielen auch noch manipulative und dissoziale Tendenzen in seinem Sozialverhalten auf.

Der Schwerpunkt der Behandlung lag in der Besserung bzw. Stabilisierung seines psychischen Störungsbildes, in der Erarbeitung eines Therapie- und Krankheitsverständnisses bezogen auf die schizophrene Symptomatik und in der Aktivierung des Patienten zur Teilnahme an tagesstrukturierenden Maßnahmen mit Ziel der Förderung seiner Belastungsfähigkeit. Ferner sollte er Absprachen und Stationsregeln einhalten.

Zu gegebener Zeit wurden die Fortschritte des Patienten geprüft. Dies war inzwischen auch Wunsch der zuständigen Strafvollstreckungskammer, denn Herr B. hatte durch die Heirat und seinen Aufenthalt in Deutschland die deutsche Staatsbürgerschaft erlangt und beabsichtigte nicht, für die Umsetzung einer § 456a StPO-Maßnahme auf die deutsche Staatsangehörigkeit zu verzichten. Dabei war sein Wunsch auf Rückkehr nach Tunesien konstant.

Schließlich hatte der Patient das maßgebliche Behandlungsprogramm absolviert. So war letztlich nur eine Entlassung auf Bewährung bei gleichzeitiger freiwilliger Ausreise nach Tunesien denkbar, wobei der ansonsten übliche Entlassungsurlaub nicht umsetzbar war und sich die Entscheidung über die Entlassung in besonderer Form an die Strafvollstreckungskammer stellte.

Eine Schwierigkeit bildete die Überwachung der Führungsaufsicht, die an die Entlassungsverhältnisse angepasst werden musste. So erklärte sich der Patient einverstanden, dass der in Tunesien weiterbehandelnde Arzt dem deutschen Gericht regelmäßig Bericht erstatten dürfe, einhergehend mit Alkohol-und Drogenkontrollen.

Die Aufsicht über die Bewährung wurde dem zuletzt in der BRD zuständigen Bewährungshelfer übertragen. Die Wohnsitznahme erfolgte bei den Eltern in Tunesien. Jegliche Änderungen waren der Führungsaufsichtsstelle mitzuteilen. Telefonisch hatte der Patient sich bei seinem Bewährungshelfer zu melden.

Die Kammer konnte sich davon überzeugen, dass sowohl die Behandlungs- und Kontrollmaßnahmen als auch die Lebenssituation des Patienten geklärt und strukturiert waren, Unterstützung durch die Familie bestand und für professionelle Weiterbehandlung Sorge getragen wurde.

5.2.3.2 Entlassung auf Bewährung bei gleichzeitiger Ausreise in das Herkunftsland sogleich ab Hauptverhandlung

5.2.3.2.1 Juristischer Hintergrund und Praxisanleitung

Die Entlassung auf Bewährung ab einem Tag der Hauptverhandlung setzt voraus, dass die Gerichte und Staatsanwaltschaften und besonders die Verteidiger die ausländerrechtliche Situation des Patienten von Beginn an mit einbeziehen und den Rückkehrwunsch des Patienten berücksichtigen. Die Organisation der Hauptverhandlung und die Organisation der Ausreise müssen zeitlich flexibel aufeinander abgestimmt werden. Die Organisation der Ausreise kann nicht erst nach Abschluss der Hauptverhandlung erfolgen, vielmehr ist in diesem Fall der Abschluß der Hauptverhandlung mit dem Stand der Ausreiseorganisation zu harmonisieren. Diese Maßnahme ist auch für nicht ausreisepflichtige Patienten umsetzbar.

Aus psychiatrischer Sicht wird die Umsetzung dadurch erleichtert, dass die Unterbringung gemäß § 126a StPO bis zu sechs Monate dauert und zumeist erst im letzten Drittel die Hauptverhandlungstage terminiert werden. Durch die konsequente medikamentöse Behandlung kann es in dieser so zur Verfügung stehenden Zeitspanne z.B. bei einer Erkrankung aus dem schizophrenen Formenkreis zu einer Remission oder zumindest partiellen Remission der Erkrankung kommen.

Patienten, die zu diesem Zeitpunkt vehement einen Rückkehrwunsch vortragen, sind von der Unterbringung beeindruckt und haben ein Empfinden dafür, dass ihre Migration grundsätzlich scheitern würde. Besonders Asylantragsteller, die schon erste Eindrücke bezüglich der zu erwartenden Belastungen gemacht haben, äußern den Wunsch der Rückkehr zur Familie im Herkunftsland. So gibt es Fälle junger Männer, die schlicht äußern, dass sie zu ihrer Mutter zurückkehren möchten. Da die Mütter oftmals in den Herkunftsländern verbleiben, teilen etwaige auch in Deutschland oder Europa befindliche Angehörige mit, dass auch die Mutter die Rückkehr ihres Sohnes wünsche.

Krankheitseinsicht besteht zumeist, da in den meisten Fällen schon im Herkunftsland gelegentlicher Kontakt zu Psychiatrien bestand. Hier sei nochmals erwähnt, dass sich auch viele junge Männer, unterstützt durch die Familie, im Wissen um eine bestehende psychische Erkrankung „auf den Weg machen". Einsicht in die Notwendigkeit der Medikation besteht ebenfalls in den meisten Fällen.

Es gibt auch Patienten, bei denen es lediglich zu einer Registrierung im Asylverfahren kam und die dann schon kurz nach Einreise ein Delikt begangen haben.

Dem Gericht muss die Lebenssituation bei Ankunft im Herkunftsland vermittelt werden, und eine Weiterbehandlung muss organisiert sein.

Hier ist insbesondere zu beachten, dass zu einem bestimmten Tag der Hauptverhandlungstermine ein Flugticket bereitliegen muss. Ebenso ist zu berücksichtigen, dass die Begleitung des Patienten zum Flughafen vorbereitet ist.

Der Patient oder Angehörige kann das Flugticket kaufen, gegebenenfalls können Institutionen wie IOM[98] behilflich sein (siehe auch REAG/

---

[98] Die 1951 gegründete Internationale Organisation für Migration (IOM) ist die führende zwischenstaatliche Organisation im Bereich Migration. Die Bundesrepublik Deutschland ist seit 1954 Mitgliedstaat der IOM. Weitere Informationen siehe: http://germany.iom.int/.

GARP[99]). Diese Organisationen sind bei Straftätern eher zurückhaltend, sind aber bei zur Bewährung ausgesetzten Strafverfahren oder bei aufgehobenen Verfahren ab Tag der Verhandlung zur Kooperation bereit. Wenn die Klinik es begründet, kann auch eine ärztliche Begleitung stattfinden. Wie im üblichen Verfahren gibt es eine finanzielle Starthilfe.

In diesen Fällen ist es hilfreich, wenn es zu einem bestimmten Zeitpunkt des Verfahrens zu einer Kontaktaufnahme zwischen Staatsanwaltschaft und Ausländerbehörde kommt, die zu den die freiwillige Ausreise unterstützenden Organisationen im Kontakt steht. Hierdurch erhält die Ausländerbehörde Sicherheit in einem schwebenden Verfahren, bezüglich der Ausreise unterstützend (die Organisation der Rückkehrhilfe nimmt die Buchungen vor) tätig zu werden, und die Staatsanwaltschaft kann sich der ausländerrechtlichen Situation versichern.

Die Möglichkeit der freiwilligen Ausreise sollte so früh wie möglich dem Richter und Staatsanwalt durch den Rechtsbeistand vorgetragen werden. Trotzdem ist die Maßnahme dann kein Selbstläufer, da es sich um ein bezüglich der Entscheidung offenes Gerichtsverfahren handelt. Das Deliktgeschehen, auch im Hinblick auf die Schwere des Deliktes, und die Opferinteressen spielen eine Rolle. Sicherlich gibt es auch Deliktgeschehen, in denen die Tatsache, dass der Täter das Land verlässt, den Opferinteressen entspricht.

---

[99] Bund und Länder unterstützen mit dem humanitären Förderprogramm REAG/GARP Personen bei der freiwilligen Rückkehr in das Herkunftsland oder Weiterwanderung in einen aufnahmebereiten Staat.
REAG (Reintegration and Emigration Programme for Asylum Seekers in Germany) gewährt Hilfe bei: Übernahme der Beförderungskosten (Flugzeug, Bahn, Bus), Benzinkosten, Reisebeihilfen.
GARP (Government Assisted Repatriation Programme) unterstützt mit Starthilfen einen Neuanfang in migrationspolitisch bedeutsamen Ländern (Drittstaaten).
Die Internationale Organisation für Migration (IOM) organisiert und betreut über beide Förderprogramme die Ausreise.
Bund und Länder legen jährlich den Umfang der Ausreisehilfen fest. Die aktuell gültigen Förderleistungen sind im REAG/GARP-Informationsblatt aufgeführt.
Siehe Link: http://www.bamf.de/DE/Rueckkehr/Rueckkehrprogramme/FoerderprogrammREAGGARP/foerderprogramm-reag-garp-node.html.

Hier ist auch zu berücksichtigen, dass der Patient von der psychischen Erkrankung beeinflusst zum Täter wurde. Nehmen wir das Beispiel eines afrikanischen Studenten mit aufgrund seines Studiums zweckgebundener Aufenthaltserlaubnis, der krankheitsbedingt den Anforderungen des Studiums nicht mehr gerecht werden kann, dem eine Verlängerung seiner Aufenthaltserlaubnis nicht mehr gewährt wird, der die Universität wahnhaft als gegen sich gerichtet deutet und deren Fahrzeuge auf dem Gelände anzündet. Es ist davon auszugehen, dass die Universität kein über die freiwillige Ausreise hinausgehendes Strafinteresse verfolgt.

Die Sinnhaftigkeit der Maßnahme muss sich auch im Rahmen der Hauptverhandlung selbst ergeben. Die Option muss zu einem gegebenen Zeitpunkt der Verhandlung vom Verteidiger des Patienten in die Verhandlung eingebracht werden.

Die Umsetzung muss dann termingenau, d.h. für einen der Hauptverhandlungstermine vorbereitet sein: Ablauf der Ausreise, einschließlich Kauf des Flugtickets, Mitnahme der Habe und Ausweise zum Verhandlungstermin, ebenso wie die der notwendigen Bescheinigungen. Die Klinik muss für die „Möglichkeit der Entlassung" eine Epikrise (Entlassungsbrief) vorbereitet haben.

Vieles spricht für diese Maßnahme. Kommt es nämlich zu einer Unterbringung gemäß § 63 StGB, dauert die Rückführung gemäß § 456a StPO zumeist bis zur ersten Fortdauerüberprüfung. Hier ist zu bedenken, dass die mangelnden Sprachkenntnisse gerade im ersten Jahr der Unterbringung den therapeutischen Verlauf beeinflussen. Mit Hilfe von Dolmetschern kann in regelmäßigen Abständen der Sachstand festgehalten werden.

5.2.3.2.2 Kasuistiken

Kasuistik 5-9 Rückführung einer deutsch-amerikanischen Patientin nach Amerika

> Die 34-jährige Patientin, Frau O., litt an einer paranoiden Schizophrenie. Aufgrund der Behandlung während der Unterbringung gemäß § 126a StPO war die Erkrankung partiell remittiert.

5 Hessische Praxis

Die Mutter von Frau O. ist Deutsche und Frau O. besitzt die amerikanische und die deutsche Staatsangehörigkeit. Frau O. wuchs bei ihren Eltern in den USA auf. Die Eltern ließen sich scheiden, im gleichen Jahr verstarb der leibliche Vater, der unter einer bipolaren Störung litt. Frau O. lebte dann im gemeinsamen Haushalt mit ihrer Mutter, dem späteren Stiefvater und einer jüngeren Halbschwester weiterhin in den USA.

Frau O. war ledig und hatte keine Kinder. Sie hatte die Schule mit Abschluss absolviert und verfügte über die Zulassung für eine Universität. Ein Studium oder eine Ausbildung begann sie aber in der Folgezeit nicht.

Im Alter von 25 Jahren traten die ersten Symptome einer schizophrenen Erkrankung auf, und es erfolgten erste ambulante und stationäre Behandlungen in den USA. Abbrüche der medikamentösen Behandlung führten jeweils zu einer sich schnell abzeichnenden Verschlechterung des Gesundheitszustandes. 2013 war Frau O. zeitweise obdachlos. Dann ergab sich ein festes Setting in einer Einrichtung für betreutes Wohnen (USA).

Mitte 2014 reiste Frau O. in die BRD ein, wobei sie ihren Besuch einer entfernten Verwandten ankündigte. Frau O. hatte keine deutschen Sprachkenntnisse. Bei dieser Verwandten blieb sie nur einige Tage, und lebte dann in Frankfurt/Main im Kontakt zu einem Verein für obdachlose Personen und Personen mit psychischen Störungen. Ihr Denken wurde (ohne antipsychotische Medikation) zunehmend durch ein umfangreiches Wahngebäude, Anschuldigungen gegen die CIA, das FBI und andere Organisationen, Einflüsse durch die Zeugen Jehovas sowie Behauptungen über wiederkehrende Vergewaltigungen bestimmt. Es kam dann zu ersten Auffälligkeiten und einer stationären Aufnahme in der Psychiatrie, letztlich zu dem Indexdelikt einer versuchten gefährlichen Körperverletzung.

Im Verlauf der Unterbringung gemäß § 126a StPO zeigte Frau O. Einsicht in die Notwendigkeit ihrer Behandlung und gewann auch teilweise Einsicht in ihre Krankheit.

In den USA bestand schon vor der Ausreise nach Deutschland eine enge Anbindung an ein Health Center, welches sich bereit erklärte, die Patientin erneut psychiatrisch zu versorgen. Die Primärfamilie befand sich in den USA.

In der Verhandlung wurde auf eine Bewährung nach den §§ 67b Abs. 2, 68b Abs. 2 StGB erkannt und mit einer entsprechenden Auflage verbunden. Die nach § 56c Abs. 3 StGB hierfür notwendige Einwilligung hatte Frau O. in der Hauptverhandlung abgegeben.

Frau O. wurde vom Gerichtssaal zum Flughafen gebracht. Sie hatte mit einer amerikanischen Bankkarte einen Flug für den Tag der Verhandlung gebucht. Das Health Center hatte einen Arztbrief erhalten und gab dem Gericht die Zusage einer Weiterbehandlung bei Ankunft, teilte dann auch später die Ankunft und Kooperationsbereitschaft der Patientin via E-Mail mit.

Kasuistik 5-10   Freiwillige Ausreise in den Iran

Der Patient, Herr C., ein 26-jähriger Mann, drittes von vier Kindern, ist im Iran aufgewachsen. Die Mutter, eine frühere Lehrerin, ist jetzt Hausfrau. Der Vater ist Staatsangestellter beim Wohnungsbeschaffungsamt.
Herr C. hat einen gymnasialen Schulabschluss. Im Alter von 17 begann der Patient freiwillig, auch um Repressalien zu entgehen, seinen Militärdienst. Er wurde nach 17 Monaten regulär entlassen.
Zwischen seinem 20. und 25. Lebensjahr ergab sich eine unstete Phase: nicht abgeschlossene Friseurlehre, nicht beendetes Studium, zahlreiche Gelegenheitsjobs. Eine Heirat mit der langjährigen Freundin scheiterte am fehlenden Einverständnis der Eltern der Freundin. Herr C. unternahm einen Suizidversuch, um seine Familie unter Druck zu setzen, für ihn unterstützend tätig zu werden. Dies erzielte nicht den gewünschten Erfolg, seine Freundin wurde von ihrer Familie anderweitig verheiratet.
Mitte 2015 entwickelte Herr C. manifeste Symptome einer paranoid-schizophrenen Erkrankung. Herr C. wurde ambulant und stationär behandelt. Eine Ausreise nach Deutschland erschien als Möglichkeit, das unstete Leben zu unterbrechen, verbunden mit der Hoffnung auf eine materielle Besserstellung. Herr C. litt nicht unter extremer wirtschaftlicher Not. Es ging ihm darum, in ein hochtechnisiertes und wirtschaftlich erfolgreiches Land auszuwandern. Trotzdem war es für die Familie sicherlich nicht einfach, das notwendige „Fluchtgeld" zu organisieren. Der Patient dachte auch an eine Heirat in Deutschland. Die körperlichen und seelischen Grenzsituationen der Flucht wirkten sich negativ auf seine psychische Erkrankung aus. Der Patient nahm einen Flug von Teheran nach Istanbul und von Istanbul nach Antalya. Mehrere Male scheiterte dann der Versuch, mit Schleusern über das Meer nach Griechenland zu gelangen. In einem löchrigen Boot gelangte der Patient dann mit anderen Flüchtlingen von Izmir zur griechischen Insel Mytilene, wo er von UN-Mitarbeitern versorgt wurde. Mit Vermittlung von Schleusern ging es dann von Athen aus nach Mazedonien, den Balkan und Österreich nach Deutschland, ab Griechenland mit Hilfe einer kurdischen Familie, als deren Mitglied er sich ausgab. Er gelangte dann über München und Frankfurt in eine Erstaufnahmeeinrichtung, in der sich dann das Tatgeschehen ereignete.
Auf Veranlassung seiner Mutter hatte der Patient einen Medikamentenvorrat bei sich. Das Fluchtgeschehen führte aber zu einer nur sporadischen Einnahme, zeitweise nahm Herr C. die Medikamente auch gar nicht mehr.
Der Patient war weder im Iran noch in Deutschland vorbestraft. Anfang Mai kaufte der Patient dann in dem nahe gelegenen Supermarkt Alkohol und schloss sich drei weiteren männlichen Mitbewohnern an. Im Waldgebiet trank man dann den Alkohol. Der iranische Landsmann, einer der drei Mitbewohner,

musste Herrn C. dann wegen dessen alkoholisierten Zustandes in die Unterkunft begleiten. Auf dem Weg musste der Patient mehrmals austreten und stürzte. Der Landsmann brachte Herrn C. in dessen Zimmer, wo ein Mitbewohner des Patienten bereits schlief. Seinen Zustand am anderen Morgen deutete der Patient dann krankheitsbedingt wahnhaft so, von dem ihm behilflich gewesenen Landsmann vergewaltigt worden zu sein. Ärztliche Untersuchungen in der Einrichtung bestätigten, dass es zu keiner Vergewaltigung gekommen war. Wahnhaft nahm er an, dass alle es wüssten und über ihn lachten. Eine innere Stimme drängte ihn, den Landsmann zu attackieren und zu töten. Herr C. griff den Landsmann mit einem Küchenmesser an.

Die Unterbringung nach § 63 StGB, in Verbindung mit § 20 StGB wurde angeordnet. Aus dem Urteil: „Das Risiko, weitere Taten zu begehen, steigt aufgrund des Stresses, den eine fremde Kultur, eine fremde Sprache und allein schon die beengte Unterbringung in einer Flüchtlingsunterkunft mit sich bringen. … Hinzu kommt Trennung von der Familie. Bei der Entlassung aus der vorläufigen Unterbringung sind keinerlei Unterstützung und Stabilisation zu erwarten." Die Gefährlichkeit von Herrn C. beruhe ausschließlich auf der paranoiden Schizophrenie. Bei einem Verbleib in Deutschland könne dem nur mit der Unterbringung gemäß § 63 StGB begegnet werden. Durch ein avisiertes Entlassungssetting im Herkunftsland könne die Legalprognose maßgeblich verbessert werden. Deshalb wurde die Maßnahme gemäß § 67b StBG zur Bewährung ausgesetzt.

Die Rückkehrmaßnahme war über IOM vorbereitet worden. Ein iranischer Arzt hatte die Weiterbehandlung im Herkunftsland zugesagt. Ebenso begleitete ein iranischer Arzt den Patienten bis zu seiner Familie. Das iranische Konsulat hatte ein Rückreisedokument ausgestellt und zugesichert, dass der Patient bei Einreise keine Repressalien zu erwarten habe. Bei Einreise erfolgte dann eine intensive Befragung des Patienten, die Zusicherung wurde eingehalten.

5.2.4 EU-Rahmenbeschlüsse

Die zuvor geschilderten Entlassungen auf Bewährung bei gleichzeitiger freiwilliger Ausreise in das Herkunftsland zeigen, wie aufwendig diese Maßnahmen besonders für die entscheidenden Gerichte sind.

Es gibt Rahmenbeschlüsse zwischen den Mitgliedstaaten der Europäischen Union, die diesen Umstand erleichtern sollten.

So geht es zum einen um den Grundsatz der gegenseitigen Anerkennung auf Entscheidungen über Überwachungsmaßnahmen als Alternative zur Untersuchungshaft. In der Sache geht es um die Entscheidung einer nationalen Justizbehörde, ein laufendes Strafverfahren nicht durch Untersuchungshaft, sondern z.B. durch Meldeauflagen ambulant abzusichern, d.h. um Alternativen zur Untersuchungshaft für gebietsfremde Bürger.

Es geht aber auch um die Vollstreckung von Freiheitsstrafen, Bewährungsstrafen oder alternativen Sanktionen in einem anderen EU-Land als dem, in dem der Betreffende verurteilt wurde oder auf sein Gerichtsverfahren wartet. Die EU-Kommission fordert alle EU-Mitgliedstaaten zu einer raschen und vollständigen Umsetzung dieser EU-Vorschriften auf.[100]

---

[100] Alle EU-Rahmenbeschlüsse finden sich über die Homepage der EU unter: http://ec.europa.eu.

6 Hilfreiche Internet-Quellen

Die vollständige Liste der Verträge des Europarates findet sich unter
https://www.coe.int/de/web/conventions/full-list.

Gesetzestexte finden sich im Internet über den Link:
https://www.gesetze-im-internet.de
und über
https://www.gesetze-im-internet.de/irg/IRG.pdf.

Das gesamte Gesetz über den Aufenthalt, die Erwerbstätigkeit und die Integration von Ausländern im Bundesgebiet findet sich über den Link:
http://www.gesetze-im-internet.de/aufenthg_2004/index.html.

Die Erläuterungen zu den Verwaltungsabläufen finden sich in der Allgemeinen Verwaltungsvorschrift zum Aufenthaltsgesetz über:
http://www.verwaltungsvorschriften-im-internet.de.

In der Aufenthaltsverordnung (http://www.gesetze-im-internet.de/aufenthv/) sind Fragen geregelt, die der Praktiker häufig zu bearbeiten hat.

7 Sammlung relevanter Rechtsvorschriften und Unterlagen

7.1 Grundgesetz für die Bundesrepublik Deutschland – Art. 16a

(1) Politisch Verfolgte genießen Asylrecht.

(2) Auf Absatz 1 kann sich nicht berufen, wer aus einem Mitgliedstaat der Europäischen Gemeinschaften oder aus einem anderen Drittstaat einreist, in dem die Anwendung des Abkommens über die Rechtsstellung der Flüchtlinge und der Konvention zum Schutze der Menschenrechte und Grundfreiheiten sichergestellt ist. Die Staaten außerhalb der Europäischen Gemeinschaften, auf die die Voraussetzungen des Satzes 1 zutreffen, werden durch Gesetz, das der Zustimmung des Bundesrates bedarf, bestimmt. In den Fällen des Satzes 1 können aufenthaltsbeendende Maßnahmen unabhängig von einem hiergegen eingelegten Rechtsbehelf vollzogen werden.

(3) Durch Gesetz, das der Zustimmung des Bundesrates bedarf, können Staaten bestimmt werden, bei denen auf Grund der Rechtslage, der Rechtsanwendung und der allgemeinen politischen Verhältnisse gewährleistet erscheint, daß dort weder politische Verfolgung noch unmenschliche oder erniedrigende Bestrafung oder Behandlung stattfindet. Es wird vermutet, daß ein Ausländer aus einem solchen Staat nicht verfolgt wird, solange er nicht Tatsachen vorträgt, die die Annahme begründen, daß er entgegen dieser Vermutung politisch verfolgt wird.

(4) Die Vollziehung aufenthaltsbeendender Maßnahmen wird in den Fällen des Absatzes 3 und in anderen Fällen, die offensichtlich unbegründet sind oder als offensichtlich unbegründet gelten, durch das Gericht nur ausgesetzt, wenn ernstliche Zweifel an der Rechtmäßigkeit der Maßnahme bestehen; der Prüfungsumfang kann eingeschränkt werden und verspätetes Vorbringen unberücksichtigt bleiben. Das Nähere ist durch Gesetz zu bestimmen.

(5) Die Absätze 1 bis 4 stehen völkerrechtlichen Verträgen von Mitgliedstaaten der Europäischen Gemeinschaften untereinander und mit dritten Staaten nicht entgegen, die unter Beachtung der Verpflichtungen aus dem Abkommen über die Rechtsstellung der Flüchtlinge und der Konvention zum Schutze der Menschenrechte und Grundfreiheiten, deren Anwendung in den Vertragsstaaten sichergestellt sein muss, Zuständigkeitsregelungen für die Prüfung von Asylbegehren einschließlich der gegenseitigen Anerkennung von Asylentscheidungen treffen.

7.2 Gesetz über die allgemeine Freizügigkeit von Unionsbürgern (Freizügigkeitsgesetz/EU – FreizügG/EU)

7.2.1 Anwendungsbereich, Recht auf Einreise und Aufenthalt – §§ 1, 2

§ 1 Anwendungsbereich

Dieses Gesetz regelt die Einreise und den Aufenthalt von Staatsangehörigen anderer Mitgliedstaaten der Europäischen Union (Unionsbürger) und ihrer Familienangehörigen.

§ 2 Recht auf Einreise und Aufenthalt

(1) Freizügigkeitsberechtigte Unionsbürger und ihre Familienangehörigen haben das Recht auf Einreise und Aufenthalt nach Maßgabe dieses Gesetzes.

(2) Unionsrechtlich freizügigkeitsberechtigt sind:
1. Unionsbürger, die sich als Arbeitnehmer oder zur Berufsausbildung aufhalten wollen,
1a. Unionsbürger, die sich zur Arbeitssuche aufhalten, für bis zu sechs Monate und darüber hinaus nur, solange sie nachweisen können, dass sie weiterhin Arbeit suchen und begründete Aussicht haben, eingestellt zu werden,
2. Unionsbürger, wenn sie zur Ausübung einer selbständigen Erwerbstätigkeit berechtigt sind (niedergelassene selbständige Erwerbstätige),
3. Unionsbürger, die, ohne sich niederzulassen, als selbständige Erwerbstätige Dienstleistungen im Sinne des Artikels 57 des Vertrages über die Arbeitsweise der Europäischen Union erbringen wollen (Erbringer von Dienstleistungen), wenn sie zur Erbringung der Dienstleistung berechtigt sind,
4. Unionsbürger als Empfänger von Dienstleistungen,
5. nicht erwerbstätige Unionsbürger unter den Voraussetzungen des § 4,
6. Familienangehörige unter den Voraussetzungen der §§ 3 und 4,
7. Unionsbürger und ihre Familienangehörigen, die ein Daueraufenthaltsrecht erworben haben.

(3) Das Recht nach Absatz 1 bleibt für Arbeitnehmer und selbständig Erwerbstätige unberührt bei
1. vorübergehender Erwerbsminderung infolge Krankheit oder Unfall,
2. unfreiwilliger durch die zuständige Agentur für Arbeit bestätigter Arbeitslosigkeit oder Einstellung einer selbständigen Tätigkeit infolge von Umständen, auf die der Selbständige keinen Einfluss hatte, nach mehr als einem Jahr Tätigkeit,
3. Aufnahme einer Berufsausbildung, wenn zwischen der Ausbildung und der früheren Erwerbstätigkeit ein Zusammenhang besteht; der Zusammenhang ist nicht erforderlich, wenn der Unionsbürger seinen Arbeitsplatz unfreiwillig verloren hat.

Bei unfreiwilliger durch die zuständige Agentur für Arbeit bestätigter Arbeitslosigkeit nach weniger als einem Jahr Beschäftigung bleibt das Recht aus Absatz 1 während der Dauer von sechs Monaten unberührt.

(4) Unionsbürger bedürfen für die Einreise keines Visums und für den Aufenthalt keines Aufenthaltstitels. Familienangehörige, die nicht Unionsbürger sind, bedürfen für die Einreise eines Visums nach den Bestimmungen für Ausländer, für die das Aufenthaltsgesetz gilt. Der Besitz einer gültigen Aufenthaltskarte, auch der eines anderen Mitgliedstaates der Europäischen Union, entbindet nach Artikel 5 Abs. 2 der Richtlinie 2004/38/EG des Europäischen Parlaments und des Rates vom 29. April 2004 über das Recht der Unionsbürger und ihrer Familienangehörigen, sich im Hoheitsgebiet der Mitgliedstaaten frei zu bewegen und aufzuhalten und zur Änderung der Verordnung (EWG) Nr. 1612/68 und zur Aufhebung der Richtlinien 64/221/EWG, 68/360/EWG, 73/148/EWG, 75/34/EWG, 75/35/EWG, 90/364/EWG, 90/365/EWG und 93/96/EWG (ABl. EU Nr. L 229 S. 35) von der Visumpflicht.

(5) Für einen Aufenthalt von Unionsbürgern von bis zu drei Monaten ist der Besitz eines gültigen Personalausweises oder Reisepasses ausreichend. Familienangehörige, die nicht Unionsbürger sind, haben das gleiche Recht, wenn sie im Besitz eines anerkannten oder sonst zugelassenen Passes oder Passersatzes sind und sie den Unionsbürger begleiten oder ihm nachziehen.

(6) Für die Ausstellung des Visums werden keine Gebühren erhoben.

(7) Das Nichtbestehen des Rechts nach Absatz 1 kann festgestellt werden, wenn feststeht, dass die betreffende Person das Vorliegen einer Voraussetzung für dieses Recht durch die Verwendung von gefälschten oder verfälschten Dokumenten oder durch Vorspiegelung falscher Tatsachen vorgetäuscht hat. Das Nichtbestehen des Rechts nach Absatz 1 kann bei einem Familienangehörigen, der nicht Unionsbürger ist, außerdem festgestellt werden, wenn feststeht, dass er dem Unionsbürger nicht zur Herstellung oder Wahrung der familiären Lebensgemeinschaft nachzieht oder ihn nicht zu diesem Zweck begleitet. Einem Familienangehörigen, der nicht Unionsbürger ist, kann in diesen Fällen die Erteilung der Aufenthaltskarte oder des Visums versagt werden oder seine Aufenthaltskarte kann eingezogen werden. Entscheidungen nach den Sätzen 1 bis 3 bedürfen der Schriftform.

7.2.2 Daueraufenthaltsrecht – § 4a

§ 4a Daueraufenthaltsrecht

(1) Unionsbürger, die sich seit fünf Jahren ständig rechtmäßig im Bundesgebiet aufgehalten haben, haben unabhängig vom weiteren Vorliegen der Voraussetzungen des § 2 Abs. 2 das Recht auf Einreise und Aufenthalt (Daueraufenthaltsrecht). Ihre Familienangehörigen, die nicht Unionsbürger sind, haben dieses Recht, wenn sie sich seit fünf Jahren mit dem Unionsbürger ständig rechtmäßig im Bundesgebiet aufgehalten haben. § 3 Abs. 1 und 2 ist für Personen nach Satz 2 nicht anzuwenden; insoweit sind die Vorschriften des Aufenthaltsgesetzes zum Familiennachzug zu Inhabern einer Erlaubnis zum Daueraufenthalt – EU entsprechend anzuwenden.

(2) Abweichend von Absatz 1 haben Unionsbürger nach § 2 Abs. 2 Nr. 1 bis 3 vor Ablauf von fünf Jahren das Daueraufenthaltsrecht, wenn sie
1. sich mindestens drei Jahre ständig im Bundesgebiet aufgehalten und mindestens während der letzten zwölf Monate im Bundesgebiet eine Erwerbstätigkeit ausgeübt haben und
    a) zum Zeitpunkt des Ausscheidens aus dem Erwerbsleben das 65. Lebensjahr erreicht haben oder
    b) ihre Beschäftigung im Rahmen einer Vorruhestandsregelung beenden oder
2. ihre Erwerbstätigkeit infolge einer vollen Erwerbsminderung aufgeben,
    a) die durch einen Arbeitsunfall oder eine Berufskrankheit eingetreten ist und einen Anspruch auf eine Rente gegenüber einem Leistungsträger im Bundesgebiet begründet oder
    b) nachdem sie sich zuvor mindestens zwei Jahre ständig im Bundesgebiet aufgehalten haben oder
3. drei Jahre ständig im Bundesgebiet erwerbstätig waren und anschließend in einem anderen Mitgliedstaat der Europäischen Union erwerbstätig sind, ihren Wohnsitz im Bundesgebiet beibehalten und mindestens einmal in der Woche dorthin zurückkehren; für den Erwerb des Rechts nach den Nummern 1 und 2 gelten die Zeiten der Erwerbstätigkeit in einem anderen Mitgliedstaat der Europäischen Union als Zeiten der Erwerbstätigkeit im Bundesgebiet.

Soweit der Ehegatte oder der Lebenspartner des Unionsbürgers Deutscher nach Artikel 116 des Grundgesetzes ist oder diese Rechtsstellung durch Eheschließung mit dem Unionsbürger bis zum 31. März 1953 verloren hat, entfallen in Satz 1 Nr. 1 und 2 die Voraussetzungen der Aufenthaltsdauer und der Dauer der Erwerbstätigkeit.

(3) Familienangehörige eines verstorbenen Unionsbürgers nach § 2 Abs. 2 Nr. 1 bis 3, die im Zeitpunkt seines Todes bei ihm ihren ständigen Aufenthalt hatten, haben das Daueraufenthaltsrecht, wenn
   1. der Unionsbürger sich im Zeitpunkt seines Todes seit mindestens zwei Jahren im Bundesgebiet ständig aufgehalten hat,
   2. der Unionsbürger infolge eines Arbeitsunfalls oder einer Berufskrankheit gestorben ist oder
   3. der überlebende Ehegatte oder Lebenspartner des Unionsbürgers Deutscher nach Artikel 116 des Grundgesetzes ist oder diese Rechtsstellung durch Eheschließung mit dem Unionsbürger vor dem 31. März 1953 verloren hat.
(4) Die Familienangehörigen eines Unionsbürgers, der das Daueraufenthaltsrecht nach Absatz 2 erworben hat, haben ebenfalls das Daueraufenthaltsrecht, wenn sie bei dem Unionsbürger ihren ständigen Aufenthalt haben.
(5) Familienangehörige nach § 3 Abs. 3 bis 5 erwerben das Daueraufenthaltsrecht, wenn sie sich fünf Jahre ständig rechtmäßig im Bundesgebiet aufhalten.
(6) Der ständige Aufenthalt wird nicht berührt durch
   1. Abwesenheiten bis zu insgesamt sechs Monaten im Jahr oder
   2. Abwesenheit zur Ableistung des Wehrdienstes oder eines Ersatzdienstes sowie
   3. eine einmalige Abwesenheit von bis zu zwölf aufeinander folgenden Monaten aus wichtigem Grund, insbesondere auf Grund einer Schwangerschaft und Entbindung, schweren Krankheit, eines Studiums, einer Berufsausbildung oder einer beruflichen Entsendung.
(7) Eine Abwesenheit aus einem seiner Natur nach nicht nur vorübergehenden Grund von mehr als zwei aufeinander folgenden Jahren führt zum Verlust des Daueraufenthaltsrechts.

7.3 Aufenthaltsgesetz

7.3.1 Befristeter Aufenthaltstitel – § 7

§ 7 Aufenthaltserlaubnis

(1) Die Aufenthaltserlaubnis ist ein befristeter Aufenthaltstitel. Sie wird zu den in den nachfolgenden Abschnitten genannten Aufenthaltszwecken erteilt. In begründeten Fällen kann eine Aufenthaltserlaubnis auch für einen von diesem Gesetz nicht vorgesehenen Aufenthaltszweck erteilt werden.

(2) Die Aufenthaltserlaubnis ist unter Berücksichtigung des beabsichtigten Aufenthaltszwecks zu befristen. Ist eine für die Erteilung, die Verlängerung oder die Bestimmung der Geltungsdauer wesentliche Voraussetzung entfallen, so kann die Frist auch nachträglich verkürzt werden.

7.3.2 Verlängerung der Aufenthaltserlaubnis – § 8

§ 8 Verlängerung der Aufenthaltserlaubnis

(1) Auf die Verlängerung der Aufenthaltserlaubnis finden dieselben Vorschriften Anwendung wie auf die Erteilung.

(2) Die Aufenthaltserlaubnis kann in der Regel nicht verlängert werden, wenn die zuständige Behörde dies bei einem seiner Zweckbestimmung nach nur vorübergehenden Aufenthalt bei der Erteilung oder der zuletzt erfolgten Verlängerung der Aufenthaltserlaubnis ausgeschlossen hat.

(3) Vor der Verlängerung der Aufenthaltserlaubnis ist festzustellen, ob der Ausländer einer etwaigen Pflicht zur ordnungsgemäßen Teilnahme am Integrationskurs nachgekommen ist. Verletzt ein Ausländer seine Verpflichtung nach § 44a Abs. 1 Satz 1 zur ordnungsgemäßen Teilnahme an einem Integrationskurs, ist dies bei der Entscheidung über die Verlängerung der Aufenthaltserlaubnis zu berücksichtigen. Besteht kein Anspruch auf Erteilung der Aufenthaltserlaubnis, soll bei wiederholter und gröblicher Verletzung der Pflichten nach Satz 1 die Verlängerung der Aufenthaltserlaubnis abgelehnt werden. Besteht ein Anspruch auf Verlängerung der Aufenthaltserlaubnis nur nach diesem Gesetz, kann die Verlängerung abgelehnt werden, es sei denn, der Ausländer erbringt den Nachweis, dass seine Integration in das gesellschaftliche und soziale Leben anderweitig erfolgt ist. Bei der Entscheidung sind die Dauer des rechtmäßigen Aufenthalts, schutzwürdige Bindung des Ausländers an das Bundesgebiet und die Folgen einer Aufenthaltsbeendigung für seine rechtmäßig im Bundesgebiet lebenden Familienangehörigen zu berücksichtigen. War oder ist ein Ausländer zur Teilnahme an einem Integrationskurs nach § 44a Absatz 1 Satz 1 verpflichtet, soll die Verlängerung der Aufenthaltserlaubnis jeweils auf höchstens ein Jahr befristet werden, solange er den Integrationskurs noch nicht erfolgreich abgeschlossen oder noch nicht den Nachweis erbracht hat, dass seine Integration in das gesellschaftliche und soziale Leben anderweitig erfolgt ist.

(4) Absatz 3 ist nicht anzuwenden auf die Verlängerung einer nach § 25 Absatz 1, 2 oder Absatz 3 erteilten Aufenthaltserlaubnis

7.3.3 Unbefristeter Aufenthaltstitel – § 9

§ 9 Niederlassungserlaubnis

(1) Die Niederlassungserlaubnis ist ein unbefristeter Aufenthaltstitel. Sie berechtigt zur Ausübung einer Erwerbstätigkeit und kann nur in den durch dieses Gesetz ausdrücklich zugelassenen Fällen mit einer Nebenbestimmung versehen werden.

(2) Einem Ausländer ist die Niederlassungserlaubnis zu erteilen, wenn
1. er seit fünf Jahren die Aufenthaltserlaubnis besitzt,
2. ein Lebensunterhalt gesichert ist,
3. er mindestens 60 Monate Pflichtbeiträge oder freiwillige Beiträge zur gesetzlichen Rentenversicherung geleistet hat oder Aufwendungen für einen Anspruch auf vergleichbare Leistungen einer Versicherungs- oder Versorgungseinrichtung oder eines Versicherungsunternehmens nachweist; berufliche Ausfallzeiten auf Grund von Kinderbetreuung oder häuslicher Pflege werden entsprechend angerechnet,
4. Gründe der öffentlichen Sicherheit oder Ordnung unter Berücksichtigung der Schwere oder der Art des Verstoßes gegen die öffentliche Sicherheit oder Ordnung oder der vom Ausländer ausgehenden Gefahr unter Berücksichtigung der Dauer des bisherigen Aufenthalts und dem Bestehen von Bindungen im Bundesgebiet nicht entgegenstehen,
5. ihm die Beschäftigung erlaubt ist, sofern er Arbeitnehmer ist,
6. er im Besitz der sonstigen für eine dauernde Ausübung seiner Erwerbstätigkeit erforderlichen Erlaubnisse ist,
7. er über ausreichende Kenntnisse der deutschen Sprache verfügt,
8. er über Grundkenntnisse der Rechts- und Gesellschaftsordnung und der Lebensverhältnisse im Bundesgebiet verfügt und
9. er über ausreichenden Wohnraum für sich und seine mit ihm in häuslicher Gemeinschaft lebenden Familienangehörigen verfügt.

7.3.4 Ausweisung – § 53

§ 53 Ausweisung

(1) Ein Ausländer, dessen Aufenthalt die öffentliche Sicherheit und Ordnung, die freiheitliche demokratische Grundordnung oder sonstige erhebliche Interessen der Bundesrepublik Deutschland gefährdet, wird ausgewiesen, wenn die unter Berücksichtigung aller Umstände des Einzelfalles vorzunehmende Abwägung der Interessen an der Ausreise mit den Interessen an einem weiteren Verbleib des Ausländers im Bundesgebiet ergibt, dass das öffentliche Interesse an der Ausreise überwiegt.

(2) Bei der Abwägung nach Absatz 1 sind nach den Umständen des Einzelfalles insbesondere die Dauer seines Aufenthalts, seine persönlichen, wirtschaftlichen und sonstigen Bindungen im Bundesgebiet und im Herkunftsstaat oder in einem anderen zur Aufnahme bereiten Staat, die Folgen der Ausweisung für Familienangehörige und Lebenspartner sowie die Tatsache, ob sich der Ausländer rechtstreu verhalten hat, zu berücksichtigen.

(3) Ein Ausländer, der als Asylberechtigter anerkannt ist, der im Bundesgebiet die Rechtsstellung eines ausländischen Flüchtlings genießt, der einen von einer Behörde der Bundesrepublik Deutschland ausgestellten Reiseausweis nach dem Abkommen vom 28. Juli 1951 über die Rechtsstellung der Flüchtlinge (BGBl. 1953 II S. 559) besitzt, dem nach dem Assoziationsabkommen EWG/Türkei ein Aufenthaltsrecht zusteht oder der eine Erlaubnis zum Daueraufenthalt – EU besitzt, darf nur ausgewiesen werden, wenn das persönliche Verhalten des Betroffenen gegenwärtig eine schwerwiegende Gefahr für die öffentliche Sicherheit und Ordnung darstellt, die ein Grundinteresse der Gesellschaft berührt und die Ausweisung für die Wahrung dieses Interesses unerlässlich ist.

(4) [1]Ein Ausländer, der einen Asylantrag gestellt hat, kann nur unter der Bedingung ausgewiesen werden, dass das Asylverfahren unanfechtbar ohne Anerkennung als Asylberechtigter oder ohne die Zuerkennung internationalen Schutzes (§ 1 Absatz 1 Nummer 2 des Asylgesetzes) abgeschlossen wird. [2]Von der Bedingung wird abgesehen, wenn

1. ein Sachverhalt vorliegt, der nach Absatz 3 eine Ausweisung rechtfertigt oder
2. eine nach den Vorschriften des Asylgesetzes erlassene Abschiebungsandrohung vollziehbar geworden ist.

7.3.5 Ausweisungsinteresse – § 54

§ 54 Ausweisungsinteresse

(1) Das Ausweisungsinteresse im Sinne von § 53 Absatz 1 wiegt besonders schwer, wenn der Ausländer
1. wegen einer oder mehrerer vorsätzlicher Straftaten rechtskräftig zu einer Freiheits- oder Jugendstrafe von mindestens zwei Jahren verurteilt worden ist oder bei der letzten rechtskräftigen Verurteilung Sicherungsverwahrung angeordnet worden ist,
1a. wegen einer oder mehrerer vorsätzlicher Straftaten gegen das Leben, die körperliche Unversehrtheit, die sexuelle Selbstbestimmung, das Eigentum oder wegen Widerstands gegen Vollstreckungsbeamte rechtskräftig zu einer Freiheits- oder Jugendstrafe von mindestens einem Jahr verurteilt worden ist, sofern die Straftat mit Gewalt, unter Anwendung von Drohung mit Gefahr für Leib oder Leben oder mit List begangen worden ist oder eine Straftat nach § 177 des Strafgesetzbuches ist; bei serienmäßiger Begehung von Straftaten gegen das Eigentum wiegt das Ausweisungsinteresse auch dann besonders schwer, wenn der Täter keine Gewalt, Drohung oder List angewendet hat,
2. die freiheitliche demokratische Grundordnung oder die Sicherheit der Bundesrepublik Deutschland gefährdet; hiervon ist auszugehen, wenn Tatsachen die Schlussfolgerung rechtfertigen, dass er einer Vereinigung angehört oder angehört hat, die den Terrorismus unterstützt oder er eine derartige Vereinigung unterstützt oder unterstützt hat oder er eine in § 89a Absatz 1 des Strafgesetzbuchs bezeichnete schwere staatsgefährdende Gewalttat nach § 89a Absatz 2 des Strafgesetzbuchs vorbereitet oder vorbereitet hat, es sei denn, der Ausländer nimmt erkennbar und glaubhaft von seinem sicherheitsgefährdenden Handeln Abstand,
3. zu den Leitern eines Vereins gehörte, der unanfechtbar verboten wurde, weil seine Zwecke oder seine Tätigkeit den Strafgesetzen zuwiderlaufen oder er sich gegen die verfassungsmäßige Ordnung oder den Gedanken der Völkerverständigung richtet,
4. sich zur Verfolgung politischer oder religiöser Ziele an Gewalttätigkeiten beteiligt oder öffentlich zur Gewaltanwendung aufruft oder mit Gewaltanwendung droht
oder
5. zu Hass gegen Teile der Bevölkerung aufruft; hiervon ist auszugehen, wenn er auf eine andere Person gezielt und andauernd einwirkt, um Hass auf Angehörige bestimmter ethnischer Gruppen oder Religionen zu erzeugen oder zu verstärken oder öffentlich, in einer Versammlung oder durch Ver-

breiten von Schriften in einer Weise, die geeignet ist, die öffentliche Sicherheit und Ordnung zu stören,
   a) gegen Teile der Bevölkerung zu Willkürmaßnahmen aufstachelt,
   b) Teile der Bevölkerung böswillig verächtlich macht und dadurch die Menschenwürde anderer angreift oder
   c) Verbrechen gegen den Frieden, gegen die Menschlichkeit, ein Kriegsverbrechen oder terroristische Taten von vergleichbarem Gewicht billigt oder dafür wirbt, es sei denn, der Ausländer nimmt erkennbar und glaubhaft von seinem Handeln Abstand.
(2) Das Ausweisungsinteresse im Sinne von § 53 Absatz 1 wiegt schwer, wenn der Ausländer
   1. wegen einer oder mehrerer vorsätzlicher Straftaten rechtskräftig zu einer Freiheitsstrafe von mindestens einem Jahr verurteilt worden ist,
   1a. wegen einer oder mehrerer vorsätzlicher Straftaten gegen das Leben, die körperliche Unversehrtheit, die sexuelle Selbstbestimmung, das Eigentum oder wegen Widerstands gegen Vollstreckungsbeamte rechtskräftig zu einer Freiheits- oder Jugendstrafe verurteilt worden ist, sofern die Straftat mit Gewalt, unter Anwendung von Drohung mit Gefahr für Leib oder Leben oder mit List begangen worden ist oder eine Straftat nach § 177 des Strafgesetzbuches ist; bei serienmäßiger Begehung von Straftaten gegen das Eigentum wiegt das Ausweisungsinteresse auch dann schwer, wenn der Täter keine Gewalt, Drohung oder List angewendet hat,
   2. wegen einer oder mehrerer vorsätzlicher Straftaten rechtskräftig zu einer Jugendstrafe von mindestens einem Jahr verurteilt und die Vollstreckung der Strafe nicht zur Bewährung ausgesetzt worden ist,
   3. als Täter oder Teilnehmer den Tatbestand des § 29 Absatz 1 Satz 1 Nummer 1 des Betäubungsmittelgesetzes verwirklicht oder dies versucht,
   4. Heroin, Kokain oder ein vergleichbar gefährliches Betäubungsmittel verbraucht und nicht zu einer erforderlichen seiner Rehabilitation dienenden Behandlung bereit ist oder sich ihr entzieht,
   5. eine andere Person in verwerflicher Weise, insbesondere unter Anwendung oder Androhung von Gewalt, davon abhält, am wirtschaftlichen, kulturellen oder gesellschaftlichen Leben in der Bundesrepublik Deutschland teilzuhaben,
   6. eine andere Person zur Eingehung der Ehe nötigt oder dies versucht oder wiederholt eine Handlung entgegen § 11 Absatz 2 Satz 1 und 2 des Personenstandsgesetzes vornimmt, die einen schwerwiegenden Verstoß gegen diese Vorschrift darstellt; ein schwerwiegender Verstoß liegt vor, wenn eine Person, die das 16. Lebensjahr noch nicht vollendet hat, beteiligt ist,

7. in einer Befragung, die der Klärung von Bedenken gegen die Einreise oder den weiteren Aufenthalt dient, der deutschen Auslandsvertretung oder der Ausländerbehörde gegenüber frühere Aufenthalte in Deutschland oder anderen Staaten verheimlicht oder in wesentlichen Punkten vorsätzlich keine, falsche oder unvollständige Angaben über Verbindungen zu Personen oder Organisationen macht, die der Unterstützung des Terrorismus oder der Gefährdung der freiheitlichen demokratischen Grundordnung oder der Sicherheit der Bundesrepublik Deutschland verdächtig sind; die Ausweisung auf dieser Grundlage ist nur zulässig, wenn der Ausländer vor der Befragung ausdrücklich auf den sicherheitsrechtlichen Zweck der Befragung und die Rechtsfolgen verweigerter, falscher oder unvollständiger Angaben hingewiesen wurde,
8. in einem Verwaltungsverfahren, das von Behörden eines Schengen-Staates durchgeführt wurde, im In- oder Ausland
   a) falsche oder unvollständige Angaben zur Erlangung eines deutschen Aufenthaltstitels, eines Schengen-Visums, eines Flughafentransitvisums, eines Passersatzes, der Zulassung einer Ausnahme von der Passpflicht oder der Aussetzung der Abschiebung gemacht hat oder
   b) trotz bestehender Rechtspflicht nicht an Maßnahmen der für die Durchführung dieses Gesetzes oder des Schengener Durchführungsübereinkommens zuständigen Behörden mitgewirkt hat, soweit der Ausländer zuvor auf die Rechtsfolgen solcher Handlungen hingewiesen wurde oder
9. einen nicht nur vereinzelten oder geringfügigen Verstoß gegen Rechtsvorschriften oder gerichtliche oder behördliche Entscheidungen oder Verfügungen begangen oder außerhalb des Bundesgebiets eine Handlung begangen hat, die im Bundesgebiet als vorsätzliche schwere Straftat anzusehen ist.

7.3.6 Bleibeinteresse – § 55

§ 55 Bleibeinteresse

(1) Das Bleibeinteresse im Sinne von § 53 Absatz 1 wiegt besonders schwer, wenn der Ausländer
1. eine Niederlassungserlaubnis besitzt und sich seit mindestens fünf Jahren rechtmäßig im Bundesgebiet aufgehalten hat,
2. eine Aufenthaltserlaubnis besitzt und im Bundesgebiet geboren oder als Minderjähriger in das Bundesgebiet eingereist ist und sich seit mindestens fünf Jahren rechtmäßig im Bundesgebiet aufgehalten hat,
3. eine Aufenthaltserlaubnis besitzt, sich seit mindestens fünf Jahren rechtmäßig im Bundesgebiet aufgehalten hat und mit einem der in den Nummern 1 und 2 bezeichneten Ausländer in ehelicher oder lebenspartnerschaftlicher Lebensgemeinschaft lebt,
4. mit einem deutschen Familienangehörigen oder Lebenspartner in familiärer oder lebenspartnerschaftlicher Lebensgemeinschaft lebt, sein Personensorgerecht für einen minderjährigen ledigen Deutschen oder mit diesem sein Umgangsrecht ausübt,
5. die Rechtsstellung eines subsidiär Schutzberechtigten im Sinne des § 4 Absatz 1 des Asylgesetzes genießt oder
6. eine Aufenthaltserlaubnis nach § 23 Absatz 4, den §§ 24, 25 Absatz 4a Satz 3 oder nach § 29 Absatz 2 oder 4 besitzt.

(2) Das Bleibeinteresse im Sinne von § 53 Absatz 1 wiegt insbesondere schwer, wenn
1. der Ausländer minderjährig ist und eine Aufenthaltserlaubnis besitzt,
2. der Ausländer eine Aufenthaltserlaubnis besitzt und sich seit mindestens fünf Jahren im Bundesgebiet aufhält,
3. der Ausländer sein Personensorgerecht für einen im Bundesgebiet rechtmäßig sich aufhaltenden ledigen Minderjährigen oder mit diesem sein Umgangsrecht ausübt,
4. der Ausländer minderjährig ist und sich die Eltern oder ein personensorgeberechtigter Elternteil rechtmäßig im Bundesgebiet aufhalten beziehungsweise aufhält,
5. die Belange oder das Wohl eines Kindes zu berücksichtigen sind beziehungsweise ist oder
6. der Ausländer eine Aufenthaltserlaubnis nach § 25 Absatz 4a Satz 1 besitzt.

7.3.7 Überwachung ausreisepflichtiger Ausländer aus Gründen der inneren Sicherheit – § 56

§ 56 Überwachung ausreisepflichtiger Ausländer aus Gründen der inneren Sicherheit

(1) ¹Ein Ausländer, gegen den eine Ausweisungsverfügung auf Grund eines Ausweisungsinteresses nach § 54 Absatz 1 Nummer 2 bis 5 oder eine Abschiebungsanordnung nach § 58a besteht, unterliegt der Verpflichtung, sich mindestens einmal wöchentlich bei der für seinen Aufenthaltsort zuständigen polizeilichen Dienststelle zu melden, soweit die Ausländerbehörde nichts anderes bestimmt. ²Eine dem Satz 1 entsprechende Meldepflicht kann angeordnet werden, wenn der Ausländer

1. vollziehbar ausreisepflichtig ist und ein in Satz 1 genanntes Ausweisungsinteresse besteht oder
2. auf Grund anderer als der in Satz 1 genannten Ausweisungsinteressen vollziehbar ausreisepflichtig ist und die Anordnung der Meldepflicht zur Abwehr einer Gefahr für die öffentliche Sicherheit und Ordnung erforderlich ist.

(2) Sein Aufenthalt ist auf den Bezirk der Ausländerbehörde beschränkt, soweit die Ausländerbehörde keine abweichenden Festlegungen trifft.

(3) Er kann verpflichtet werden, in einem anderen Wohnort oder in bestimmten Unterkünften auch außerhalb des Bezirks der Ausländerbehörde zu wohnen, wenn dies geboten erscheint, um die Fortführung von Bestrebungen, die zur Ausweisung geführt haben, zu erschweren oder zu unterbinden und die Einhaltung vereinsrechtlicher oder sonstiger gesetzlicher Auflagen und Verpflichtungen besser überwachen zu können.

(4) Um die Fortführung von Bestrebungen, die zur Ausweisung nach § 54 Absatz 1 Nummer 2 bis 5, zu einer Anordnung nach Absatz 1 Satz 2 Nummer 1 oder zu einer Abschiebungsanordnung nach § 58a geführt haben, zu erschweren oder zu unterbinden, kann der Ausländer auch verpflichtet werden, zu bestimmten Personen oder Personen einer bestimmten Gruppe keinen Kontakt aufzunehmen, mit ihnen nicht zu verkehren, sie nicht zu beschäftigen, auszubilden oder zu beherbergen und bestimmte Kommunikationsmittel oder Dienste nicht zu nutzen, soweit ihm Kommunikationsmittel verbleiben und die Beschränkungen notwendig sind, um eine erhebliche Gefahr für die innere Sicherheit oder für Leib und Leben Dritter abzuwehren.

(5) ¹Die Verpflichtungen nach den Absätzen 1 bis 4 ruhen, wenn sich der Ausländer in Haft befindet. ²Eine Anordnung nach den Absätzen 3 und 4 ist sofort vollziehbar.

7.3.8 Abschiebung – § 58

§ 58 Abschiebung

(1) ¹Der Ausländer ist abzuschieben, wenn die Ausreisepflicht vollziehbar ist, eine Ausreisefrist nicht gewährt wurde oder diese abgelaufen ist, und die freiwillige Erfüllung der Ausreisepflicht nicht gesichert ist oder aus Gründen der öffentlichen Sicherheit und Ordnung eine Überwachung der Ausreise erforderlich erscheint. ²Bei Eintritt einer der in § 59 Absatz 1 Satz 2 genannten Voraussetzungen innerhalb der Ausreisefrist soll der Ausländer vor deren Ablauf abgeschoben werden.

    (1a) Vor der Abschiebung eines unbegleiteten minderjährigen Ausländers hat sich die Behörde zu vergewissern, dass dieser im Rückkehrstaat einem Mitglied seiner Familie, einer zur Personensorge berechtigten Person oder einer geeigneten Aufnahmeeinrichtung übergeben wird.

    (1b) ¹Ein Ausländer, der eine Erlaubnis zum Daueraufenthalt – EU besitzt oder eine entsprechende Rechtsstellung in einem anderen Mitgliedstaat der Europäischen Union innehat und in einem anderen Mitgliedstaat der Europäischen Union international Schutzberechtigter ist, darf außer in den Fällen des § 60 Absatz 8 Satz 1 nur in den schutzgewährenden Mitgliedstaat abgeschoben werden. ²§ 60 Absatz 2, 3, 5 und 7 bleibt unberührt.

(2) ¹Die Ausreisepflicht ist vollziehbar, wenn der Ausländer
1. unerlaubt eingereist ist,
2. noch nicht die erstmalige Erteilung des erforderlichen Aufenthaltstitels oder noch nicht die Verlängerung beantragt hat oder trotz erfolgter Antragstellung der Aufenthalt nicht nach § 81 Abs. 3 als erlaubt oder der Aufenthaltstitel nach § 81 Abs. 4 nicht als fortbestehend gilt oder
3. auf Grund einer Rückführungsentscheidung eines anderen Mitgliedstaates der Europäischen Union gemäß Artikel 3 der Richtlinie 2001/40/EG des Rates vom 28. Mai 2001 über die gegenseitige Anerkennung von Entscheidungen über die Rückführung von Drittstaatsangehörigen (ABl. EG Nr. L 149 S. 34) ausreisepflichtig wird, sofern diese von der zuständigen Behörde anerkannt wird.

²Im Übrigen ist die Ausreisepflicht erst vollziehbar, wenn die Versagung des Aufenthaltstitels oder der sonstige Verwaltungsakt, durch den der Ausländer nach § 50 Abs. 1 ausreisepflichtig wird, vollziehbar ist.

(3) Die Überwachung der Ausreise ist insbesondere erforderlich, wenn der Ausländer
1. sich auf richterliche Anordnung in Haft oder in sonstigem öffentlichen Gewahrsam befindet,

2. innerhalb der ihm gesetzten Ausreisefrist nicht ausgereist ist,
3. auf Grund eines besonders schwerwiegenden Ausweisungsinteresses nach § 54 Absatz 1 in Verbindung mit § 53 ausgewiesen worden ist,
4. mittellos ist,
5. keinen Pass oder Passersatz besitzt,
6. gegenüber der Ausländerbehörde zum Zweck der Täuschung unrichtige Angaben gemacht oder die Angaben verweigert hat oder
7. zu erkennen gegeben hat, dass er seiner Ausreisepflicht nicht nachkommen wird.

7.3.9 Verbot der Abschiebung – § 60

§ 60 Verbot der Abschiebung

(1) ¹In Anwendung des Abkommens vom 28. Juli 1951 über die Rechtsstellung der Flüchtlinge (BGBl. 1953 II S. 559) darf ein Ausländer nicht in einen Staat abgeschoben werden, in dem sein Leben oder seine Freiheit wegen seiner Rasse, Religion, Nationalität, seiner Zugehörigkeit zu einer bestimmten sozialen Gruppe oder wegen seiner politischen Überzeugung bedroht ist. ²Dies gilt auch für Asylberechtigte und Ausländer, denen die Flüchtlingseigenschaft unanfechtbar zuerkannt wurde oder die aus einem anderen Grund im Bundesgebiet die Rechtsstellung ausländischer Flüchtlinge genießen oder die außerhalb des Bundesgebiets als ausländische Flüchtlinge nach dem Abkommen über die Rechtsstellung der Flüchtlinge anerkannt sind. ³Wenn der Ausländer sich auf das Abschiebungsverbot nach diesem Absatz beruft, stellt das Bundesamt für Migration und Flüchtlinge außer in den Fällen des Satzes 2 in einem Asylverfahren fest, ob die Voraussetzungen des Satzes 1 vorliegen und dem Ausländer die Flüchtlingseigenschaft zuzuerkennen ist. ⁴Die Entscheidung des Bundesamtes kann nur nach den Vorschriften des Asylgesetzes angefochten werden.

(2) ¹Ein Ausländer darf nicht in einen Staat abgeschoben werden, in dem ihm der in § 4 Absatz 1 des Asylgesetzes bezeichnete ernsthafte Schaden droht. ²Absatz 1 Satz 3 und 4 gilt entsprechend.

(3) Darf ein Ausländer nicht in einen Staat abgeschoben werden, weil dieser Staat den Ausländer wegen einer Straftat sucht und die Gefahr der Verhängung oder der Vollstreckung der Todesstrafe besteht, finden die Vorschriften über die Auslieferung entsprechende Anwendung.

(4) Liegt ein förmliches Auslieferungsersuchen oder ein mit der Ankündigung eines Auslieferungsersuchens verbundenes Festnahmeersuchen eines anderen Staates vor, darf der Ausländer bis zur Entscheidung über die Auslieferung nur mit Zustimmung der Behörde, die nach § 74 des Gesetzes über die internationale Rechtshilfe in Strafsachen für die Bewilligung der Auslieferung zuständig ist, in diesen Staat abgeschoben werden.

(5) Ein Ausländer darf nicht abgeschoben werden, soweit sich aus der Anwendung der Konvention vom 4. November 1950 zum Schutze der Menschenrechte und Grundfreiheiten (BGBl. 1952 II S. 685) ergibt, dass die Abschiebung unzulässig ist.[101]

(6) Die allgemeine Gefahr, dass einem Ausländer in einem anderen Staat Strafverfolgung und Bestrafung drohen können und, soweit sich aus den Absätzen 2 bis 5 nicht etwas anderes ergibt, die konkrete Gefahr einer nach der Rechts-

---

[101] Hervorhebung durch die Autorinnen.

ordnung eines anderen Staates gesetzmäßigen Bestrafung stehen der Abschiebung nicht entgegen.

(7) ¹Von der Abschiebung eines Ausländers in einen anderen Staat soll abgesehen werden, wenn dort für diesen Ausländer eine erhebliche konkrete Gefahr für Leib, Leben oder Freiheit besteht. ²Eine erhebliche konkrete Gefahr aus gesundheitlichen Gründen liegt nur vor bei lebensbedrohlichen oder schwerwiegenden Erkrankungen, die sich durch die Abschiebung wesentlich verschlechtern würden. ³Es ist nicht erforderlich, dass die medizinische Versorgung im Zielstaat mit der Versorgung in der Bundesrepublik Deutschland gleichwertig ist. ⁴Eine ausreichende medizinische Versorgung liegt in der Regel auch vor, wenn diese nur in einem Teil des Zielstaats gewährleistet ist. ⁵**Gefahren nach Satz 1, denen die Bevölkerung oder die Bevölkerungsgruppe, der der Ausländer angehört, allgemein ausgesetzt ist, sind bei Anordnungen nach § 60a Abs. 1 Satz 1 zu berücksichtigen.**[102]

(8) ¹Absatz 1 findet keine Anwendung, wenn der Ausländer aus schwerwiegenden Gründen als eine Gefahr für die Sicherheit der Bundesrepublik Deutschland anzusehen ist oder eine Gefahr für die Allgemeinheit bedeutet, weil er wegen eines Verbrechens oder besonders schweren Vergehens rechtskräftig zu einer Freiheitsstrafe von mindestens drei Jahren verurteilt worden ist. ²Das Gleiche gilt, wenn der Ausländer die Voraussetzungen des § 3 Abs. 2 des Asylgesetzes erfüllt. ³Von der Anwendung des Absatzes 1 kann abgesehen werden, wenn der Ausländer eine Gefahr für die Allgemeinheit bedeutet, weil er wegen einer oder mehrerer vorsätzlicher Straftaten gegen das Leben, die körperliche Unversehrtheit, die sexuelle Selbstbestimmung, das Eigentum oder wegen Widerstands gegen Vollstreckungsbeamte rechtskräftig zu einer Freiheits- oder Jugendstrafe von mindestens einem Jahr verurteilt worden ist, sofern die Straftat mit Gewalt, unter Anwendung von Drohung mit Gefahr für Leib oder Leben oder mit List begangen worden ist oder eine Straftat nach § 177 des Strafgesetzbuches ist.

(9) ¹In den Fällen des Absatzes 8 kann einem Ausländer, der einen Asylantrag gestellt hat, abweichend von den Vorschriften des Asylgesetzes die Abschiebung angedroht und diese durchgeführt werden. ²Die Absätze 2 bis 7 bleiben unberührt.

(10) ¹Soll ein Ausländer abgeschoben werden, bei dem die Voraussetzungen des Absatzes 1 vorliegen, kann nicht davon abgesehen werden, die Abschiebung anzudrohen und eine angemessene Ausreisefrist zu setzen. ²In der Androhung sind die Staaten zu bezeichnen, in die der Ausländer nicht abgeschoben werden darf.

(11) (weggefallen)

---

[102] Hervorhebung durch die Autorinnen.

7.3.10 Vorübergehende Aussetzung der Abschiebung (Duldung) – § 60a

§ 60a Vorübergehende Aussetzung der Abschiebung (Duldung)

(1) ¹Die oberste Landesbehörde kann aus völkerrechtlichen oder humanitären Gründen oder zur Wahrung politischer Interessen der Bundesrepublik Deutschland anordnen, dass die Abschiebung von Ausländern aus bestimmten Staaten oder von in sonstiger Weise bestimmten Ausländergruppen allgemein oder in bestimmte Staaten für längstens drei Monate ausgesetzt wird. ²Für einen Zeitraum von länger als sechs Monaten gilt § 23 Abs. 1.

(2) ¹Die Abschiebung eines Ausländers ist auszusetzen, solange die Abschiebung aus tatsächlichen oder rechtlichen Gründen unmöglich ist und keine Aufenthaltserlaubnis erteilt wird. ²Die Abschiebung eines Ausländers ist auch auszusetzen, wenn seine vorübergehende Anwesenheit im Bundesgebiet für ein Strafverfahren wegen eines Verbrechens von der Staatsanwaltschaft oder dem Strafgericht für sachgerecht erachtet wird, weil ohne seine Angaben die Erforschung des Sachverhalts erschwert wäre. ³Einem Ausländer kann eine Duldung erteilt werden, wenn dringende humanitäre oder persönliche Gründe oder erhebliche öffentliche Interessen seine vorübergehende weitere Anwesenheit im Bundesgebiet erfordern. ⁴Eine Duldung wegen dringender persönlicher Gründe im Sinne von Satz 3 ist zu erteilen, wenn der Ausländer eine qualifizierte Berufsausbildung in einem staatlich anerkannten oder vergleichbar geregelten Ausbildungsberuf in Deutschland aufnimmt oder aufgenommen hat, die Voraussetzungen nach Absatz 6 nicht vorliegen und konkrete Maßnahmen zur Aufenthaltsbeendigung nicht bevorstehen. ⁵In den Fällen nach Satz 4 wird die Duldung für die im Ausbildungsvertrag bestimmte Dauer der Berufsausbildung erteilt. ⁶Eine Duldung nach Satz 4 wird nicht erteilt und eine nach Satz 4 erteilte Duldung erlischt, wenn der Ausländer wegen einer im Bundesgebiet begangenen vorsätzlichen Straftat verurteilt wurde, wobei Geldstrafen von insgesamt bis zu 50 Tagessätzen oder bis zu 90 Tagessätzen wegen Straftaten, die nach dem Aufenthaltsgesetz oder dem Asylgesetz nur von Ausländern begangen werden können, grundsätzlich außer Betracht bleiben. ⁷Wird die Ausbildung nicht betrieben oder abgebrochen, ist der Ausbildungsbetrieb verpflichtet, dies unverzüglich, in der Regel innerhalb einer Woche, der zuständigen Ausländerbehörde schriftlich mitzuteilen. ⁸In der Mitteilung sind neben den mitzuteilenden Tatsachen und dem Zeitpunkt ihres Eintritts die Namen, Vornamen und die Staatsangehörigkeit des Ausländers anzugeben. ⁹Die nach Satz 4 erteilte Duldung erlischt, wenn die Ausbildung nicht mehr betrieben oder abgebrochen wird. ¹⁰Wird das Ausbildungsverhältnis vorzeitig beendigt oder abgebrochen, wird dem Ausländer

einmalig eine Duldung für sechs Monate zum Zweck der Suche nach einer weiteren Ausbildungsstelle zur Aufnahme einer Berufsausbildung nach Satz 4 erteilt. [11]Eine nach Satz 4 erteilte Duldung wird für sechs Monate zum Zweck der Suche nach einer der erworbenen beruflichen Qualifikation entsprechenden Beschäftigung verlängert, wenn nach erfolgreichem Abschluss der Berufsausbildung, für die die Duldung erteilt wurde, eine Weiterbeschäftigung im Ausbildungsbetrieb nicht erfolgt; die zur Arbeitsplatzsuche erteilte Duldung darf für diesen Zweck nicht verlängert werden. [12]§ 60a bleibt im Übrigen unberührt.

(2a) [1]Die Abschiebung eines Ausländers wird für eine Woche ausgesetzt, wenn seine Zurückschiebung oder Abschiebung gescheitert ist, Abschiebungshaft nicht angeordnet wird und die Bundesrepublik Deutschland auf Grund einer Rechtsvorschrift, insbesondere des Artikels 6 Abs. 1 der Richtlinie 2003/110/EG des Rates vom 25. November 2003 über die Unterstützung bei der Durchbeförderung im Rahmen von Rückführungsmaßnahmen auf dem Luftweg (ABl. EU Nr. L 321 S. 26), zu seiner Rückübernahme verpflichtet ist. [2]Die Aussetzung darf nicht nach Satz 1 verlängert werden. [3]Die Einreise des Ausländers ist zuzulassen.

(2b) Solange ein Ausländer, der eine Aufenthaltserlaubnis nach § 25a Absatz 1 besitzt, minderjährig ist, soll die Abschiebung seiner Eltern oder eines allein personensorgeberechtigten Elternteils sowie der minderjährigen Kinder, die mit den Eltern oder dem allein personensorgeberechtigten Elternteil in familiärer Lebensgemeinschaft leben, ausgesetzt werden.

(2c) [1]Es wird vermutet, dass der Abschiebung gesundheitliche Gründe nicht entgegenstehen. [2]Der Ausländer muss eine Erkrankung, die die Abschiebung beeinträchtigen kann, durch eine qualifizierte ärztliche Bescheinigung glaubhaft machen. [3]Diese ärztliche Bescheinigung soll insbesondere die tatsächlichen Umstände, auf deren Grundlage eine fachliche Beurteilung erfolgt ist, die Methode der Tatsachenerhebung, die fachlich-medizinische Beurteilung des Krankheitsbildes (Diagnose), den Schweregrad der Erkrankung sowie die Folgen, die sich nach ärztlicher Beurteilung aus der krankheitsbedingten Situation voraussichtlich ergeben, enthalten.

(2d) [1]Der Ausländer ist verpflichtet, der zuständigen Behörde die ärztliche Bescheinigung nach Absatz 2c unverzüglich vorzulegen. [2]Verletzt der Ausländer die Pflicht zur unverzüglichen Vorlage einer solchen ärztlichen Bescheinigung, darf die zuständige Behörde das Vorbringen des Ausländers zu seiner Erkrankung nicht berücksichtigen, es sei denn, der Ausländer war unverschuldet an der Einholung einer solchen Bescheinigung gehindert oder es liegen anderweitig tatsächliche Anhaltspunkte für das Vorliegen einer lebensbedrohlichen oder schwerwiegenden Erkrankung, die sich durch die Abschiebung wesentlich verschlechtern würde, vor. ³Legt der Ausländer eine Bescheinigung vor und ordnet die Behörde daraufhin eine ärztliche Untersuchung an, ist die Behörde berechtigt, die vorgetragene Erkrankung nicht zu berücksichtigen, wenn der Ausländer der Anordnung ohne zureichenden Grund nicht Folge leistet. ⁴Der Ausländer ist auf die Verpflichtungen und auf die Rechtsfolgen einer Verletzung dieser Verpflichtungen nach diesem Absatz hinzuweisen.

(3) Die Ausreisepflicht eines Ausländers, dessen Abschiebung ausgesetzt ist, bleibt unberührt.

(4) Über die Aussetzung der Abschiebung ist dem Ausländer eine Bescheinigung auszustellen.

(5) ¹Die Aussetzung der Abschiebung erlischt mit der Ausreise des Ausländers. ²Sie wird widerrufen, wenn die der Abschiebung entgegenstehenden Gründe entfallen. ³Der Ausländer wird unverzüglich nach dem Erlöschen ohne erneute Androhung und Fristsetzung abgeschoben, es sei denn, die Aussetzung wird erneuert. ⁴Ist die Abschiebung länger als ein Jahr ausgesetzt, ist die durch Widerruf vorgesehene Abschiebung mindestens einen Monat vorher anzukündigen; die Ankündigung ist zu wiederholen, wenn die Aussetzung für mehr als ein Jahr erneuert wurde. ⁵Satz 4 findet keine Anwendung, wenn der Ausländer die der Abschiebung entgegenstehenden Gründe durch vorsätzlich falsche Angaben oder durch eigene Täuschung über seine Identität oder Staatsangehörigkeit selbst herbeiführt oder zumutbare Anforderungen an die Mitwirkung bei der Beseitigung von Ausreisehindernissen nicht erfüllt.

(6) ¹Einem Ausländer, der eine Duldung besitzt, darf die Ausübung einer Erwerbstätigkeit nicht erlaubt werden, wenn

1. er sich in das Inland begeben hat, um Leistungen nach dem Asylbewerberleistungsgesetz zu erlangen,
2. aufenthaltsbeendende Maßnahmen bei ihm aus Gründen, die er selbst zu vertreten hat, nicht vollzogen werden können oder
3. er Staatsangehöriger eines sicheren Herkunftsstaates nach § 29a des Asylgesetzes ist und sein nach dem 31. August 2015 gestellter Asylantrag abgelehnt wurde.

²Zu vertreten hat ein Ausländer die Gründe nach Satz 1 Nummer 2 insbesondere, wenn er das Abschiebungshindernis durch eigene Täuschung über seine Identität oder Staatsangehörigkeit oder durch eigene falsche Angaben selbst herbeiführt.

7.3.11 Beantragung des Aufenthaltstitels – § 81

§ 81 Beantragung des Aufenthaltstitels

(1) Ein Aufenthaltstitel wird einem Ausländer nur auf seinen Antrag erteilt, soweit nichts anderes bestimmt ist.

(2) ¹Ein Aufenthaltstitel, der nach Maßgabe der Rechtsverordnung nach § 99 Abs. 1 Nr. 2 nach der Einreise eingeholt werden kann, ist unverzüglich nach der Einreise oder innerhalb der in der Rechtsverordnung bestimmten Frist zu beantragen. ²Für ein im Bundesgebiet geborenes Kind, dem nicht von Amts wegen ein Aufenthaltstitel zu erteilen ist, ist der Antrag innerhalb von sechs Monaten nach der Geburt zu stellen.

(3) ¹Beantragt ein Ausländer, der sich rechtmäßig im Bundesgebiet aufhält, ohne einen Aufenthaltstitel zu besitzen, die Erteilung eines Aufenthaltstitels, gilt sein Aufenthalt bis zur Entscheidung der Ausländerbehörde als erlaubt. ²Wird der Antrag verspätet gestellt, gilt ab dem Zeitpunkt der Antragstellung bis zur Entscheidung der Ausländerbehörde die Abschiebung als ausgesetzt.

(4) ¹Beantragt ein Ausländer vor Ablauf seines Aufenthaltstitels dessen Verlängerung oder die Erteilung eines anderen Aufenthaltstitels, gilt der bisherige Aufenthaltstitel vom Zeitpunkt seines Ablaufs bis zur Entscheidung der Ausländerbehörde als fortbestehend. ²Dies gilt nicht für ein Visum nach § 6 Absatz 1. Wurde der Antrag auf Erteilung oder Verlängerung eines Aufenthaltstitels verspätet gestellt, kann die Ausländerbehörde zur Vermeidung einer unbilligen Härte die Fortgeltungswirkung anordnen.

(5) Dem Ausländer ist eine Bescheinigung über die Wirkung seiner Antragstellung (Fiktionsbescheinigung) auszustellen.

(6) Wenn der Antrag auf Erteilung einer Aufenthaltserlaubnis zum Familiennachzug zu einem Inhaber einer ICT-Karte oder einer Mobiler-ICT-Karte gleichzeitig mit dem Antrag auf Erteilung einer ICT-Karte oder einer Mobiler-ICT-Karte gestellt wird, so wird über den Antrag auf Erteilung einer Aufenthaltserlaubnis zum Zweck des Familiennachzugs gleichzeitig mit dem Antrag auf Erteilung einer ICT-Karte oder einer Mobiler-ICT-Karte entschieden.

Erläuterung: ICT-Karte, Aufenthaltstitel im AufenthG für unternehmensinterne Transfers von Drittstaatsangehörigen (weder Staatsangehöriger eines Mitgliedstaates der Europäischen Union noch des Europäischen Wirtschaftsraumes oder der Schweiz) im EU-Ausland.

7.4 Abkommen zur Gründung einer Assoziation zwischen der Europäischen Wirtschaftsgemeinschaft und der Republik Türkei

Amtsblatt Nr. 217 vom 29/12/1964 S. 3687 – 3688

Seine Majestät der König der Belgier,
Der Präsident der Bundesrepublik Deutschland,
Der Präsident der Französischen Republik,
Der Präsident der Italienischen Republik,
Ihre Königliche Hoheit die Großherzogin von Luxemburg,
Ihre Majestät die Königin der Niederlande

in dem festen Willen, immer engere Bande zwischen dem türkischen Volk und den in der Europäischen Wirtschaftsgemeinschaft vereinten Völkern zu schaffen,

entschlossen, durch einen beschleunigten wirtschaftlichen Fortschritt und durch eine harmonische Erweiterung des Handelsverkehrs die stetige Besserung der Lebensbedingungen in der Türkei und innerhalb der Europäischen Wirtschaftsgemeinschaft zu sichern sowie den Abstand zwischen der türkischen Wirtschaft und der Wirtschaft der Mitgliedstaaten der Gemeinschaft zu verringern,

unter Berücksichtigung der besonderen Probleme, die sich beim Aufbau der türkischen Wirtschaft stellen, und der Notwendigkeit, der Türkei während einer bestimmten Zeit eine Wirtschaftshilfe zu gewähren,

in der Erkenntnis, daß die Hilfe, welche die Europäische Wirtschaftsgemeinschaft dem türkischen Volk bei seinem Bemühen um die Besserung seiner Lebenshaltung zuteil werden lässt, später den Beitritt der Türkei zur Gemeinschaft erleichtern wird,

gewillt, durch gemeinsames Streben nach dem hohen Ziel des Vertrages zur Gründung der Europäischen Wirtschaftsgemeinschaft Frieden und Freiheit zu wahren und zu festigen –

haben beschlossen, ein Abkommen zu schließen, durch das im Einklang mit Artikel 238 des Vertrages zur Gründung der Europäischen Wirtschaftsgemeinschaft zwischen dieser Gemeinschaft und der Türkei eine Assoziation hergestellt wird, und haben hierfür als Bevollmächtigte ernannt:

...

DIESE SIND nach Austausch ihrer als gut und gehörig befundenen Vollmachten wie folgt
ÜBEREINGEKOMMEN:

TITEL I GRUNDSÄTZE

Artikel 1
Durch dieses Abkommen wird eine Assoziation zwischen der Europäischen Wirtschaftsgemeinschaft und der Türkei begründet.

Artikel 2
(1) Ziel des Abkommens ist es, eine beständige und ausgewogene Verstärkung der Handels- und Wirtschaftsbeziehungen zwischen den Vertragsparteien unter voller Berücksichtigung der Notwendigkeit zu fördern, daß hierbei der beschleunigte Aufbau der türkischen Wirtschaft sowie die Hebung des Beschäftigungsstandes und der Lebensbedingungen des türkischen Volkes gewährleistet werden.

(2) Zur Verwirklichung der in Absatz (1) genannten Ziele ist die schrittweise Errichtung einer Zollunion nach Maßgabe der Artikel 3, 4 und 5 vorgesehen.

(3) Die Assoziation umfasst a) eine Vorbereitungsphase,
b) eine Übergangsphase,
c) eine Endphase.

Artikel 3
(1) Während der Vorbereitungsphase festigt die Türkei ihre Wirtschaft mit Hilfe der Gemeinschaft, um die ihr in der Übergangs- und Endphase erwachsenden Verpflichtungen erfuellen zu können.

Die näheren Einzelheiten dieser Vorbereitungsphase und insbesondere der Hilfe der Gemeinschaft werden im Vorläufigen Protokoll und im Finanzprotokoll geregelt, die dem Abkommen anliegen.

(2) Die Vorbereitungsphase dauert fünf Jahre, sofern sie nicht gemäß den Bestimmungen des Vorläufigen Protokolls verlängert wird. Die Überleitung zur Übergangsphase vollzieht sich nach Maßgabe des Artikels 1 des Vorläufigen Protokolls.

Artikel 4
(1) Während der Übergangsphase gewährleisten die Vertragsparteien auf Grund gegenseitiger und gegeneinander ausgewogener Verpflichtungen: – die schrittweise Errichtung einer Zollunion zwischen der Türkei und der Gemeinschaft; – die Annäherung der türkischen Wirtschaftspolitik und derjenigen der Gemeinschaft, um das ordnungsgemässe Funktionieren der Assoziation und die Entwicklung des dazu erforderlichen gemeinsamen Handelns zu ermöglichen.

(2) Die Übergangsphase darf, soweit nicht künftig Ausnahmen vereinbart werden, nicht länger als zwölf Jahre dauern. Derartige Ausnahmen dürfen jedoch die endgültige Errichtung der Zollunion innerhalb einer angemessenen Frist nicht behindern.

Artikel 5
Die Endphase beruht auf der Zollunion; sie schließt eine verstärkte Koordinierung der Wirtschaftspolitiken der Vertragsparteien ein.

Artikel 6
Um die Anwendung und schrittweise Entwicklung der Assoziationsregelung sicherzustellen, treten die Vertragsparteien in einem Assoziationsrat zusammen; dieser wird im Rahmen der Befugnisse tätig, die ihm in dem Abkommen zugewiesen sind.

Artikel 7
Die Vertragsparteien treffen alle geeigneten Maßnahmen allgemeiner oder besonderer Art zur Erfüllung der Verpflichtungen aus dem Abkommen.
Sie unterlassen alle Maßnahmen, welche die Verwirklichung der Ziele des Abkommens gefährden könnten.

TITEL II DURCHFÜHRUNG DER ÜBERGANGSPHASE

Artikel 8
Zur Verwirklichung der in Artikel 4 genannten Ziele bestimmt der Assoziationsrat vor Beginn der Übergangsphase nach dem in Artikel 1 des Vorläufigen Protokolls geregelten Verfahren die Bedingungen, die Einzelheiten und den Zeitplan für die Durchführung der Bestimmungen bezüglich der einzelnen Sachbereiche des Vertrages zur Gründung der Gemeinschaft, die zu berücksichtigen sind; dies gilt insbesondere für die in diesem Titel enthaltenen Sachbereiche sowie für Schutzklauseln aller Art, die sich als zweckmäßig erweisen.

Artikel 9
Die Vertragsparteien erkennen an, daß für den Anwendungsbereich des Abkommens unbeschadet der besonderen Bestimmungen, die möglicherweise auf Grund von Artikel 8 noch erlassen werden, dem in Artikel 7 des Vertrages zur Gründung der Gemeinschaft verankerten Grundsatz entsprechend jede Diskriminierung aus Gründen der Staatsangehörigkeit verboten ist.

Kapitel 1 Zollunion

Artikel 10
(1) Die in Artikel 2 Absatz (2) vorgesehene Zollunion erstreckt sich auf den gesamten Warenaustausch.
(2) Die Zollunion umfasst – bei der Ein- und Ausfuhr für die Mitgliedstaaten der Gemeinschaft und die Türkei untereinander das Verbot von Zöllen, Abgaben gleicher Wirkung, mengenmäßigen Beschränkungen sowie sonstigen Maßnahmen gleicher Wirkung, welche die eigene Erzeugung in einer den Zielen des Abkommens widersprechenden Weise schützen sollen;

– die Einführung des Gemeinsamen Zolltarifs der Gemeinschaft durch die Türkei für ihren Handelsverkehr mit dritten Ländern sowie eine Angleichung an die sonstigen Aussenhandelsbestimmungen der Gemeinschaft.

Kapitel 2 Landwirtschaft

Artikel 11
(1) Die Assoziationsregelung umfasst auch die Landwirtschaft und den Austausch landwirtschaftlicher Erzeugnisse gemäß besonderen Regelungen, die der gemeinsamen Agrarpolitik der Gemeinschaft Rechnung tragen.
(2) Unter landwirtschaftlichen Erzeugnissen sind die Erzeugnisse zu verstehen, die in der dem Vertrag zur Gründung der Gemeinschaft als Anhang II beigefügten Liste in ihrer derzeitigen, gemäß Artikel 38 Absatz (3) jenes Vertrages ergänzten Fassung aufgeführt sind.

Kapitel 3 Sonstige Bestimmungen wirtschaftlicher Art

Artikel 12
Die Vertragsparteien vereinbaren, sich von den Artikeln 48, 49 und 50 des Vertrages zur Gründung der Gemeinschaft leiten zu lassen, um untereinander die Freizuegigkeit der Arbeitnehmer schrittweise herzustellen.

Artikel 13
Die Vertragsparteien vereinbaren, sich von den Artikeln 52 bis 56 und 58 des Vertrages zur Gründung der Gemeinschaft leiten zu lassen, um untereinander die Beschränkungen der Niederlassungsfreiheit aufzuheben.

Artikel 14
Die Vertragsparteien vereinbaren, sich von den Artikeln 55, 56 und 58 bis 65 des Vertrages zur Gründung der Gemeinschaft leiten zu lassen, um untereinander die Beschränkungen des freien Dienstleistungsverkehrs aufzuheben.

Artikel 15
Die Bedingungen und Einzelheiten der Ausdehnung der den Verkehr betreffenden Bestimmungen des Vertrages zur Gründung der Gemeinschaft und der auf Grund dieser Bestimmungen ergangenen Maßnahmen auf die Türkei werden unter Berücksichtigung der geographischen Lage der Türkei festgelegt.

Artikel 16
Die Vertragsparteien erkennen an, daß die Grundsätze der Bestimmungen des Dritten Teils Titel I des Vertrages zur Gründung der Gemeinschaft über den Wettbewerb, die Steuern und die Angleichung der Rechtsvorschriften auch im Rahmen ihres Assoziationsverhältnisses anwendbar zu machen sind.

Artikel 17
Jeder Teilnehmerstaat des Abkommens betreibt die Wirtschaftspolitik, die erforderlich ist, um unter Gewährleistung einer beständigen und ausgewogenen Ausweitung seiner Wirtschaft und unter Wahrung eines stabilen Preisniveaus das Gleichgewicht seiner Gesamtzahlungsbilanz zu sichern und das Vertrauen in seine Währung aufrechtzuerhalten.
Er betreibt eine Konjunkturpolitik und insbesondere Finanz- und Währungspolitik, die der Verwirklichung dieser Ziele dient.

Artikel 18
Jeder Teilnehmerstaat des Abkommens betreibt auf dem Gebiet der Wechselkurse eine Politik, welche die Verwirklichung der Ziele der Assoziation ermöglicht.

Artikel 19
Die Mitgliedstaaten der Gemeinschaft und die Türkei genehmigen in der Währung des Landes, in dem der Gläubiger oder Begünstigte ansässig ist, die Zahlungen oder Transfers, die sich auf den Waren-, Dienstleistungs- und Kapitalverkehr beziehen, sowie den Transfer von Kapitalbeträgen und Arbeitsentgelten, soweit der Waren-, Dienstleistungs-, Kapital- und Personenverkehr zwischen ihnen nach dem Abkommen liberalisiert ist.

Artikel 20
Die Vertragsparteien konsultieren einander, um den zur Verwirklichung der Ziele des Abkommens dienenden Kapitalverkehr zwischen den Mitgliedstaaten der Gemeinschaft und der Türkei zu erleichtern.
Sie werden sich bemühen, alle Möglichkeiten zu ermitteln, um Kapitalanlagen aus den Staaten der Gemeinschaft in der Türkei zum Aufbau der türkischen Wirtschaft zu fördern.
Die in einem Mitgliedstaat ansässigen Personen haben Anspruch auf sämtliche Vorteile, namentlich auf devisen- und steuerrechtlichem Gebiet, welche die Türkei einem anderen Mitgliedstaat oder einem dritten Land bei der Behandlung ausländischen Kapitals gewährt.

Artikel 21
Die Vertragsparteien vereinbaren, ein Konsultationsverfahren auszuarbeiten, um ihre Handelspolitiken gegenüber dritten Ländern koordinieren und ihre gegenseitigen Interessen auf diesem Gebiet, unter anderem im Falle eines späteren Beitritts dritter Länder zur Gemeinschaft oder ihrer späteren Assoziierung mit dieser, wahren zu können.

TITEL III ALLGEMEINE UND SCHLUSSBESTIMMUNGEN

Artikel 22

(1) Zur Verwirklichung der Ziele des Abkommens und in den darin vorgesehenen Fällen ist der Assoziationsrat befugt, Beschlüsse zu fassen. Jede der beiden Parteien ist verpflichtet, die zur Durchführung der Beschlüsse erforderlichen Maßnahmen zu treffen. Der Assoziationsrat kann auch zweckdienliche Empfehlungen abgeben.

(2) Der Assoziationsrat überprüft regelmässig die Auswirkungen der Assoziationsregelung unter Berücksichtigung der Ziele des Abkommens. Während der Vorbereitungsphase beschränkt sich diese Prüfung jedoch auf einen Meinungsaustausch.

(3) Mit Beginn der Übergangsphase fasst der Assoziationsrat geeignete Beschlüsse in Fällen, in denen ein gemeinsames Tätigwerden der Vertragsparteien erforderlich erscheint, um bei der Durchführung der Assoziationsregelung eines der Ziele des Abkommens zu erreichen, und in denen die hierfür erforderlichen Befugnisse in dem Abkommen nicht vorgesehen sind.

Artikel 23

Der Assoziationsrat besteht aus Mitgliedern der Regierungen der Mitgliedstaaten, des Rates und der Kommission der Gemeinschaft einerseits und Mitgliedern der türkischen Regierung andererseits.

Die Mitglieder des Assoziationsrats können sich nach Maßgabe der Geschäftsordnung vertreten lassen.

Der Assoziationsrat handelt einstimmig.

Artikel 24

(1) Der Vorsitz im Assoziationsrat wird von einem Vertreter der Gemeinschaft und einem Vertreter der Türkei abwechselnd für sechs Monate wahrgenommen. Die Amtszeit des ersten Vorsitzenden kann durch Beschluss des Assoziationsrats verkürzt werden.

(2) Der Assoziationsrat gibt sich eine Geschäftsordnung.

(3) Er kann die Einsetzung jeglicher Ausschüsse beschließen, die geeignet sind, ihn bei der Erfüllung seiner Aufgaben zu unterstützen, insbesondere die Einsetzung eines Ausschusses, der die für das ordnungsgemäße Funktionieren des Abkommens erforderliche Kontinuität der Zusammenarbeit gewährleistet.

(4) Der Assoziationsrat bestimmt die Aufgaben und die Zuständigkeit dieser Ausschüsse.

Artikel 25

(1) Jede Vertragspartei kann den Assoziationsrat mit jeder Streitigkeit in Bezug auf Anwendung oder Auslegung des Abkommens befassen, soweit sie die Gemeinschaft, einen Mitgliedstaat der Gemeinschaft oder die Türkei betrifft.

(2) Der Assoziationsrat kann die Streitigkeit durch Beschluss beilegen; er kann ferner beschließen, die Beilegung der Streitigkeit dem Gerichtshof der Europäischen Gemeinschaften oder irgendeinem anderen bestehenden Gericht zu unterbreiten.

(3) Jede Partei ist verpflichtet, die zur Durchführung des Beschlusses oder Schiedsspruchs erforderlichen Maßnahmen zu treffen.

(4) Der Assoziationsrat legt nach Maßgabe des Artikels 8 die Einzelheiten eines Schiedsverfahrens oder eines sonstigen Gerichtsverfahrens fest, dass die Vertragsparteien während der Übergangs- und Endphase des Abkommens einleiten können, falls es nicht gelingt, die Streitigkeit nach Absatz (2) beizulegen.

Artikel 26
Das Abkommen gilt nicht für die unter die Zuständigkeit der Europäischen Gemeinschaft für Kohle und Stahl fallenden Erzeugnisse.

Artikel 27
(1) Der Assoziationsrat trifft alle zweckdienlichen Maßnahmen, um die erforderliche Zusammenarbeit und Fühlungnahme zwischen dem Europäischen Parlament, dem Wirtschafts- und Sozialausschuss und den anderen Organen der Gemeinschaft einerseits und dem türkischen Parlament und den entsprechenden türkischen Organen andererseits zu erleichtern.

(2) Während der Vorbereitungsphase beschränkt sich diese Fühlungnahme jedoch auf die Beziehungen zwischen dem Europäischen Parlament und dem türkischen Parlament.

Artikel 28
Sobald das Funktionieren des Abkommens es in Aussicht zu nehmen gestattet, dass die Türkei die Verpflichtungen aus dem Vertrag zur Gründung der Gemeinschaft vollständig übernimmt, werden die Vertragsparteien die Möglichkeit eines Beitritts der Türkei zur Gemeinschaft prüfen.

Artikel 29
(1) Das Abkommen gilt für die europäischen Hoheitsgebiete des Königreichs Belgien, der Bundesrepublik Deutschland, der Französischen Republik, der Italienischen Republik, des Großherzogtums Luxemburg, des Königreichs der Niederlande einerseits und für das Hoheitsgebiet der Republik Türkei andererseits.

(2) Das Abkommen gilt ebenfalls für die französischen überseeischen Departements, und zwar für die Sachbereiche des Abkommens, die den in Artikel 227 Absatz (2) Unterabsatz 1 des Vertrages zur Gründung der Gemeinschaft genannten Sachbereichen entsprechen.

(3) Die Vertragsparteien legen zu einem späteren Zeitpunkt im gemeinsamen Einvernehmen fest, unter welchen Bedingungen die Bestimmungen des Ab-

kommens über die sonstigen Sachbereiche auf die genannten Hoheitsgebiete angewandt werden.

Artikel 30

Die von den Vertragsparteien einvernehmlich dem Abkommen beigefügten Protokolle sind Bestandteil des Abkommens.

Artikel 31

(1) Das Abkommen bedarf der Ratifizierung durch die Unterzeichnerstaaten gemäß ihren verfassungsrechtlichen Vorschriften und wird für die Gemeinschaft verbindlich geschlossen durch einen Beschluss des Rates gemäß dem Vertrag zur Gründung der Gemeinschaft; der Beschluss wird den Parteien des Abkommens notifiziert.

(2) Die vorstehend erwähnten Ratifikationsurkunden und Akte zur Notifizierung des Abschlusses werden in Brüssel ausgetauscht.

Artikel 32

Das Abkommen tritt am ersten Tag des zweiten Monats in Kraft, der auf den Austausch der in Artikel 31 genannten Ratifikationsurkunden und Notifizierungsakte folgt.

Artikel 33

Das Abkommen ist in zwei Urschriften abgefasst, jede in deutscher, französischer, italienischer, niederländischer und türkischer Sprache, wobei jeder Wortlaut gleichermaßen verbindlich ist.

PROTOKOLL Nr. 1 Vorläufiges Protokoll

DIE VERTRAGSPARTEIEN –

in dem Bewusstsein der Bedeutung, die die Ausfuhr von Tabak, getrockneten Weintrauben, getrockneten Feigen und Haselnüssen insbesondere während der Vorbereitungsphase für die türkische Wirtschaft hat,

in dem Wunsche, das in Artikel 3 des Assoziierungsabkommens vorgesehene Vorläufige Protokoll festzulegen –

SIND WIE FOLGT ÜBEREINGEKOMMEN:

Artikel 1

(1) Vier Jahre nach Inkrafttreten des Abkommens prüft der Assoziationsrat, ob er bei Berücksichtigung der Wirtschaftslage der Türkei die Vorschriften über die Bedingungen, die Einzelheiten und den Zeitplan der Verwirklichung der in Artikel 4 des Abkommens vorgesehenen Übergangsphase in Form eines Zusatzprotokolls festlegen kann.

Das Zusatzprotokoll wird von den Vertragsparteien unterzeichnet und tritt nach Abschluss ihrer jeweiligen verfassungsrechtlichen Verfahren in Kraft.

(2) Konnte das Zusatzprotokoll bis zum Ende des fünften Jahres nicht festgelegt werden, so wird nach Ablauf einer vom Assoziationsrat zu bestimmenden Frist, die nicht mehr als drei Jahre betragen darf, das in Absatz (1) vorgesehene Verfahren erneut eingeleitet.

(3) Die Bestimmungen dieses Protokolls gelten bis zum Inkrafttreten des Zusatzprotokolls fort, höchstens aber bis zum Ende des zehnten Jahres.

(4) Konnte das Zusatzprotokoll zwar festgelegt werden, aber nicht vor Ablauf des zehnten Jahres in Kraft treten, so verlängert sich die Geltungsdauer des Vorläufigen Protokolls um höchstens ein Jahr.

(5) Falls das Zusatzprotokoll bis zum Ende des neunten Jahres nicht festgelegt werden konnte, so beschließt der Assoziationsrat über die Regelung, die nach Ablauf des zehnten Jahres für die Vorbereitungsphase gelten soll.

Artikel 2

(1) Mit Inkrafttreten dieses Protokolls eröffnen die Mitgliedstaaten der Gemeinschaft für ihre Einfuhren mit Ursprung in und Herkunft aus der Türkei jährlich folgende Zollkontingente:

a) 24.01 – Tabak, unverarbeitet; Tabakabfälle

Bis zur Höhe dieser Zollkontingente wendet jeder Mitgliedstaat den gleichen Zollsatz an, den er im Rahmen des am 9. Juli 1961 von der Gemeinschaft unterzeichneten Assoziierungsabkommens auf Einfuhren der gleichen Erzeugnisse anwendet.

b) ex 08.04 – getrocknete Weintrauben (in Umschließungen mit einem Gewicht des Inhalts von 15 kg oder weniger)

Bis zur Höhe dieser Zollkontingente wendet jeder Mitgliedstaat den gleichen Zollsatz an, den er im Rahmen des am 9. Juli 1961 von der Gemeinschaft unterzeichneten Assoziierungsabkommens auf Einfuhren der gleichen Erzeugnisse anwendet.

c) ex 08.03 – getrocknete Feigen (in Umschliessungen mit einem Gewicht des Inhalts von 15 kg oder weniger)

Im Rahmen dieser Zollkontingente wendet jeder Mitgliedstaat bis zur letzten Annäherung der Zollsätze der Mitgliedstaaten der Gemeinschaft an den Gemeinsamen Zolltarif für getrocknete Feigen einen Zollsatz an, der dem Ausgangszollsatz im Sinne des Artikels 14 Absatz (1) des Vertrages zur Gründung der Gemeinschaft, vermindert um die Hälfte der Zollsenkungen, welche die Mitgliedstaaten der Gemeinschaft sich gegenseitig gewähren, entspricht.

Sollte das Vorläufige Protokoll zum Zeitpunkt der letzten Annäherung der Zollsätze der Mitgliedstaaten der Gemeinschaft an den Gemeinsamen

Zolltarif für getrocknete Feigen noch in Kraft sein, so trifft die Gemeinschaft die erforderlichen Zollmaßnahmen, um der Türkei unter Berücksichtigung des Artikels 3 Handelsvergünstigungen zu gewähren, die den ihr nach vorstehendem Absatz zugesicherten gleichwertig sind.

d) ex 08.05 – Schalenfrüchte, frisch oder getrocknet, auch ohne äussere Schalen oder enthäutet: Haselnüsse

Im Rahmen dieses Zollkontingents wendet jeder Mitgliedstaat der Gemeinschaft einen Wertzoll von 2,5 v.H. an.

Ausserdem heben die Mitgliedstaaten der Gemeinschaft mit Inkrafttreten des Abkommens für dieses Erzeugnis die innergemeinschaftlichen Zölle auf und wenden den Gemeinsamen Zolltarif in vollem Umfang an.

Artikel 3

Beginnend mit der letzten Annäherung der Zölle der Mitgliedstaaten der Gemeinschaft für die in Artikel 2 genannten Erzeugnisse an den Gemeinsamen Zolltarif eröffnet die Gemeinschaft jährlich zugunsten der Türkei Zollkontingente in einem Umfang, der der Summe der zu diesem Zeitpunkt von den einzelnen Staaten eröffneten Kontingente entspricht. Dieses Verfahren findet unbeschadet der Beschlüsse Anwendung, die der Assoziationsrat etwa gemäß Artikel 4 für das folgende Kalenderjahr gefasst hat.

Für Haselnüsse gilt dieses Verfahren jedoch erst dann, wenn die Angleichung der für die drei übrigen Erzeugnisse geltenden Zölle der Mitgliedstaaten der Gemeinschaft an den Gemeinsamen Zolltarif verwirklicht ist.

Artikel 4

Vom zweiten Jahr nach Inkrafttreten des Abkommens an kann der Assoziationsrat Erhöhungen der in Artikel 2 und 3 genannten Zollkontingente beschließen. Diese Erhöhungen bleiben bestehen, sofern der Assoziationsrat nicht anders beschließt. Jede Erhöhung wird erst mit Beginn des folgenden Kalenderjahres wirksam.

Artikel 5

Falls das Inkrafttreten des Abkommens nicht mit dem Beginn des Kalenderjahres zusammenfällt, eröffnen die Mitgliedstaaten der Gemeinschaft für den Zeitraum vom Inkrafttreten des Abkommens bis zum Beginn des folgenden Kalenderjahres Zollkontingente, deren Umfang für jeden Monat zwischen dem Inkrafttreten des Abkommens und dem Beginn des folgenden Kalenderjahres ein Zwölftel der in Artikel 2 genannten Mengen beträgt.

Der Assoziationsrat kann jedoch nach Inkrafttreten des Abkommens Erhöhungen der sich aus der Anwendung des Absatzes 1 ergebenden Zollkontingente beschließen, um dem jahreszeitlich bedingten Charakter der Ausfuhren der betreffenden Erzeugnisse Rechnung zu tragen.

Artikel 6
Nach Ablauf des dritten Jahres nach Inkrafttreten des Abkommens kann der Assoziationsrat Maßnahmen beschließen, die geeignet sind, den Absatz anderer als der in Artikel 2 genannten Erzeugnisse auf dem Markt der Gemeinschaft zu fördern.

Artikel 7
Nach der Einführung einer gemeinsamen Agrarpolitik für Tabak, Haselnüsse oder getrocknete Feigen trifft die Gemeinschaft diejenigen Maßnahmen, die etwa erforderlich sind, um der Türkei unter Berücksichtigung der für diese gemeinsame Agrarpolitik vorgesehenen Regelung Ausfuhrmöglichkeiten zu erhalten, die den ihr in diesem Protokoll zugesicherten gleichwertig sind.

Artikel 8
Falls die Gemeinschaft Zollkontingente für die in Artikel 2 dieses Protokolls genannten Erzeugnisse eröffnet, wird die Türkei hinsichtlich der Höhe der im Rahmen dieser Zollkontingente anwendbaren Zollsätze nicht ungünstiger behandelt als irgendein Land, das nicht Partei des Abkommens ist.

Artikel 9
Die Türkei bemüht sich, die Meistbegünstigung, die sie einem oder mehreren Mitgliedstaaten der Gemeinschaft gewährt, auf alle Mitgliedstaaten auszudehnen.

Artikel 10
Jede Vertragspartei kann von der Vorbereitungsphase an den Assoziationsrat mit allen etwaigen Schwierigkeiten auf dem Gebiet des Niederlassungsrechts, des Dienstleistungsverkehrs, des Verkehrs und des Wettbewerbs befassen. Gegebenenfalls kann der Assoziationsrat an die Vertragsparteien zweckdienliche Empfehlungen zur Behebung dieser Schwierigkeiten richten.

Artikel 11
Dieses Protokoll ist dem Abkommen als Anhang beigefügt.

PROTOKOLL Nr. 2 Finanzprotokoll

DIE VERTRAGSPARTEIEN –

in dem Bestreben, den beschleunigten Aufbau der türkischen Wirtschaft zu fördern, um die Erreichung der Ziele des Assoziierungsabkommens zu erleichtern –

SIND WIE FOLGT ÜBEREINGEKOMMEN:

Artikel 1
Finanzierungsanträge für Investitionsvorhaben, die zur Erhöhung der Produktivität der türkischen Wirtschaft beitragen, die Verwirklichung der Ziele des Ab-

kommens fördern und sich in den Rahmen des türkischen Entwicklungsplans einfügen, können vom türkischen Staat und von türkischen Unternehmen bei der Europäischen Investitionsbank eingereicht werden, die sie über die Weiterbehandlung ihrer Anträge unterrichtet.

Artikel 2
Die genehmigten Anträge werden durch Darlehen finanziert. Der Betrag dieser Darlehen kann sich auf insgesamt 175 Millionen Rechnungseinheiten belaufen und im Laufe von fünf Jahren nach Inkrafttreten des Abkommens gebunden werden.

Artikel 3
Finanzierungsanträge, die von türkischen Unternehmen gestellt werden, können nur mit Zustimmung der türkischen Regierung genehmigt werden.

Artikel 4
(1) Die Darlehen werden nach Maßgabe der wirtschaftlichen Merkmale der Vorhaben gewährt, zu deren Finanzierung sie bestimmt sind.
(2) Bei Darlehen, die insbesondere für Investitionen mit verdeckter oder langfristiger Rentabilität gewährt werden, können Sonderbedingungen wie niedrigere Zinssätze, längere Tilgungsfristen, Karenzzeiten und gegebenenfalls andere besondere Rückzahlungsmodalitäten eingeräumt werden, um der Türkei die Bedienung dieser Darlehen zu erleichtern.
(3) Wird ein Darlehen nicht dem türkischen Staat selbst, sondern einem Unternehmen oder einer Körperschaft bewilligt, so wird die Gewährung dieses Darlehens davon abhängig gemacht, daß der türkische Staat Bürgschaft leistet.

Artikel 5
(1) Die Bank kann die Gewährung der Darlehen von Bedingungen der Auftragsvergabe oder Ausschreibungen abhängig machen. Die Beteiligung an der Auftragsvergabe oder an den Ausschreibungen steht zu gleichen Wettbewerbsbedingungen allen natürlichen und juristischen Personen offen, welche die Staatszugehörigkeit der Türkei oder eines Mitgliedstaats der Gemeinschaft besitzen.
(2) Mit den Darlehen können sowohl Ausgaben für die Einfuhr als auch inländische Ausgaben bestritten werden, die zur Verwirklichung von genehmigten Investitionsvorhaben erforderlich sind.
(3) Die Bank achtet darauf, daß die Mittel so wirtschaftlich wie möglich und im Einklang mit den Zielen des Abkommens verwendet werden.

Artikel 6
Die Türkei verpflichtet sich, den Darlehensschuldnern den Erwerb der erforderlichen Devisen für den Tilgungs- und Zinsendienst der Darlehen zu gestatten.

Artikel 7
Der im Rahmen dieses Protokolls geleistete Beitrag zur Verwirklichung bestimmter Vorhaben kann in Form einer Beteiligung an Finanzierungen erfolgen, an denen sich insbesondere dritte Staaten, internationale Finanzorgane oder Behörden sowie Kredit- und Entwicklungsinstitute der Türkei oder der Mitgliedstaaten der Gemeinschaft beteiligen können.

Artikel 8
Die zur wirtschaftlichen und sozialen Entwicklung der Türkei nach Maßgabe des Abkommens und dieses Protokolls gewährte Hilfe bildet eine Ergänzung der eigenen Bemühungen des türkischen Staates.

Artikel 9
Dieses Protokoll ist dem Abkommen als Anhang beigefügt.

ZU URKUND DESSEN haben die unterzeichneten Bevollmächtigten ihre Unterschriften unter dieses Abkommen gesetzt.

Geschehen zu Ankara am zwölften September neunzehnhundertdreiundsechzig.

Pour Sa Majesté le Roi des Belges
Voor Zijne Majesteit de Koning der Belgen
Paul-Henri SPAAK

Türkiye Cumhurbaskani adina,
Feridun Cemal ERKIN

Für den Präsidenten der Bundesrepublik Deutschland
Gerhard SCHRÖDER

Pour le Président de la République française
Maurice COUVE de MURVILLE

Per il Presidente della Repubblica italiana
Emilio COLOMBO

Pour Son Altesse Royale la Grande-Duchesse de Luxembourg
Eugène SCHAUS

Voor Hare Majesteit de Koningin der Nederlanden
Joseph M.A.H. LUNS

Im Namen des Rates der Europäischen Wirtschaftsgemeinschaft,
Pour le Conseil de la Communauté Économique Européenne,
Per il Consiglio della Comunità Economica Europea,
Voor de Raad der Europese Economische Gemeenschap,
Joseph M.A.H. LUNS

7.5 Asylgesetz

7.5.1 Geltungsbereich – § 1

§ 1 Geltungsbereich

(1) Dieses Gesetz gilt für Ausländer, die Folgendes beantragen:
1. Schutz vor politischer Verfolgung nach Artikel 16a Absatz 1 des Grundgesetzes oder
2. internationalen Schutz nach der Richtlinie 2011/95/EU des Europäischen Parlaments und des Rates vom 13. Dezember 2011 über Normen für die Anerkennung von Drittstaatsangehörigen oder Staatenlosen als Personen mit Anspruch auf internationalen Schutz, für einen einheitlichen Status für Flüchtlinge oder für Personen mit Anrecht auf subsidiären Schutz und für den Inhalt des zu gewährenden Schutzes (ABl. L 337 vom 20.12.2011, S. 9); der internationale Schutz im Sinne der Richtlinie 2011/95/EU umfasst den Schutz vor Verfolgung nach dem Abkommen vom 28. Juli 1951 über die Rechtsstellung der Flüchtlinge (BGBl. 1953 II S. 559, 560) und den subsidiären Schutz im Sinne der Richtlinie; der nach Maßgabe der Richtlinie 2004/83/EG des Rates vom 29. April 2004 über Mindestnormen für die Anerkennung und den Status von Drittstaatsangehörigen oder Staatenlosen als Flüchtlinge oder als Personen, die anderweitig internationalen Schutz benötigen, und über den Inhalt des zu gewährenden Schutzes (ABl. L 304 vom 30.9.2004, S. 12) gewährte internationale Schutz steht dem internationalen Schutz im Sinne der Richtlinie 2011/95/EU gleich; § 104 Absatz 9 des Aufenthaltsgesetzes bleibt unberührt.

(2) Dieses Gesetz gilt nicht für heimatlose Ausländer im Sinne des Gesetzes über die Rechtsstellung heimatloser Ausländer im Bundesgebiet in der im Bundesgesetzblatt Teil III, Gliederungsnummer 243-1, veröffentlichten bereinigten Fassung in der jeweils geltenden Fassung.

7.5.2 Asylantrag – § 13

§ 13 Asylantrag

(1) Ein Asylantrag liegt vor, wenn sich dem schriftlich, mündlich oder auf andere Weise geäußerten Willen des Ausländers entnehmen lässt, dass er im Bundesgebiet Schutz vor politischer Verfolgung sucht oder dass er Schutz vor Abschiebung oder einer sonstigen Rückführung in einen Staat begehrt, in dem ihm eine Verfolgung im Sinne des § 3 Absatz 1 oder ein ernsthafter Schaden im Sinne des § 4 Absatz 1 droht.

(2) [1]Mit jedem Asylantrag wird die Anerkennung als Asylberechtigter sowie internationaler Schutz im Sinne des § 1 Absatz 1 Nummer 2 beantragt. [2]Der Ausländer kann den Asylantrag auf die Zuerkennung internationalen Schutzes beschränken. [3]Er ist über die Folgen einer Beschränkung des Antrags zu belehren. § 24 Absatz 2 bleibt unberührt.

(3) [1]Ein Ausländer, der nicht im Besitz der erforderlichen Einreisepapiere ist, hat an der Grenze um Asyl nachzusuchen (§ 18). [2]Im Falle der unerlaubten Einreise hat er sich unverzüglich bei einer Aufnahmeeinrichtung zu melden (§ 22) oder bei der Ausländerbehörde oder der Polizei um Asyl nachzusuchen (§ 19).

7.5.3 Aufenthaltsgestattung – § 55

§ 55 Aufenthaltsgestattung

(1) [1]Einem Ausländer, der um Asyl nachsucht, ist zur Durchführung des Asylverfahrens der Aufenthalt im Bundesgebiet ab Ausstellung des Ankunftsnachweises gemäß § 63a Absatz 1 gestattet (Aufenthaltsgestattung). [2]Er hat keinen Anspruch darauf, sich in einem bestimmten Land oder an einem bestimmten Ort aufzuhalten. [3]In den Fällen, in denen kein Ankunftsnachweis ausgestellt wird, entsteht die Aufenthaltsgestattung mit der Stellung des Asylantrags.

(2) [1]Mit der Stellung eines Asylantrags erlöschen eine Befreiung vom Erfordernis eines Aufenthaltstitels und ein Aufenthaltstitel mit einer Gesamtgeltungsdauer bis zu sechs Monaten sowie die in § 81 Abs. 3 und 4 des Aufenthaltsgesetzes bezeichneten Wirkungen eines Antrags auf Erteilung eines Aufenthaltstitels. [2]§ 81 Abs. 4 des Aufenthaltsgesetzes bleibt unberührt, wenn der Ausländer einen Aufenthaltstitel mit einer Gesamtgeltungsdauer von mehr als sechs Monaten besessen und dessen Verlängerung beantragt hat.

(3) Soweit der Erwerb oder die Ausübung eines Rechts oder einer Vergünstigung von der Dauer des Aufenthalts im Bundesgebiet abhängig ist, wird die Zeit eines Aufenthalts nach Absatz 1 nur angerechnet, wenn der Ausländer als Asylberechtigter anerkannt ist oder ihm internationaler Schutz im Sinne des § 1 Absatz 1 Nummer 2 zuerkannt wurde.

7.6 Überstellung verurteilter Personen

7.6.1 Übereinkommen über die Überstellung verurteilter Personen
Sammlung Europäischer Verträge – Nr. 112

Straßburg/Strasbourg, 21.III.1983
Amtliche Übersetzung Deutschlands

Die Mitgliedstaaten des Europarats und die anderen Staaten, die dieses Übereinkommen unterzeichnen,
von der Erwägung geleitet, daß es das Ziel des Europarats ist, eine engere Verbindung zwischen seinen Mitgliedern herbeizuführen;
in dem Wunsch, die internationale Zusammenarbeit in strafrechtlichen Angelegenheiten weiterzuentwickeln;
in der Erwägung, daß diese Zusammenarbeit den Interessen der Rechtspflege dienen und die soziale Wiedereingliederung verurteilter Personen fördern sollte;
in der Erwägung, daß es diese Ziele erfordern, Ausländern, denen wegen der Begehung einer Straftat ihre Freiheit entzogen ist, Gelegenheit zu geben, die gegen sie verhängte Sanktion in ihrer Heimat zu verbüßen;
in der Erwägung, daß dieses Ziel am besten dadurch erreicht werden kann, daß sie in ihr eigenes Land überstellt werden,
sind wie folgt übereingekommen:

Artikel 1 – Begriffsbestimmungen
Im Sinne dieses Übereinkommens bezeichnet der Ausdruck:
a „Sanktion" jede freiheitsentziehende Strafe oder Maßnahme, die von einem Gericht wegen einer Straftat für eine bestimmte Zeit oder auf unbestimmte Zeit verhängt worden ist;
b „Urteil" eine Entscheidung eines Gerichts, durch die eine Sanktion verhängt wird;
c „Urteilsstaat" den Staat, in dem die Sanktion gegen die Person, die überstellt werden kann oder überstellt worden ist, verhängt worden ist;
d „Vollstreckungsstaat" den Staat, in den die verurteilte Person zum Vollzug der gegen sie verhängten Sanktion überstellt werden kann oder überstellt worden ist.

Artikel 2 – Allgemeine Grundsätze
1 Die Vertragsparteien verpflichten sich, nach diesem Übereinkommen im Hinblick auf die Überstellung verurteilter Personen weitestgehend zusammenzuarbeiten.
2 Eine im Hoheitsgebiet einer Vertragspartei verurteilte Person kann nach diesem Übereinkommen zum Vollzug der gegen sie verhängten Sanktion in das

Hoheitsgebiet einer anderen Vertragspartei überstellt werden. Zu diesem Zweck kann sie dem Urteils- oder dem Vollstreckungsstaat gegenüber den Wunsch äußern, nach diesem Übereinkommen überstellt zu werden.

3 Das Ersuchen um Überstellung kann entweder vom Urteils- oder vom Vollstreckungsstaat gestellt werden.

Artikel 3 – Voraussetzungen für die Überstellung

1 Eine verurteilte Person kann nach diesem Übereinkommen nur unter den folgenden Voraussetzungen überstellt werden:
   a daß sie Staatsangehöriger des Vollstreckungsstaats ist;
   b daß das Urteil rechtskräftig ist;
   c daß zum Zeitpunkt des Eingangs des Ersuchens um Überstellung noch mindestens sechs Monate der gegen die verurteilte Person verhängten Sanktion zu vollziehen sind oder daß die Sanktion von unbestimmter Dauer ist;
   d daß die verurteilte Person oder, sofern einer der beiden Staaten es in Anbetracht ihres Alters oder ihres körperlichen oder geistigen Zustands für erforderlich erachtet, ihr gesetzlicher Vertreter ihrer Überstellung zustimmt;
   e daß die Handlungen oder Unterlassungen, derentwegen die Sanktion verhängt worden ist, nach dem Recht des Vollstreckungsstaats eine Straftat darstellen oder, wenn sie in seinem Hoheitsgebiet begangen worden waren, darstellen würden;
   f daß sich der Urteils- und der Vollstreckungsstaat auf die Überstellung geeinigt haben.

2 In Ausnahmefällen können sich die Vertragsparteien auch dann auf eine Überstellung einigen, wenn die Dauer der an der verurteilten Person noch zu vollziehenden Sanktion kürzer ist als die in Absatz 1 Buchstabe c vorgesehene.

3 Jeder Staat kann bei der Unterzeichnung oder bei der Hinterlegung seiner Ratifikations-, Annahme-, Genehmigungs- oder Beitrittsurkunde durch eine an den Generalsekretär des Europarats gerichtete Erklärung seine Absicht bekanntgeben, in seinen Beziehungen zu den anderen Vertragsparteien die Anwendung eines der in Artikel 9 Absatz 1 Buchstaben a und b vorgesehenen Verfahren auszuschließen.

4 Jeder Staat kann jederzeit durch eine an den Generalsekretär des Europarts gerichtete Erklärung für seinen Bereich den Begriff „Staatsangehöriger" im Sinne dieses Übereinkommens bestimmen.

Artikel 4 – Informationspflicht

1 Jede verurteilte Person, auf die dieses Übereinkommen Anwendung finden kann, wird durch den Urteilsstaat vom wesentlichen Inhalt dieses Übereinkommens unterrichtet.

2 Hat die verurteilte Person dem Urteilsstaat gegenüber den Wunsch geäußert, nach diesem Übereinkommen überstellt zu werden, so teilt der Urteilsstaat dies dem Vollstreckungsstaat so bald wie möglich nach Eintritt der Rechtskraft des Urteils mit.
3 Die Mitteilung enthält:
 a Namen, Geburtstag und Geburtsort der verurteilten Person;
 b gegebenenfalls ihre Anschrift im Vollstreckungsstaat;
 c eine Darstellung des Sachverhalts, welcher der Sanktion zugrunde liegt;
 d Art und Dauer der Sanktion sowie Beginn ihres Vollzugs.
4 Hat die verurteilte Person dem Vollstreckungsstaat gegenüber ihren Wunsch geäußert, überstellt zu werden, so übermittelt der Urteilsstaat dem Vollstreckungsstaat auf dessen Ersuchen die in Absatz 3 bezeichnete Mitteilung.
5 Die verurteilte Person wird schriftlich von dem durch den Urteils- oder den Vollstreckungsstaat aufgrund der vorstehenden Absätze Veranlaßten sowie von jeder Entscheidung, die einer der beiden Staaten aufgrund eines Ersuchens um Überstellung getroffen hat, unterrichtet.

Artikel 5 – Ersuchen und Antworten
1 Die Ersuchen um Überstellung und die Antworten bedürfen der Schriftform.
2 Die Ersuchen werden vom Justizministerium des ersuchenden Staates an das Justizministerium des ersuchten Staates gerichtet. Die Antworten werden auf demselben Weg übermittelt.
3 Jede Vertragspartei kann durch eine an den Generalsekretär des Europarats gerichtete Erklärung bekanntgeben, daß sie für die Übermittlung einen anderen Weg benutzen wird.
4 Der ersuchte Staat unterrichtet den ersuchenden Staat umgehend von seiner Entscheidung, ob er dem Ersuchen um Überstellung stattgibt oder es ablehnt.

Artikel 6 – Unterlagen
1 Auf Ersuchen des Urteilsstaats stellt ihm der Vollstreckungsstaat folgende Unterlagen zur Verfügung:
 a ein Schriftstück oder eine Erklärung, woraus hervorgeht, daß die verurteilte Person Staatsangehöriger des Vollstreckungsstaats ist;
 b eine Abschrift der Rechtsvorschriften des Vollstreckungsstaats, aus denen hervorgeht, daß die Handlungen oder Unterlassungen, derentwegen die Sanktion im Urteilsstaat verhängt worden ist, nach dem Recht des Vollstreckungsstaats eine Straftat darstellen oder, wenn sie in seinem Hoheitsgebiet begangen worden wären, darstellen würden;
 c eine Erklärung, welche die in Artikel 9 Absatz 2 bezeichnete Mitteilung enthält.

2   Wird um Überstellung ersucht, so stellt der Urteilsstaat dem Vollstreckungsstaat folgende Unterlagen zur Verfügung, sofern nicht einer der beiden Staaten bereits bekanntgegeben hat, daß er dem Ersuchen nicht stattgeben wird:
   a eine beglaubigte Abschrift des Urteils und der angewendeten Rechtsvorschriften;
   b eine Erklärung, aus der hervorgeht, welcher Teil der Sanktion bereits vollzogen wurde, einschließlich einer Mitteilung über Untersuchungshaft, Strafermäßigung und alle weiteren für die Vollstreckung der Sanktion wesentlichen Umstände;
   c eine Erklärung, welche die in Artikel 3 Absatz 1 Buchstabe d bezeichnete Zustimmung zur Überstellung enthält;
   d gegebenenfalls Berichte von Ärzten oder Sozialarbeitern über die verurteilte Person, Mitteilungen über ihre Behandlung im Urteilsstaat und Empfehlungen für ihre weitere Behandlung im Vollstreckungsstaat.
3   Jeder der beiden Staaten kann um Übermittlung der in Absatz 1 oder 2 bezeichneten Unterlagen oder Erklärungen ersuchen, bevor er um Überstellung ersucht oder eine Entscheidung darüber trifft, ob er dem Ersuchen um Überstellung stattgibt oder es ablehnt.

Artikel 7 – Zustimmung und Nachprüfung
1   Der Urteilsstaat gewährleistet, daß diejenige Person, die nach Artikel 3 Absatz 1 Buchstabe d der Überstellung zuzustimmen hat, ihre Zustimmung freiwillig und im vollen Bewußtsein der rechtlichen Folgen gibt. Das Verfahren für diese Zustimmung richtet sich nach dem Recht des Urteilsstaates.
2   Der Urteilsstaat gibt dem Vollstreckungsstaat Gelegenheit, sich durch einen Konsul oder einen anderen im Einvernehmen mit dem Vollstreckungsstaat bezeichneten Beamten zu vergewissern, daß die Zustimmung entsprechend den in Absatz 1 dargelegten Bedingungen gegeben worden ist.

Artikel 8 – Wirkungen der Übermittlung für den Urteilsstaat
1   Durch die Übernahme der verurteilten Person durch die Behörden des Vollstreckungsstaats wird die Vollstreckung der Sanktion im Urteilsstaat ausgesetzt.
2   Der Urteilsstaat darf die Sanktion nicht weiter vollstrecken, wenn der Vollstreckungsstaat die Vollstreckung der Sanktion für abgeschlossen erachtet.

Artikel 9 – Wirkungen der Überstellung für den Vollstreckungsstaat
1   Die zuständigen Behörden des Vollstreckungsstaats:
   a setzen die Vollstreckung der Sanktion unmittelbar oder aufgrund einer Gerichts- oder Verwaltungsentscheidung unter den in Artikel 10 enthaltenen Bedingungen fort oder

v[103] wandeln die Entscheidung, durch welche die Sanktion verhängt wurde, unter den in Artikel 11 enthaltenen Bedingungen in einem Gerichts- oder Verwaltungsverfahren in eine Entscheidung dieses Staates um, wobei sie die im Urteilsstaat verhängte Sanktion durch eine nach dem Recht des Vollstreckungsstaats für dieselbe Straftat vorgesehene Sanktion ersetzen.

2 Der Vollstreckungsstaat setzt den Urteilsstaat auf dessen Ersuchen vor Überstellung der verurteilten Person davon in Kenntnis, welches dieser Verfahren er anwenden wird.

3 Die Vollstreckung der Sanktion richtet sich nach dem Recht des Vollstreckungsstaats, und dieser Staat allein ist zuständig, alle erforderlichen Entscheidungen zu treffen.

4 Jeder Staat, der nach seinem innerstaatlichen Recht sich nicht eines der in Absatz 1 bezeichneten Verfahren bedienen kann, um Maßnahmen zu vollstrecken, die im Hoheitsgebiet einer anderen Vertragspartei gegen Personen verhängt worden sind, die aufgrund ihres geistigen Zustands hinsichtlich der Begehung der Tat für strafrechtlich nicht zurechnungsfähig erkannt worden sind, und der bereit ist, solche Personen zur weiteren Behandlung zu übernehmen, kann in einer an den Generalsekretär des Europarats gerichteten Erlangung die Verfahren bezeichnen, die er in solchen Fällen anwenden wird.

Artikel 10 – Fortsetzung der Vollstreckung

1 Im Fall einer Fortsetzung der Vollstreckung ist der Vollstreckungsstaat an die rechtliche Art und die Dauer der Sanktion, wie sie vom Urteilsstaat festgelegt worden sind, gebunden.

2 Ist diese Sanktion jedoch nach Art oder Dauer mit dem Recht des Vollstreckungsstaats nicht vereinbar oder schreibt dessen Recht dies vor, so kann dieser Staat die Sanktion durch eine Gerichts- oder Verwaltungsentscheidung an die nach seinem eigenen Recht für eine Straftat derselben Art vorgesehene Strafe oder Maßnahme anpassen. Diese Strafe oder Maßnahme muß ihrer Art nach soweit wie möglich der Sanktion entsprechen, die durch die zu vollstreckende Entscheidung verhängt worden ist. Sie darf nach Art oder Dauer die im Urteilsstaat verhängte Sanktion nicht verschärfen und das nach dem Recht des Vollstreckungsstaats vorgesehene Höchstmaß nicht überschreiten.

Artikel 11 – Umwandlung der Sanktion

1 Im Fall einer Umwandlung der Sanktion ist das nach dem Recht des Vollstreckungsstaats vorgesehene Verfahren anzuwenden. Bei der Umwandlung:

---

[103] So dort.

a ist die zuständige Behörde an die tatsächlichen Feststellungen gebunden, soweit sie sich ausdrücklich oder stillschweigend aus dem im Urteilsstaat ergangenen Urteil ergeben;
b darf die zuständige Behörde eine freiheitsentziehende Sanktion nicht in eine Geldstrafe oder Geldbuße umwandeln;
c hat die zuständige Behörde die Gesamtzeit des an der verurteilten Person bereits vollzogenen Freiheitsentzugs anzurechnen;
d darf die zuständige Behörde die strafrechtliche Lage der verurteilten Person nicht erschweren und ist sie an ein Mindestmaß, das nach dem Recht des Vollstreckungsstaats für die begangene Straftat oder die begangenen Straftaten gegebenenfalls vorgesehen ist, nicht gebunden.
2 Findet das Umwandlungsverfahren nach der Überstellung der verurteilten Person statt, so hält der Vollstreckungsstaat diese in Haft oder gewährleistet auf andere Weise ihre Anwesenheit im Vollstreckungsstaat bis zum Abschluß dieses Verfahrens.

Artikel 12 – Begnadigung, Amnestie, Abänderung der Sanktion
Jede Vertragspartei kann im Einklang mit ihrer Verfassung oder anderen Gesetzen eine Begnadigung, eine Amnestie oder eine gnadenweise Abänderung der Sanktion gewähren.

Artikel 13 – Wiederaufnahme
Der Urteilsstaat allein hat das Recht, über einen gegen das Urteil gerichteten Wiederaufnahmeantrag zu entscheiden.

Artikel 14 – Beendigung der Vollstreckung
Der Vollstreckungsstaat beendet die Vollstreckung der Sanktion, sobald ihn der Urteilsstaat von einer Entscheidung oder Maßnahme in Kenntnis gesetzt hat, aufgrund deren ihre Vollstreckbarkeit erlischt.

Artikel 15 – Unterrichtung über die Vollstreckung
Der Vollstreckungsstaat unterrichtet den Urteilsstaat über die Vollstreckung der Sanktion:
a wenn er die Vollstreckung dieser Sanktion für abgeschlossen erachtet;
b wenn die verurteilte Person vor Abschluß der Vollstreckung dieser Sanktion aus der Haft flieht oder
c wenn der Urteilsstaat um einen besonderen Bericht ersucht.

Artikel 16 – Durchbeförderung
1 Eine Vertragspartei gibt einem Ersuchen um Durchbeförderung einer verurteilten Person durch ihr Hoheitsgebiet entsprechend ihrem Recht statt, wenn ein solches Ersuchen von einer anderen Vertragspartei ausgeht, die selbst mit

einer anderen Vertragspartei oder mit einem dritten Staat die Überstellung dieser Person nach oder aus ihrem Hoheitsgebiet vereinbart hat.
2 Eine Vertragspartei kann die Durchbeförderung verweigern:
   a wenn es sich bei der verurteilten Person um einen ihrer Staatsangehörigen handelt oder
   b wenn die Tat, derentwegen die Sanktion verhängt worden ist, nach ihrem Recht keine Straftat darstellt.
3 Die Ersuchen um Durchbeförderung und die Antworten werden auf den in Artikel 5 Absätze 2 und 3 bezeichneten Wegen übermittelt.
4 Eine Vertragspartei kann einem Ersuchen eines dritten Staates um Durchbeförderung einer verurteilten Person durch ihr Hoheitsgebiet stattgeben, wenn dieser Staat mit einer anderen Vertragspartei die Überstellung nach oder aus seinem Hoheitsgebiet vereinbart hat.
5 Die um Bewilligung der Durchbeförderung ersuchte Vertragspartei darf die verurteilte Person nur so lange in Haft halten, wie dies für die Durchbeförderung durch ihr Hoheitsgebiet erforderlich ist.
6 Die um Bewilligung der Durchbeförderung ersuchte Vertragspartei kann ersucht werden, die Zusicherung abzugeben, daß die verurteilte Person im Hoheitsgebiet des Durchbeförderungsstaats wegen einer vor Verlassen des Urteilsstaats begangenen Handlung oder wegen einer vor diesem Zeitpunkt verhängten Sanktion weder verfolgt noch – vorbehaltlich des Absatzes 5 – in Haft gehalten oder einer sonstigen Beschränkung ihrer persönlichen Freiheit unterworfen wird.
7 Ein Ersuchen um Durchbeförderung ist nicht erforderlich, wenn die Überstellung auf dem Luftweg über das Hoheitsgebiet einer Vertragspartei erfolgt und dort keine Zwischenlandung vorgesehen ist. Jeder Staat kann jedoch bei der Unterzeichnung oder bei der Hinterlegung seiner Ratifikations-, Annahme-, Genehmigungs- oder Beitrittsurkunde durch eine an den Generalsekretär des Europarats gerichtete Erklärung verlangen, daß ihm eine solche Durchbeförderung über sein Hoheitsgebiet notifizieren wird.

Artikel 17 – Sprache und Kosten
1 Mitteilungen nach Artikel 4 Absätze 2 bis 4 erfolgen in der Sprache der Vertragspartei, an die sie gerichtet sind, oder in einer der Amtssprachen des Europarats.
2 Vorbehaltlich des Absatzes 3 wird eine Übersetzung der Ersuchen um Überstellung und der Unterlagen nicht verlangt.
3 Jeder Staat kann bei der Unterzeichnung oder bei der Hinterlegung seiner Ratifikations-, Annahme-, Genehmigungs- oder Beitrittsurkunde durch eine an den Generalsekretär des Europarats gerichtete Erklärung verlangen, daß ihm die Ersuchen um Überstellung und die Unterlagen mit einer Übersetzung

in seine eigene Sprache oder in eine der Amtssprachen des Europarats oder in die von ihm bezeichnete Amtssprache des Europarats übermittelt werden. Er kann dabei seine Bereitschaft erklären, Übersetzungen in jede weitere Sprache neben der Amtssprache oder den Amtssprachen des Europarats anzunehmen.
4 Vorbehaltlich des Artikels 6 Absatz 2 Buchstabe a bedürfen Schriftstücke, die aufgrund dieses Übereinkommens übermittelt werden, keiner Beglaubigung.
5 Kosten, die bei der Anwendung dieses Übereinkommens entstehen, werden vom Vollstreckungsstaat getragen, ausgenommen die Kosten, die ausschließlich im Hoheitsgebiet des Urteilsstaats entstehen.

Artikel 18 – Unterzeichnung und Inkrafttreten
1 Dieses Übereinkommen liegt für die Mitgliedstaaten des Europarats und für Nichtmitgliedstaaten, die sich an der Ausarbeitung des Übereinkommens beteiligt haben, zur Unterzeichnung auf. Es bedarf der Ratifikation, Annahme oder Genehmigung. Die Ratifikations-, Annahme- oder Genehmigungsurkunden werden beim Generalsekretär des Europarats hinterlegt.
2 Das Übereinkommen tritt am ersten Tag des Monats in Kraft, der auf einen Zeitabschnitt von drei Monaten nach dem Tag folgt, an dem drei Mitgliedstaaten des Europarats nach Absatz 1 ihre Zustimmung ausgedrückt haben, durch das Übereinkommen gebunden zu sein.
3 Für jeden Unterzeichnerstaat, der später seine Zustimmung ausdrückt, durch das Übereinkommen gebunden zu sein, tritt es am ersten Tag des Monats in Kraft, der auf einen Zeitabschnitt von drei Monaten nach Hinterlegung der Ratifikations-, Annahme- oder Genehmigungsurkunde folgt.

Artikel 19 – Beitritt durch Nichtmitgliedstaaten
1 Nach Inkrafttreten dieses Übereinkommens kann das Ministerkomitee des Europarats nach Konsultation der Vertragsstaaten durch einen mit der in Artikel 20 Buchstabe d der Satzung des Europarats vorgesehenen Mehrheit und mit einhelliger Zustimmung der Vertreter der Vertragsstaaten, die Anspruch auf einen Sitz im Komitee haben, gefaßten Beschluß jeden Staat, der nicht Mitglied des Rates und nicht in Artikel 18 Absatz 1 erwähnt ist, einladen, dem Übereinkommen beizutreten.
2 Für jeden beitretenden Staat tritt das Übereinkommen am ersten Tag des Monats in Kraft, der auf einen Zeitabschnitt von drei Monaten nach Hinterlegung der Beitrittsurkunde beim Generalsekretär des Europarats folgt.

Artikel 20 – Räumlicher Geltungsbereich
1 Jeder Staat kann bei der Unterzeichnung oder bei der Hinterlegung seiner Ratifikations-, Annahme-, Genehmigungs- oder Beitrittsurkunde einzelne oder mehrere Hoheitsgebiete bezeichnen, auf die dieses Übereinkommen Anwendung findet.

2 Jeder Staat kann jederzeit danach durch eine an den Generalsekretär des Europarats gerichtete Erklärung die Anwendung dieses Übereinkommens auf jedes weitere in der Erklärung bezeichnete Hoheitsgebiet erstrecken. Das Übereinkommen tritt für dieses Hoheitsgebiet am ersten Tag des Monats in Kraft, der auf einen Zeitabschnitt von drei Monaten nach Eingang der Erklärung beim Generalsekretär folgt.

3 Jede nach den Absätzen 1 und 2 abgegebene Erklärung kann in bezug auf jedes darin bezeichnete Hoheitsgebiet durch eine an den Generalsekretär gerichtete Notifikation zurückgenommen werden. Die Rücknahme wird am ersten Tag des Monats wirksam, der auf einen Zeitabschnitt von drei Monaten nach Eingang der Notifikation beim Generalsekretär folgt.

Artikel 21 – Zeitlicher Geltungsbereich

Dieses Übereinkommen gilt für die Vollstreckung von Sanktionen, die vor oder nach seinem Inkrafttreten verhängt worden sind.

Artikel 22 – Verhältnis zu anderen Übereinkommen und Vereinbarungen

1 Dieses Übereinkommen berührt nicht die Rechte und Pflichten aus Auslieferungsverträgen und aus anderen Verträgen über die internationale Zusammenarbeit in Strafsachen, welche die Überstellung verhafteter Personen zum Zweck der Gegenüberstellung oder der Zeugenaussage vorsehen.

2 Wenn jedoch zwei oder mehr Vertragsparteien eine Vereinbarung oder einen Vertrag über die Überstellung verurteilter Personen bereits geschlossen haben oder schließen oder ihre Beziehungen auf diesem Gebiet anderweitig geregelt haben oder regeln, sind sie berechtigt, anstelle dieses Übereinkommens die Vereinbarung, den Vertrag oder die Regelung anzuwenden.

3 Dieses Übereinkommen berührt nicht das Recht von Vertragsstaaten des Europäischen Übereinkommens über die internationale Geltung von Strafurteilen, untereinander zwei- oder mehrseitige Übereinkommen über Fragen, die in jenem Übereinkommen geregelt sind, zu dessen Ergänzung oder zur Erleichterung der Anwendung der darin enthaltenen Grundsätze zu schließen.

4 Ist für ein Ersuchen um Überstellung sowohl dieses Übereinkommen als auch das Europäische Übereinkommen über die internationale Geltung von Strafurteilen oder eine andere Vereinbarung oder ein anderer Vertrag über die Überstellung verurteilter Personen anwendbar, so bezeichnet der ersuchende Staat bei Stellung des Ersuchens die Übereinkunft, auf die sich das Ersuchen gründet.

Artikel 23 – Gütliche Einigung

Der Europäische Ausschuß für Strafrechtsfragen des Europarats wird die Durchführung dieses Übereinkommens verfolgen; soweit erforderlich, erleichtert er die gütliche Behebung aller Schwierigkeiten, die sich aus der Durchführung des Übereinkommens ergeben könnten.

Artikel 24 – Kündigung

1 Jede Vertragspartei kann dieses Übereinkommen jederzeit durch eine an den Generalsekretär des Europarats gerichtete Notifikation kündigen.
2 Die Kündigung wird am ersten Tag des Monats wirksam, der auf einen Zeitabschnitt von drei Monaten nach Eingang der Notifikation beim Generalsekretär folgt.
3 Dieses Übereinkommen bleibt jedoch für die Vollstreckung von Sanktionen gegen Personen, die in Übereinstimmung mit dem Übereinkommen vor dem Tag, an dem die Kündigung wirksam wird, überstellt worden sind, weiterhin anwendbar.

Artikel 25 – Notifikationen

Der Generalsekretär des Europarats notifiziert den Mitgliedstaaten des Europarats, den Nichtmitgliedstaaten, die sich an der Ausarbeitung dieses Übereinkommens beteiligt haben, und jedem Staat, der diesem Übereinkommen beigetreten ist:

a jede Unterzeichnung;
b jede Hinterlegung einer Ratifikations-, Annahme-, Genehmigungs- oder Beitrittsurkunde;
c jeden Zeitpunkt des Inkrafttretens dieses Übereinkommens nach Artikel 18 Absätze 2 und 3, Artikel 19 Absatz 2 und Artikel 20 Absätze 2 und 3;
d jede andere Handlung, Erklärung, Notifikation oder Mitteilung im Zusammenhang mit diesem Übereinkommen.

Zu Urkund dessen haben die hierzu gehörig befugten Unterzeichneten die Übereinkommen unterschrieben.

Geschehen zu Straßburg am 21. März 1983 in englischer und französischer Sprache, wobei jeder Wortlaut gleichermaßen verbindlich ist, in einer Urschrift, die im Archiv des Europarats hinterlegt wird. Der Generalsekretär des Europarats übermittelt allen Mitgliedstaaten des Europarats, allen Staaten, die sich an der Ausarbeitung dieses Übereinkommens beteiligt haben, sowie allen zum Beitritt zu diesem Übereinkommen eingeladenen Staaten beglaubigte Abschriften.

7.6.2 Zusatzprotokoll zum Übereinkommen über die Überstellung verurteilter Personen – Sammlung Europäischer Verträge – Nr. 167

Zusatzprotokoll zum Übereinkommen über die Überstellung verurteilter Personen

Straßburg/Strasbourg, 18. XII. 1997
Nichtamtliche Übersetzung

Präambel
Die Mitgliedstaaten des Europarats und die anderen Staaten, die dieses Protokoll unterzeichnen,

in dem Wunsch, die Anwendung des Übereinkommens über die Überstellung verurteilter Personen, das am 21. März 1983 in Straßburg zur Unterzeichnung aufgelegt wurde, (im Folgenden als „das Übereinkommen" bezeichnet) zu erleichtern und insbesondere seine anerkannten Ziele zu verfolgen, nämlich den Interessen der Rechtspflege zu dienen und die soziale Wiedereingliederung verurteilter Personen zu fördern;

in Anbetracht dessen, daß viele Staaten nicht ihre eigenen Staatsangehörigen ausliefern können;

in der Erwägung, daß es wünschenswert ist, das Übereinkommen in bestimmter Hinsicht zu ergänzen,

sind wie folgt übereingekommen:

Artikel 1 – Allgemeine Bestimmungen
1 Die in diesem Protokoll verwendeten Begriffe und Ausdrücke werden im Sinne des Übereinkommens ausgelegt.
2 Die Bestimmungen des Übereinkommens finden Anwendung, soweit sie mit den Bestimmungen dieses Protokolls vereinbar sind.

Artikel 2 – Personen, die aus dem Urteilsstaat geflohen sind
1 Wenn ein Staatsangehöriger einer Vertragspartei, gegen den im Hoheitsgebiet einer anderen Vertragspartei eine Sanktion als Bestandteil eines rechtskräftigen Urteils verhängt wurde, sich der Vollstreckung oder weiteren Vollstreckung der Sanktion im Urteilsstaat zu entziehen sucht, indem er in das Hoheitsgebiet der ersteren Vertragspartei flieht, bevor die Sanktion vollzogen ist, kann der Urteilsstaat die andere Vertragspartei ersuchen, die Vollstreckung der Sanktion zu übernehmen.
2 Auf Ersuchen des Urteilsstaats kann der Vollstreckungsstaat vor Eingang der das Ersuchen stützenden Unterlagen oder vor der Entscheidung über das Ersuchen die verurteilte Person festnehmen oder auf andere Weise sicherstellen,

daß die verurteilte Person in seinem Hoheitsgebiet bleibt, bis eine Entscheidung über das Ersuchen ergangen ist. Ersuchen um vorläufige Maßnahmen haben die in Artikel 4 Absatz 3 des Übereinkommens genannten Angaben zu enthalten. Die strafrechtliche Lage der verurteilten Person darf nicht infolge eines aufgrund dieses Absatzes in Haft verbrachten Zeitraums erschwert werden.

3 Die Zustimmung der verurteilten Person ist für die Übertragung der Vollstreckung der Sanktion nicht erforderlich.

Artikel 3 – Verurteilte Personen, die der Ausweisung oder Abschiebung unterliegen

1 Auf Ersuchen des Urteilsstaats kann der Vollstreckungsstaat vorbehaltlich der Bestimmungen dieses Artikels in die Überstellung einer verurteilten Person ohne deren Zustimmung einwilligen, wenn die gegen diese Person verhängte Sanktion oder eine verwaltungsrechtliche Entscheidung infolge dieser Sanktion einen Ausweisungs- oder Abschiebungsbefehl oder eine andere Maßnahme enthält, aufgrund derer es dieser Person nicht gestattet sein wird, nach der Entlassung aus der Haft im Hoheitsgebiet des Urteilsstaats zu bleiben.

2 Der Vollstreckungsstaat erteilt seine Einwilligung im Sinne von Absatz 1 nicht ohne Berücksichtigung der Meinung der verurteilten Person.

3 Zur Anwendung dieses Artikels stellt der Urteilsstaat dem Vollstreckungsstaat folgendes zur Verfügung:
   a eine Erklärung, welche die Meinung der verurteilten Person zu ihrer vorgesehenen Überstellung enthält, und
   b eine Mehrfertigung des Ausweisungs- oder Abschiebungsbefehls oder einer sonstigen Anordnung, die bewirkt, daß die verurteilte Person nach der Entlassung aus der Haft nicht mehr im Hoheitsgebiet des Urteilsstaats bleiben darf.

4 Eine nach diesem Artikel überstellte Person darf wegen einer anderen, vor der Überstellung begangenen Handlung als derjenigen, die dem zu vollstreckenden Urteil zugrunde liegt, nur in den folgenden Fällen verfolgt, abgeurteilt, zur Vollstreckung einer Strafe oder Maßregel der Sicherung und Besserung in Haft gehalten oder einer sonstigen Beschränkung seiner persönlichen Freiheit unterworfen werden:
   a wenn der Urteilsstaat dies genehmigt. Zu diesem Zweck ist ein Ersuchen unter Beifügung aller einschlägigen Unterlagen und eines gerichtlichen Protokolls über die Erklärungen der verurteilten Person zu stellen. Die Genehmigung wird erteilt, wenn die strafbare Handlung, derentwegen um Genehmigung ersucht wird, an sich nach dem Recht des Urteilsstaats der Verpflichtung zur Auslieferung unterliegt oder wenn die Auslieferung allein wegen der Strafhöhe ausgeschlossen ist;

   b wenn die verurteilte Person, obwohl sie dazu die Möglichkeit hatte, das Hoheitsgebiet des Vollstreckungsstaats innerhalb von 45 Tagen nach ihrer endgültigen Freilassung nicht verlassen hat oder wenn sie nach Verlassen dieses Gebiets dorthin zurückgekehrt ist.

5 Unbeschadet des Absatzes 4 kann der Vollstreckungsstaat die nach seinem Recht erforderlichen Maßnahmen einschließlich eines Abwesenheitsverfahrens treffen, um die Verjährung zu unterbrechen.

6 Jeder Vertragsstaat kann durch eine an den Generalsekretär des Europarats gerichtete Erklärung mitteilen, daß er die Vollstreckung von Sanktionen in den in diesem Artikel beschriebenen Fällen nicht übernehmen wird.

Artikel 4 – Unterzeichnung und Inkrafttreten

1 Dieses Protokoll liegt für die Mitgliedstaaten des Europarats und für die anderen Staaten, die das Übereinkommen unterzeichnet haben, zur Unterzeichnung auf. Es bedarf der Ratifikation, Annahme oder Genehmigung. Ein Unterzeichner kann dieses Protokoll nicht ratifizieren, annehmen oder genehmigen, wenn er nicht zuvor oder gleichzeitig das Übereinkommen ratifiziert, angenommen oder genehmigt hat. Die Ratifikations-, Annahme- oder Genehmigungsurkunden werden beim Generalsekretär des Europarats hinterlegt.

2 Dieses Protokoll tritt am ersten Tag des Monats in Kraft, der auf einen Zeitabschnitt von drei Monaten nach Hinterlegung der dritten Ratifikations-, Annahme- oder Genehmigungsurkunde folgt.

3 Für jeden Unterzeichnerstaat, der später seine Ratifikations-, Annahme- oder Genehmigungsurkunde hinterlegt, tritt das Protokoll am ersten Tag des Monats in Kraft, der auf einen Zeitabschnitt von drei Monaten nach der Hinterlegung folgt.

Artikel 5 – Beitritt

1 Jeder Nichtmitgliedstaat, der dem Übereinkommen beigetreten ist, kann diesem Protokoll nach dessen Inkrafttreten beitreten.

2 Für jeden beitretenden Staat tritt das Protokoll am ersten Tag des Monats in Kraft, der auf einen Zeitabschnitt von drei Monaten nach Hinterlegung der Beitrittsurkunde folgt.

Artikel 6 – Räumlicher Geltungsbereich

1 Jeder Staat kann bei der Unterzeichnung oder bei der Hinterlegung seiner Ratifikations-, Annahme-, Genehmigungs- oder Beitrittsurkunde einzelne oder mehrere Hoheitsgebiete bezeichnen, auf die dieses Protokoll Anwendung findet.

2 Jeder Staat kann jederzeit danach durch eine an den Generalsekretär des Europarats gerichtete Erklärung die Anwendung dieses Protokolls auf jedes weitere in der Erklärung bezeichnete Hoheitsgebiet erstrecken. Das Protokoll

tritt für dieses Hoheitsgebiet am ersten Tag des Monats in Kraft, der auf einen Zeitabschnitt von drei Monaten nach Eingang der Erklärung beim Generalsekretär folgt.

3   Jede nach den Absätzen 1 und 2 abgegebene Erklärung kann in bezug auf jedes darin bezeichnete Hoheitsgebiet durch eine an den Generalsekretär gerichtete Notifikation zurückgenommen werden. Die Rücknahme wird am ersten Tag des Monats wirksam, der auf einen Zeitabschnitt von drei Monaten nach Eingang der Notifikation beim Generalsekretär folgt.

Artikel 7 – Zeitlicher Geltungsbereich

Dieses Protokoll findet auf die Vollstreckung von Sanktionen Anwendung, die vor oder nach seinem Inkrafttreten verhängt wurden.

Artikel 8 – Kündigung

1   Jede Vertragspartei kann dieses Protokoll jederzeit durch eine an den Generalsekretär des Europarats gerichtete Notifikation kündigen.
2   Die Kündigung wird am ersten Tag des Monats wirksam, der auf einen Zeitabschnitt von drei Monaten nach Eingang der Notifikation beim Generalsekretär folgt.
3   Das Protokoll findet jedoch weiterhin Anwendung auf die Vollstreckung von Sanktionen gegen Personen, die vor dem Wirksamwerden der Kündigung in Übereinstimmung mit dem Übereinkommen und diesem Protokoll überstellt worden sind.
4   Die Kündigung des Übereinkommens bedeutet gleichzeitig die Kündigung dieses Protokolls.

Artikel 9 – Notifikationen

Der Generalsekretär des Europarats notifiziert den Mitgliedstaaten des Europarats, und jedem Staat, der diesem Protokoll beigetreten ist:
a   jede Unterzeichnung;
b   jede Hinterlegung einer Ratifikations-, Annahme-, Genehmigungs- oder Beitrittsurkunde;
c   jeden Zeitpunkt des Inkrafttretens dieses Protokolls nach den Artikeln 4 oder 5;
d   jede andere Handlung, Notifikation oder Mitteilung im Zusammenhang mit diesem Protokoll.

Zu Urkund dessen haben die hierzu gehörig befugten Unterzeichneten dieses Protokoll unterschrieben.

7.7 Merkblatt für in Deutschland verurteilte ausländische Staatsangehörige zum Übereinkommen über die Überstellung verurteilter Personen (Stand 15.07.2011)[104]

**Merkblatt
für in Deutschland verurteilte ausländische
Staatsangehörige zum Übereinkommen über die
Überstellung verurteilter Personen**

1. Falls Ihr Heimatstaat Mitglied des vorbezeichneten Übereinkommens ist*), können Sie den Wunsch äußern, zur weiteren Verbüßung Ihrer durch ein deutsches Gericht rechtskräftig verhängten Freiheitsstrafe oder Maßregel in Ihrem Heimatstaat überstellt zu werden. Sie haben jedoch keinen Rechtsanspruch auf Überstellung.

   Eine Überstellung kann nur stattfinden, wenn sowohl die zuständigen deutschen Behörden als auch Ihr Heimatstaat der Überstellung zustimmen, noch mindestens 6 Monate einer Freiheitsstrafe bzw. Maßregel ab Eingang des Ersuchens um Überstellung zu vollstrecken sind und Sie der Überstellung zustimmen. Die Zustimmung ist unwiderruflich.

2. Aus der Überstellung ergeben sich folgende Rechtsfolgen:
   - Die weitere Vollstreckung der Freiheitsstrafe bzw. Maßregel richtet sich nach dem Recht Ihres Heimatstaates.

   - Einige Staaten setzen die Vollstreckung der in der Bundesrepublik Deutschland verhängten Freiheitsstrafe bzw. Maßregel fort, andere Staaten wandeln die verhängte Freiheitsstrafe bzw. Maßregel in eine nach ihrem Recht für dieselbe Straftat vorgesehene Sanktion um. Die Umwandlung darf nicht strafverschärfend wirken. Eine Umwandlung in eine Geldstrafe oder Geldbuße ist ausgeschlossen. Art und Dauer der in Ihrem Heimatstaat zu verbüßende Sanktion können vor der Überstellung nicht mit Bestimmtheit vorausgesagt werden.

   - Für eine etwaige Wiederaufnahme des Verfahrens sind allein die deutschen Gerichte zuständig.

---

[104] Staatsanwaltschaft Münster (http://www.sta-muenster.nrw.de/infos/Formulare/Formulare/Merkblatt_Transfer.pdf).

3. Sollten Sie sich in Ihrem Heimatstaat der Strafvollstreckung entziehen, wird die Strafvollstreckung in Deutschland fortgesetzt. Falls Sie vor Ablauf der Hälfte der zu verbüßenden Sanktion in der Bundesrepublik Deutschland angetroffen werden, ohne einen Entlassungsschein oder ein Dokument gleichen Inhalts vorweisen zu können, können Sie auf Anordnung des Gerichts zur Klärung der Frage, ob Sie sich der Strafvollstreckung entzogen haben, bis zu 18 Tagen festgehalten werden. Eine Festnahmeanordnung kann auch schon vor Ihrer Überstellung erlassen werden. In diesem Fall werden Sie in Deutschland zur Festnahme ausgeschrieben.

4. Den Wunsch auf Überstellung in Ihren Heimatstaat können Sie an die Justizvollzugsanstalt, in der Sie sich derzeit befinden, oder an die zuständige Vollstreckungsbehörde – Staatsanwaltschaft – richten. Bitte teilen Sie dabei eine etwaige Heimatanschrift mit und fügen Sie, falls vorhanden, Unterlagen über Ihre Staatsangehörigkeit bei.

*) Mitgliedstaaten des Übereinkommens sind (Stand 15.07.2011):
Albanien, Andorra, Armenien, Aserbaidschan, Belgien, Bosnien und Herzegowina, Bulgarien, Dänemark, Ehemalige jugoslawische Republik Mazedonien, Estland, Finnland, Frankreich, Georgien, Griechenland, Irland, Island, Italien, Kroatien, Lettland, Lichtenstein, Litauen, Luxemburg, Malta, Moldau, Monaco, Montenegro, Niederlande, Norwegen, Österreich, Polen, Portugal, Rumänien, Russland, San Marine, Schweden, Schweiz, Serbien, Slowakei, Slowenien, Spanien, Tschechische Republik, Türkei, Ukraine, Ungarn, Vereinigtes Königreich, Zypern.
Australien, Bahamas, Bolivien, Chile, Costa Rica, Ecuador, Honduras, Israel, Japan, Kanada, Korea, Mauritius, Mexiko, Panama, Philippinen, Tanga, Trinidad und Tobago, Venezuela, Vereinigte Staaten von Amerika.

7.8 Gesetz zur Umsetzung des Rahmenbeschlusses über den Europäischen Haftbefehl und die Übergabeverfahren zwischen den Mitgliedstaaten der Europäischen Union (Europäisches Haftbefehlsgesetz – EUHbG)

G. v. 20.07.2006 BGBl. I S. 1721 (Nr. 36); Geltung ab 02.08.2006

Eingangsformel
Artikel 1 Änderung des Gesetzes über die internationale Rechtshilfe in Strafsachen
Artikel 2 Einschränkung von Grundrechten
Artikel 3 Änderung der Justizverwaltungskostenordnung
Artikel 4 Inkrafttreten
Eingangsformel

Der Bundestag hat das folgende Gesetz beschlossen:

--

*) Dieses Gesetz dient der Umsetzung des Rahmenbeschlusses 2002/584/JI des Rates vom 13. Juni 2002 über den Europäischen Haftbefehl und die Übergabeverfahren zwischen den Mitgliedstaaten (ABl. EG Nr. L 190 S. 1).

Artikel 1
Änderung des Gesetzes über die internationale Rechtshilfe in Strafsachen

Das Gesetz über die internationale Rechtshilfe in Strafsachen in der Fassung der Bekanntmachung vom 27. Juni 1994 (BGBl. I S. 1537), zuletzt geändert durch das Gesetz vom 22. Juli 2005 (BGBl. I S. 2189), wird wie folgt geändert:

1. Die Inhaltsübersicht wird wie folgt geändert:

Die Angaben zum Achten und Neunten Teil werden mit Ausnahme der Angaben zu Abschnitt 5 des Achten Teils durch folgende Angaben ersetzt:

„Achter Teil Unterstützung von Mitgliedstaaten der Europäischen Union
Abschnitt 1 Allgemeine Regelungen

	§
Vorrang des Achten Teils	78
Grundsätzliche Pflicht zur Bewilligung; Vorabentscheidung	79
Abschnitt 2 Auslieferung an einen Mitgliedstaat der Europäischen Union	
Auslieferung deutscher Staatsangehöriger	80
Auslieferung zur Verfolgung oder zur Vollstreckung	81
Nichtanwendung von Vorschriften	82
Ergänzende Zulässigkeitsvoraussetzungen	83

Auslieferungsunterlagen	83a
Bewilligungshindernisse	83b
Fristen	83c
Entlassung des Verfolgten	83d
Vernehmung des Verfolgten	83e

Abschnitt 3 Durchlieferung an einen Mitgliedstaat der Europäischen Union

| Durchlieferung | 83f |
| Beförderung auf dem Luftweg | 83g |

Abschnitt 4 Ausgehende Ersuchen um Auslieferung an einen Mitgliedstaat der Europäischen Union

| Spezialität | 83h |
| Unterrichtung über Fristverzögerungen | 83i |

Neunter Teil Schlussvorschriften

Einschränkung von Grundrechten	84
(weggefallen)	85
Inkrafttreten, abgelöste Vorschriften	86".

2. Dem § 1 wird folgender Absatz 4 angefügt:

„(4) Die Unterstützung für ein Verfahren in einer strafrechtlichen Angelegenheit mit einem Mitgliedstaat der Europäischen Union richtet sich nach diesem Gesetz. Absatz 3 wird mit der Maßgabe angewandt, dass der Achte Teil dieses Gesetzes den dort genannten völkerrechtlichen Vereinbarungen vorgeht. Die in Absatz 3 genannten völkerrechtlichen Vereinbarungen und die Regelungen über die vertragslose Rechtshilfe dieses Gesetzes bleiben hilfsweise anwendbar, soweit nicht der Achte Teil abschließende Regelungen enthält."

3. § 40 Abs. 2 Nr. 1 wird wie folgt gefasst:

„1. wegen der Schwierigkeit der Sach- oder Rechtslage die Mitwirkung eines Beistandes geboten erscheint, bei Verfahren nach Abschnitt 2 des Achten Teils insbesondere bei Zweifeln, ob die Voraussetzungen der §§ 80 und 81 Nr. 4 vorliegen,".

4. In § 41 Abs. 1 wird das Wort „Ausländers" durch das Wort „Verfolgten" ersetzt.

5. Dem § 73 wird folgender Satz angefügt:

„Bei Ersuchen nach dem Achten Teil ist die Leistung von Rechtshilfe unzulässig, wenn die Erledigung zu den in Artikel 6 des Vertrages über die Europäische Union enthaltenen Grundsätzen im Widerspruch stünde."

6. § 77 wird wie folgt geändert:

a) Der bisherige Wortlaut wird Absatz 1.
b) Folgender Absatz 2 wird angefügt:

„(2) Bei eingehenden Ersuchen finden die Vorschriften zur Immunität, zur Indemnität und die Genehmigungsvorbehalte für Durchsuchungen und Beschlagnahmen in den Räumen eines Parlaments Anwendung, welche für deutsche Straf- und Bußgeldverfahren gelten."

7. Die Überschrift des Achten Teils wird wie folgt gefasst:

„Achter Teil Unterstützung von Mitgliedstaaten der Europäischen Union".

8. Vor § 83j werden folgende Abschnitte 1 bis 4 eingefügt:

„Abschnitt 1 Allgemeine Regelungen
§ 78 Vorrang des Achten Teils

Soweit dieser Teil keine besonderen Regelungen enthält, finden die übrigen Bestimmungen dieses Gesetzes auf die im Zweiten, Dritten und Fünften Teil geregelten Ersuchen eines Mitgliedstaates Anwendung.

§ 79 Grundsätzliche Pflicht zur Bewilligung; Vorabentscheidung

(1) Zulässige Ersuchen eines Mitgliedstaates um Auslieferung oder Durchlieferung können nur abgelehnt werden, soweit dies in diesem Teil vorgesehen ist. Die ablehnende Bewilligungsentscheidung ist zu begründen.

(2) Vor der Zulässigkeitsentscheidung des Oberlandesgerichts entscheidet die für die Bewilligung zuständige Stelle, ob sie beabsichtigt, Bewilligungshindernisse nach § 83b geltend zu machen. Die Entscheidung, keine Bewilligungshindernisse geltend zu machen, ist zu begründen. Sie unterliegt der Überprüfung durch das Oberlandesgericht im Verfahren nach § 29; die Beteiligten sind zu hören. Bei der Belehrung nach § 41 Abs. 4 ist der Verfolgte auch darauf hinzuweisen, dass im Falle der vereinfachten Auslieferung eine gerichtliche Überprüfung nach Satz 3 nicht stattfindet.

(3) Führen nach der Entscheidung nach Absatz 2 Satz 1 eingetretene oder bekannt gewordene Umstände, die geeignet sind, Bewilligungshindernisse geltend zu machen, nicht zu einer Ablehnung der Bewilligung, so unterliegt die Entscheidung, keine Bewilligungshindernisse geltend zu machen, der Überprüfung im Verfahren nach § 33.

Abschnitt 2 Auslieferung an einen Mitgliedstaat der Europäischen Union
§ 80 Auslieferung deutscher Staatsangehöriger

(1) Die Auslieferung eines Deutschen zum Zwecke der Strafverfolgung ist nur zulässig, wenn
1. gesichert ist, dass der ersuchende Mitgliedstaat nach Verhängung einer rechtskräftigen Freiheitsstrafe oder sonstigen Sanktion anbieten wird, den Verfolgten auf seinen Wunsch zur Vollstreckung in den Geltungsbereich dieses Gesetzes zurückzuüberstellen, und
2. die Tat einen maßgeblichen Bezug zum ersuchenden Mitgliedstaat aufweist. Ein maßgeblicher Bezug der Tat zum ersuchenden Mitgliedstaat liegt in der Regel vor, wenn die Tathandlung vollständig oder in wesentlichen Teilen auf seinem Hoheitsgebiet begangen wurde und der Erfolg zumindest in wesentlichen Teilen dort eingetreten ist, oder wenn es sich um eine schwere Tat mit typisch grenzüberschreitendem Charakter handelt, die zumindest teilweise auch auf seinem Hoheitsgebiet begangen wurde.

(2) Liegen die Voraussetzungen des Absatzes 1 Satz 1 Nr. 2 nicht vor, ist die Auslieferung eines Deutschen zum Zwecke der Strafverfolgung nur zulässig, wenn
1. die Voraussetzungen des Absatzes 1 Satz 1 Nr. 1 vorliegen und die Tat
2. keinen maßgeblichen Bezug zum Inland aufweist und
3. auch nach deutschem Recht eine rechtswidrige Tat ist, die den Tatbestand eines Strafgesetzes verwirklicht oder bei sinngemäßer Umstellung des Sachverhalts auch nach deutschem Recht eine solche Tat wäre, und bei konkreter Abwägung der widerstreitenden Interessen das schutzwürdige Vertrauen des Verfolgten in seine Nichtauslieferung nicht überwiegt.

Ein maßgeblicher Bezug der Tat zum Inland liegt in der Regel vor, wenn die Tathandlung vollständig oder in wesentlichen Teilen im Geltungsbereich dieses Gesetzes begangen wurde und der Erfolg zumindest in wesentlichen Teilen dort eingetreten ist. Bei der Abwägung sind insbesondere der Tatvorwurf, die praktischen Erfordernisse und Möglichkeiten einer effektiven Strafverfolgung und die grundrechtlich geschützten Interessen des Verfolgten unter Berücksichtigung der mit der Schaffung eines Europäischen Rechtsraums verbundenen Ziele zu gewichten und zueinander ins Verhältnis zu setzen. Liegt wegen der Tat, die Gegenstand des Auslieferungsersuchens ist, eine Entscheidung einer Staatsanwaltschaft oder eines Gerichts vor, ein deutsches strafrechtliches Verfahren einzustellen oder nicht einzuleiten, so sind diese Entscheidung und ihre Gründe in die Abwägung mit einzubeziehen; Entsprechendes gilt, wenn ein Gericht das Hauptverfahren eröffnet oder einen Strafbefehl erlassen hat.

(3) Die Auslieferung eines Deutschen zum Zwecke der Strafvollstreckung ist nur zulässig, wenn der Verfolgte nach Belehrung zu richterlichem Protokoll zustimmt. § 41 Abs. 3 und 4 gilt entsprechend.

(4) Ging einem Ersuchen um Vollstreckung einer im Ausland rechtskräftig verhängten Freiheitsstrafe oder sonstigen freiheitsentziehenden Sanktion eine Auslieferung wegen der dem Erkenntnis zugrunde liegenden Tat auf der Grundlage des Absatzes 1 oder 2 voraus, oder kommt es aufgrund der fehlenden Zustimmung des Verfolgten nach Absatz 3 zu einem solchen Ersuchen, so findet § 49 Abs. 1 Nr. 3 keine Anwendung. Fehlt es bei einem solchen Ersuchen bei der nach § 54 vorzunehmenden Umwandlung an einem Höchstmaß der im Geltungsbereich dieses Gesetzes für die Tat angedrohten Sanktion, weil die Voraussetzungen des § 49 Abs. 1 Nr. 3 nicht vorliegen, so tritt an dessen Stelle ein Höchstmaß von zwei Jahren Freiheitsentzug.

§ 81 Auslieferung zur Verfolgung oder zur Vollstreckung

§ 3 findet mit den Maßgaben Anwendung, dass
1. die Auslieferung zur Verfolgung nur zulässig ist, wenn die Tat nach dem Recht des ersuchenden Mitgliedstaates mit einer Freiheitsstrafe oder sonstigen Sanktion im Höchstmaß von mindestens zwölf Monaten bedroht ist,
2. die Auslieferung zur Vollstreckung nur zulässig ist, wenn nach dem Recht des ersuchenden Mitgliedstaates eine freiheitsentziehende Sanktion zu vollstrecken ist, deren Maß mindestens vier Monate beträgt,
3. die Auslieferung in Steuer-, Zoll- und Währungsangelegenheiten auch zulässig ist, wenn das deutsche Recht keine gleichartigen Steuern vorschreibt oder keine gleichartigen Steuer-, Zoll- und Währungsbestimmungen enthält wie das Recht des ersuchenden Mitgliedstaates,
4. die beiderseitige Strafbarkeit nicht zu prüfen ist, wenn die dem Ersuchen zugrunde liegende Tat nach dem Recht des ersuchenden Staates eine Strafbestimmung verletzt, die den in Artikel 2 Abs. 2 des Rahmenbeschlusses des Rates vom 13. Juni 2002 über den Europäischen Haftbefehl und die Übergabeverfahren zwischen den Mitgliedstaaten (ABl. EG Nr. L 190 S. 1) in Bezug genommenen Deliktsgruppen zugehörig ist.

§ 82 Nichtanwendung von Vorschriften

Die §§ 5, 6 Abs. 1, § 7 und, soweit ein Europäischer Haftbefehl vorliegt, § 11 finden keine Anwendung.

§ 83 Ergänzende Zulässigkeitsvoraussetzungen

Die Auslieferung ist nicht zulässig, wenn
1. der Verfolgte wegen derselben Tat, die dem Ersuchen zugrunde liegt, bereits von einem anderen Mitgliedstaat rechtskräftig abgeurteilt worden ist, vorausgesetzt, dass im Fall der Verurteilung die Sanktion bereits vollstreckt worden ist, gerade vollstreckt wird oder nach dem Recht des Urteilsstaates nicht mehr vollstreckt werden kann,

2. der Verfolgte zur Tatzeit nach § 19 des Strafgesetzbuchs schuldunfähig war oder
3. bei Ersuchen zur Vollstreckung das dem Ersuchen zugrunde liegende Urteil in Abwesenheit des Verfolgten ergangen ist und der Verfolgte zu dem Termin nicht persönlich geladen oder nicht auf andere Weise von dem Termin, der zu dem Abwesenheitsurteil geführt hat, unterrichtet worden war, es sei denn, dass der Verfolgte in Kenntnis des gegen ihn gerichteten Verfahrens, an dem ein Verteidiger beteiligt war, eine persönliche Ladung durch Flucht verhindert hat oder ihm nach seiner Überstellung das Recht auf ein neues Gerichtsverfahren, in dem der gegen ihn erhobene Vorwurf umfassend überprüft wird, und auf Anwesenheit bei der Gerichtsverhandlung eingeräumt wird, oder
4. die dem Ersuchen zugrunde liegende Tat nach dem Recht des ersuchenden Mitgliedstaates mit lebenslanger Freiheitsstrafe oder einer sonstigen lebenslangen freiheitsentziehenden Sanktion bedroht ist oder der Verfolgte zu einer solchen Strafe verurteilt worden war und eine Überprüfung der Vollstreckung der verhängten Strafe oder Sanktion auf Antrag oder von Amts wegen nicht spätestens nach 20 Jahren erfolgt.

§ 83a Auslieferungsunterlagen

(1) Die Auslieferung ist nur zulässig, wenn die in § 10 genannten Unterlagen oder ein Europäischer Haftbefehl übermittelt wurden, der die folgenden Angaben enthält:
1. die Identität, wie sie im Anhang zum Rahmenbeschluss des Rates vom 13. Juni 2002 über den Europäischen Haftbefehl und die Übergabeverfahren zwischen den Mitgliedstaaten näher beschrieben wird, und die Staatsangehörigkeit des Verfolgten,
2. die Bezeichnung und die Anschrift der ausstellenden Justizbehörde,
3. die Angabe, ob ein vollstreckbares Urteil, ein Haftbefehl oder eine andere vollstreckbare justitielle Entscheidung mit gleicher Rechtswirkung vorliegt,
4. die Art und rechtliche Würdigung der Straftat, einschließlich der gesetzlichen Bestimmungen,
5. die Beschreibung der Umstände, unter denen die Straftat begangen wurde, einschließlich der Tatzeit, des Tatortes und der Tatbeteiligung der gesuchten Person, und
6. die für die betreffende Straftat im Ausstellungsmitgliedstaat gesetzlich vorgesehene Höchststrafe oder im Fall des Vorliegens eines rechtskräftigen Urteils die verhängte Strafe.

(2) Die Ausschreibung zur Festnahme zwecks Auslieferung nach dem Schengener Durchführungsübereinkommen, die die unter Absatz 1 Nr. 1 bis 6 bezeichneten Angaben enthält oder der diese Angaben nachgereicht wurden, gilt als Europäischer Haftbefehl.

§ 83b Bewilligungshindernisse
(1) Die Bewilligung der Auslieferung kann abgelehnt werden, wenn
   a) gegen den Verfolgten wegen derselben Tat, die dem Auslieferungsersuchen zugrunde liegt, im Geltungsbereich dieses Gesetzes ein strafrechtliches Verfahren geführt wird,
   b) die Einleitung eines strafrechtlichen Verfahrens wegen derselben Tat, die dem Auslieferungsersuchen zugrunde liegt, abgelehnt wurde oder ein bereits eingeleitetes Verfahren eingestellt wurde,
   c) dem Auslieferungsersuchen eines dritten Staates Vorrang eingeräumt werden soll,
   d) nicht aufgrund einer Pflicht zur Auslieferung nach dem Rahmenbeschluss des Rates vom 13. Juni 2002 über den Europäischen Haftbefehl und die Übergabeverfahren zwischen den Mitgliedstaaten (ABl. EG Nr. L 190 S. 1), aufgrund einer vom ersuchenden Staat gegebenen Zusicherung oder aus sonstigen Gründen erwartet werden kann, dass dieser einem vergleichbaren deutschen Ersuchen entsprechen würde.
(2) Die Bewilligung der Auslieferung eines Ausländers, der im Inland seinen gewöhnlichen Aufenthalt hat, kann ferner abgelehnt werden, wenn
   a) bei einer Auslieferung zum Zwecke der Strafverfolgung die Auslieferung eines Deutschen gemäß § 80 Abs. 1 und 2 nicht zulässig wäre,
   b) bei einer Auslieferung zum Zwecke der Strafvollstreckung er dieser nach Belehrung zu richterlichem Protokoll nicht zustimmt und sein schutzwürdiges Interesse an der Strafvollstreckung im Inland überwiegt; § 41 Abs. 3 und 4 gelten entsprechend.
§ 80 Abs. 4 gilt entsprechend.

§ 83c Fristen
(1) Über die Auslieferung soll spätestens innerhalb von 60 Tagen nach der Festnahme des Verfolgten entschieden werden.
(2) Erklärt sich der Verfolgte mit der vereinfachten Auslieferung einverstanden, soll eine Entscheidung über die Auslieferung spätestens innerhalb von zehn Tagen nach Erteilung der Zustimmung ergehen.
(3) Nach der Bewilligung der Auslieferung ist mit dem ersuchenden Mitgliedstaat ein Termin zur Übergabe des Verfolgten zu vereinbaren. Der Übergabetermin soll spätestens zehn Tage nach der Entscheidung über die Bewilligung liegen. Ist die Einhaltung des Termins aufgrund von Umständen unmöglich, die sich dem Einfluss des ersuchenden Mitgliedstaates entziehen, so ist ein neuer Übergabetermin innerhalb von zehn Tagen zu vereinbaren. Die Vereinbarung eines Übergabetermins kann im Hinblick auf eine gegen den Verfolgten im Geltungsbereich dieses Gesetzes laufende strafrechtliche Verfolgung

oder Vollstreckung oder aus schwerwiegenden humanitären Gründen aufgeschoben werden.
(4) Können bei Vorliegen außergewöhnlicher Umstände die in dieser Vorschrift enthaltenen Fristen nicht eingehalten werden, so setzt die Bundesregierung Eurojust von diesem Umstand und von den Gründen der Verzögerung in Kenntnis; personenbezogene Daten dürfen nicht übermittelt werden.
(5) Über ein Ersuchen um Erweiterung der Auslieferungsbewilligung soll innerhalb von 30 Tagen nach Eingang des Ersuchens entschieden werden.

§ 83d Entlassung des Verfolgten

Wurde der Verfolgte innerhalb von zehn Tagen nach Ablauf eines nach § 83c Abs. 3 vereinbarten Übergabetermins nicht übernommen, so ist er aus der Auslieferungshaft zu entlassen, wenn kein neuer Übergabetermin vereinbart wurde.

§ 83e Vernehmung des Verfolgten

(1) Solange eine Entscheidung über die Auslieferung noch nicht ergangen ist, ist ein Ersuchen des ersuchenden Mitgliedstaates um Vernehmung des Verfolgten als Beschuldigter zu bewilligen.
(2) Bei der Vernehmung ist auf Ersuchen Vertretern des ersuchenden Mitgliedstaates die Anwesenheit zu gestatten.

Abschnitt 3 Durchlieferung an einen Mitgliedstaat der Europäischen Union
§ 83f Durchlieferung

(1) Die Durchlieferung durch den Geltungsbereich dieses Gesetzes aus einem Mitgliedstaat in einen anderen Mitgliedstaat ist zulässig, wenn sich aus den übermittelten Unterlagen
   1. die Identität, wie sie im Anhang zum Rahmenbeschluss des Rates vom 13. Juni 2002 über den Europäischen Haftbefehl und die Übergabeverfahren zwischen den Mitgliedstaaten (ABl. EG Nr. L 190 S. 1) näher beschrieben wird, und die Staatsangehörigkeit des Verfolgten,
   2. das Vorliegen eines Europäischen Haftbefehls oder einer in § 10 bezeichneten Urkunde,
   3. die Art und die rechtliche Würdigung der Straftat und
   4. die Umstände, unter denen die Straftat begangen wurde, einschließlich der Tatzeit und des Tatortes, ergeben.
(2) Auf die Durchlieferung aus einem Drittstaat an einen Mitgliedstaat findet Absatz 1 mit der Maßgabe Anwendung, dass an die Stelle der in Absatz 1 Nr. 2 genannten Information die Information, dass ein Auslieferungsersuchen vorliegt, tritt.
(3) Die Durchlieferung Deutscher zur Strafverfolgung ist nur zulässig, wenn der Mitgliedstaat, an den die Auslieferung erfolgt, zusichert, den Verfolgten auf

deutsches Verlangen nach Verhängung einer rechtskräftigen Freiheitsstrafe oder sonstigen Sanktion zur Vollstreckung in den Geltungsbereich dieses Gesetzes zurückzuüberstellen. Die Durchlieferung Deutscher zur Strafvollstreckung ist nur zulässig, wenn der Betroffene zustimmt. § 80 Abs. 4 gilt entsprechend.

(4) Über ein Ersuchen um Durchlieferung soll innerhalb von 30 Tagen nach Eingang des Ersuchens entschieden werden.

§ 83g Beförderung auf dem Luftweg

§ 83f gilt auch bei der Beförderung auf dem Luftweg, bei der es zu einer unvorhergesehenen Zwischenlandung im Geltungsbereich dieses Gesetzes kommt.

Abschnitt 4 Ausgehende Ersuchen um Auslieferung an einen Mitgliedstaat der Europäischen Union

§ 83h Spezialität

(1) Von einem Mitgliedstaat aufgrund eines Europäischen Haftbefehls übergebene Personen dürfen
  1. wegen einer vor der Übergabe begangenen anderen Tat als, derjenigen, die der Übergabe zugrunde liegt, weder verfolgt noch verurteilt noch einer freiheitsentziehenden Maßnahme unterworfen werden und
  2. nicht an einen dritten Staat weitergeliefert, überstellt oder in einen dritten Staat abgeschoben werden.

(2) Absatz 1 findet keine Anwendung, wenn
  1. die übergebene Person den räumlichen Geltungsbereich dieses Gesetzes innerhalb von 45 Tagen nach ihrer endgültigen Freilassung nicht verlassen hat, obwohl sie dazu die Möglichkeit hatte, oder nach Verlassen in ihn zurückgekehrt ist,
  2. die Straftat nicht mit einer Freiheitsstrafe oder freiheitsentziehenden Maßregel der Besserung und Sicherung bedroht ist,
  3. die Strafverfolgung nicht zur Anwendung einer die persönliche Freiheit beschränkenden Maßnahme führt,
  4. die übergebene Person der Vollstreckung einer Strafe oder Maßregel der Besserung und Sicherung ohne Freiheitsentzug unterzogen wird, selbst wenn diese Strafe oder Maßnahme die persönliche Freiheit einschränken kann, oder
  5. der ersuchte Mitgliedstaat oder die übergebene Person darauf verzichtet hat.

(3) Der nach Übergabe erfolgte Verzicht der übergebenen Person ist zu Protokoll eines Richters oder Staatsanwalts zu erklären. Die Verzichtserklärung ist unwiderruflich. Die übergebene Person ist hierüber zu belehren.

§ 83i Unterrichtung über Fristverzögerungen
Die Bundesregierung unterrichtet den Rat der Europäischen Union, wenn es wiederholt zu Verzögerungen bei der Auslieferung durch einen anderen Mitgliedstaat gekommen ist. Soweit es im Einzelfall zur Feststellung der Gründe für eine Überschreitung der Fristen erforderlich ist, dürfen dabei dem Rat pseudonymisierte Daten des Verfolgten übermittelt werden. Die Bundesregierung darf den Personenbezug nur gegenüber dem Staat wiederherstellen, an den das Auslieferungsersuchen gerichtet worden ist, und nur, sofern es zur Beurteilung der Umsetzung des Rahmenbeschlusses des Rates vom 13. Juni 2002 über den Europäischen Haftbefehl und die Übergabeverfahren zwischen den Mitgliedstaaten (ABl. EG Nr. L 190 S. 1) erforderlich ist."

9. In § 84 werden das Wort „und" nach dem Klammerzusatz „(Artikel 10 Abs. 1 des Grundgesetzes)" durch ein Komma ersetzt und hinter dem Klammerzusatz „(Artikel 13 des Grundgesetzes)" die Wörter „und der Schutz vor Auslieferung (Artikel 16 Abs. 2 Satz 1 des Grundgesetzes)" eingefügt.

10. § 85 wird aufgehoben.

11. § 86 wird wie folgt geändert:
 a) Die Absatzbezeichnung „(1)" wird gestrichen.
 b) Absatz 2 wird aufgehoben.

Artikel 2 Einschränkung von Grundrechten
Die Grundrechte der Freiheit der Person (Artikel 2 Abs. 2 Satz 2 des Grundgesetzes), des Brief-, Post- und Fernmeldegeheimnisses (Artikel 10 Abs. 1 des Grundgesetzes) und des Schutzes vor Auslieferung (Artikel 16 Abs. 2 Satz 1 des Grundgesetzes) werden nach Maßgabe dieses Gesetzes eingeschränkt.

Artikel 3 Änderung der Justizverwaltungskostenordnung
§ 5 Abs. 4 der Justizverwaltungskostenordnung in der im Bundesgesetzblatt Teil III, Gliederungsnummer 363-1, veröffentlichten bereinigten Fassung, die zuletzt durch Artikel 14 Abs. 4 des Gesetzes vom 22. März 2005 (BGBl. I S. 837) geändert worden ist, wird wie folgt gefasst:
„(4) In den nach Absatz 2 Satz 1 und Absatz 3 bezeichneten Angelegenheiten werden Kosten nicht erhoben, wenn nach § 75 des Gesetzes über die internationale Rechtshilfe in Strafsachen oder nach § 71 des IStGH-Gesetzes darauf verzichtet worden ist oder in Verfahren nach dem Zweiten oder Dritten Abschnitt des Achten Teils des Gesetzes über die internationale Rechtshilfe in Strafsachen."

Artikel 4 Inkrafttreten
Dieses Gesetz tritt am 2. August 2006 in Kraft.

7.9 Gemeinsamer Runderlass betr. Vollstreckung von Maßregeln der Besserung und Sicherung nach den §§ 63 und 64 StGB, § 7 JGG; hier: Ersuchen um Vollstreckung im Wege des Vollstreckungshilfeverkehrs; Absehen von der Vollstreckung nach § 456a StPO

Vollstreckung von Maßregeln der Besserung und Sicherung nach den §§ 63 und 64 StGB; § 7 JGG;

hier: Ersuchen um Vollstreckung im Wege des Vollstreckungshilfeverkehrs;

Absehen von der Vollstreckung nach § 456a StPO

Gemeinsamer Runderlass
§ 1
Vollstreckungshilfe

(1) Bei der Vollstreckung von Maßregeln der Besserung und Sicherung nach den §§ 63 und 64 StGB, § 7 JGG ist in jedem Einzelfall bereits bei Einleitung der Vollstreckung von Amts wegen zu prüfen, ob im Wege eines Vollstreckungshilfeersuchens die Vollstreckung der Unterbringung in einem psychiatrischen Krankenhaus (§ 63 StGB) oder einer Entziehungsanstalt (§ 64 StGB) beziehungsweise einer neben der Unterbringung verhängten Freiheitsstrafe im Heimatstaat veranlasst werden kann. Soweit eine Überstellung nach dem Übereinkommen über die Überstellung verurteilter Personen vom 21. März 1983 in Frage kommt, bedarf es hierzu der Einwilligung der verurteilten Person. Dies gilt nicht im Verhältnis zu den Staaten, für die das Zusatzprotokoll zum Übereinkommen über die Überstellung verurteilter Personen vom 18. Dezember 1997 (BGBl. 2002 II S. 2866) Anwendung findet.

Bestehen begründete Zweifel, ob der Heimatstaat die Vollstreckung der Unterbringung übernehmen wird, ist von einem Vollstreckungshilfeersuchen Abstand zu nehmen. Begründete Zweifel bestehen insbesondere, wenn der zu ersuchende Staat bereits in der Vergangenheit die Übernahme eines im Maßregelvollzug Untergebrachten wegen fehlender Maßregelvollzugseinrichtungen oder wegen fehlender rechtlicher Voraussetzungen abgelehnt hat.

Ist zur Besorgung aller Angelegenheiten oder der Aufenthaltsbestimmung Betreuung nach den §§ 1896 ff. BGB angeordnet, so kann es zur Herbeiführung der Einwilligung der Betreuerin oder des Betreuers sachdienlich sein, darzulegen, dass der Vollzug der freiheitsentziehenden Maßregel im Heimatstaat den besonderen Interessen der betreuten Person Rechnung trägt (§ 1901 Abs. 3 BGB). Ist eine Betreuung nicht angeordnet, besteht aber Anlass zu der Annahme, dass die verurteilte Person ihre Rechte nicht selbst hinreichend wahrnehmen kann, sollte geprüft werden, ob die Einleitung eines Betreuungsverfahrens in Frage kommt.

(2) Im Übrigen ist der Runderlass des Ministeriums der Justiz und für Europaangelegenheiten über den Vollstreckungshilfeverkehr in Strafsachen mit dem Ausland vom 15. Dezember 1998 (JMBl. 1999 S. 23) entsprechend anzuwenden.

§ 2
Absehen von der Vollstreckung

(1) Das Ersuchen um Vollstreckung im Wege des internationalen Vollstreckungshilfeverkehrs und Maßnahmen nach § 456a StOP stehen selbständig nebeneinander. Es ist zum frühestmöglichen Zeitpunkt zu prüfen, ob von der Vollstreckung der Maßregel der Besserung und Sicherung nach § 456a StPO abgesehen werden kann.

Die Aussetzung der (weiteren) Vollstreckung der Unterbringung ist ohne Rücksicht auf die Dauer einer neben der Unterbringung verhängten Freiheits- oder Jugendstrafe für den Zeitpunkt der Vollziehbarkeit (nicht notwendigerweise Rechtskraft) der ausländerrechtlichen Entscheidung im Sinne des § 456a Abs. 1 StPO anzuordnen. Dies gilt nur, wenn die Hälfte der neben der Unterbringung verhängten Freiheitsstrafe im Wege der Anrechnung als verbüßt gilt.

Eine Maßnahme nach § 456a StPO kommt in der Regel bei solchen ausländischen verurteilten Personen in Betracht, die wegen bestehender Sprachbarrieren und ihrer Herkunft aus anderen Kulturkreisen an Behandlungsangeboten oder Freizeit- sowie Ausbildungsprogrammen der Maßregelvollzugseinrichtungen nicht oder nicht erfolgreich teilnehmen können oder denen Vollzugslockerungen, insbesondere Ausgang oder Urlaub, in der Regel nicht gewährt werden können, weil zu befürchten ist, dass sie die Vollzugslockerungen im Hinblick auf die angeordnete oder drohende Ausweisung missbrauchen werden. Dies gilt insbesondere für im Maßregelvollzug untergebrachte Personen, deren Ausweisung wegen einer neben der Unterbringung verhängten Freiheitsstrafe nach §§ 53, 54 des Gesetzes über den Aufenthalt, die Erwerbstätigkeit und die Integration von Ausländern im Bundesgebiet (AufenthG) vom 30. Juli 2004 (BGBl. I S. 1950) erfolgen muss.

Bei der Prüfung ist zu berücksichtigen, dass die Besserung und Sicherung eines Abzuschiebenden grundsätzlich dem Heimatstaat der verurteilten Person obliegen.

(2) Nach § 456a StPO kann von der weiteren Vollstreckung der Unterbringung in einer Entziehungsanstalt nach § 64 StGB uneingeschränkt abgesehen werden.

Bei einer nach § 63 StGB untergebrachten Person, bei der nach der Stellungnahme der Maßregelvollzugseinrichtung auch in ihrem Heimatland infolge seiner psychischen Erkrankung in unbehandeltem oder unbetreutem Zustand Gewaltdelikte zu erwarten sind, soll von der weiteren Vollstreckung der Unterbringung nach § 456a StPO erst abgesehen werden, wenn die Maßregelvollzugseinrichtung die Vollstreckungsbehörde davon unterrichtet, dass zur Begegnung der Gefährlichkeit der verurteilten Person in ihrem Heimatland im Falle der Abschiebung alle erforderlichen Behandlungs- und Betreuungsmaßnahmen angebahnt und vorbereitet sind.

Soweit dies nicht oder nicht in angemessener Frist zu realisieren ist, kann eine Maßnahme nach § 456a StPO dennoch getroffen werden, wenn der Heimatstaat durch die für die Durchführung der Abschiebung zuständigen Stellen von der beabsichtigten Maßnahme nach § 456a StPO so rechtzeitig unterrichtet wird, dass die im Einzelfall nach Heimatrecht zulässigen Maßnahmen zur Sicherung der Allgemeinheit im Heimatstaat veranlasst werden können.

Auch in den übrigen Fällen veranlassen die mit der Durchführung der Abschiebung befassten Ausländerbehörden die rechtzeitige Unterrichtung des Heimatstaates. Soweit die Übermittlung von Gesundheitsdaten Untergebrachter durch die Maßregelvollzugseinrichtung, Vollstreckungsbehörde und zuständige Ausländerbehörde erforderlich ist und Untergebrachte eine nach den Datenschutzbestimmungen notwendige Einwilligung nicht erteilen, ist es zur Feststellung der Übermittlungsbefugnisse nach § 12 des Hessischen Krankenhausgesetzes 1989 sachdienlich, den Datenschutzbeauftragten der Maßregelvollzugseinrichtung zu beteiligen.

(3) Ist eine Maßnahme nach § 456a StPO im Hinblick auf die Gefährlichkeitsprognose gleichwohl nicht möglich, ist unverzüglich erneut zu prüfen, ob eine Überstellung in den Heimatstaat eingeleitet werden kann. Die erneute Prüfung ist zum Beispiel insbesondere angezeigt, wenn von der Einleitung des Überstellungsverfahrens im Hinblick auf die lange Dauer dieses Verfahrens zunächst abgesehen wurde.

§ 3

(1) Für die Wahrnehmung der spezifischen Belange ausländischer untergebrachter Personen ist in den Maßregelvollzugseinrichtungen in Hessen jeweils eine Koordinierungsstelle für Ausländerfragen eingerichtet. Diese Koordinierungsstellen sind auch Ansprechpartner für die Vollstreckungsbehörden sowie die zuständigen Ausländerbehörden.

(2) Die Maßregelvollzugseinrichtungen übermitteln den Vollstreckungsbehörden und der zuständigen Ausländerbehörde jeweils eine Ablichtung ihrer für die Überprüfung nach

§ 67e StGB erstellten Prognosegutachten; dies gilt auch für Gutachten, die anlässlich der letzten Überprüfung nach § 67e StGB vor Inkrafttreten des Gemeinsamen Runderlasses vom 15. Oktober 1998 (StAnz. S. 3510; JMBl. S. 983) abgegeben wurden.

§ 4

(1) Die Vollstreckungsbehörde unterrichtet die für die Maßregelvollzugseinrichtung örtlich zuständige Ausländerbehörde unverzüglich bei Einleitung der Vollstreckung einer Maßregel der Besserung und Sicherung nach den §§ 63 und 64 StGB, § 7 JGG (§ 87 Abs. 4 Satz 1 des Aufenthaltsgesetzes). Die Vollstreckungsbehörde teilt dieser örtlich zuständigen Ausländerbehörde auch alsbald mit, wenn eine Maßnahme nach § 456a StPO in Betracht kommt, und unterrichtet diese Ausländerbehörde unverzüglich über

a) die Erledigung der Maßregel,
b) die Aussetzung der Maßregel zur Bewährung,
c) die Unterbrechung der Vollstreckung einer Maßregel in Fällen, in denen die Vollstreckungsreihenfolge nach § 67 Abs. 3 StGB geändert wird.

(2) Die Mitteilungspflichten nach § 5 Abs. 1 Satz 1 und Satz 4 und § 5 Abs. 3 des Gemeinsamen Runderlasses vom 6./27. September 2007 betreffend die Zusammenarbeit zwischen Ausländerbehörden, Polizeibehörden sowie Justizbehörden bei straffälligen ausländischen Personen (StAnz. S. 2198) bleiben unberührt.

§ 5

(1) Für die Dauer des Vollzugs der Maßregeln der Besserung und Sicherung nach den §§ 63 und 64 StGB, § 7 JGG ist seit 1. Juni 1998 ungeachtet der vor Beginn des Vollzugs der Unterbringung begründeten örtlichen Zuständigkeit die Ausländerbehörde örtlich zuständig, in deren Bezirk die Unterbringung vollzogen wird. Diese Zuständigkeit bleibt auch bei einer Verlegung in eine andere Maßregelvollzugseinrichtung, für deren Bezirk eine andere Ausländerbehörde örtlich zuständig ist, bestehen, wenn die Ausländerbehörde die Ausweisung bereits verfügt hat oder sonstige aufenthaltsbeendende Maßnahmen eingeleitet hat (§ 1a Abs. 3 Satz 3 in Verbindung mit Satz 1 und 2 der Verordnung über die Zuständigkeiten der Ausländerbehörden vom 21. Juni 1993 – GVBl. I S. 260 –, zuletzt geändert durch Gesetz vom 21. März 2005 – GVBl. I S. 229 –). Demgemäß sind für die Maßregelvollzugseinrichtung Haina die Ausländerbehörde des Landkreises Waldeck-Frankenberg, für die Maßregelvollzugseinrichtung Hadamar die Ausländerbehörde des Landkreises Limburg-Weilburg und für die Maßregelvollzugseinrichtung Bad Emstal-Merxhausen die Ausländer-

behörde des Landkreises Kassel örtlich zuständig. Bei einer Verlegung von untergebrachten Personen in die Zweigstelle Gießen der Maßregelvollzugseinrichtung Haina bleibt die Zuständigkeit der Ausländerbehörde des Landkreises Waldeck-Frankenberg unberührt.

(2) Wird abweichend von § 67 Abs. 1 StGB vor Vollzug der Unterbringung einer Maßregel der Besserung und Sicherung eine mit der Maßregel verhängte Freiheitsstrafe vollzogen oder wurde eine Freiheitsstrafe aus einer anderen Erkenntnis vor der Unterbringung vollzogen, geht die örtliche Zuständigkeit mit Beginn des Vollzugs der Unterbringung nach § 1a Abs. 3 Satz 3 der Verordnung über die Zuständigkeiten der Ausländerbehörden auf die Ausländerbehörde über, in deren Bezirk die Unterbringung vollzogen wird.

§ 6

Für das Verfahren der Vollstreckungsbehörden gelten im Übrigen § 2 Nr. 1 Satz 3, § 4, § 8 Buchst. c) des Runderlasses des Ministeriums der Justiz vom 3. Mai 2005 (JMBl. S. 261) entsprechend.

§ 7

Dieser Runderlass tritt am Tage nach der Veröffentlichung im Staatsanzeiger für das Land Hessen in Kraft.

Wiesbaden, 22. Januar 2009

Hessisches Ministerium der Justiz
4424/1 – III/C 1 – 2006/3451 – III/A
Hessisches Ministerium
des Innern und für Sport
II 41 – 24 23 d – 05.03 – 1/04/1
Hessisches Sozialministerium
V5 A – m 1000
– Gült.-Verz. 245 –
StAnz. 9/2009 S.540

8 Urteile

8.1 Urteil des VGH München vom 08.03.2016: Ausweisung eines assoziationsberechtigten türkischen Staatsangehörigen

VGH München, Urteil v. 08.03.2016 – 10 B 15.180[105]

Titel
Ausweisung eines assoziationsberechtigten türkischen Staatsangehörigen

Normenketten
EMRK Art. 8
ARB 1/80 Art. 13, Art. 14
AufenthG § 53, § 54 Abs. 1 Nr. 1

Leitsatz
Soweit das Gericht aufgrund seiner eigenen Prognose zu dem Ergebnis kommt, dass die hinreichend konkrete Wahrscheinlichkeit besteht, dass der Kläger erneut die öffentliche Sicherheit gefährdet, ist eine Ausweisung aus spätzialpräventiven[106] Gründen rechtmäßig. (redaktioneller Leitsatz)

Schlagworte
Gefährdung der öffentlichen Sicherheit, erneute Straftat, Gefahrenprognose, Ausweisung, Verhältnismäßigkeit

Vorinstanz
VG Augsburg, Urteil vom 27.03.2013 – 6 K 12.1457

Rechtsmittelinstanz
BVerwG Leipzig, Urteil vom 23.06.2016 – 1 B 77/16

Fundstellen
LSK 2016, 45476
NVwZ-RR 2016, 677

---

[105] http://www.gesetze-bayern.de/Content/Document/Y-300-Z-BECKRS-B-2016-N-45476?hl=true
[106] So dort.

Tenor

I. Die Berufung wird zurückgewiesen.

II. Der Kläger trägt die Kosten des Berufungsverfahrens.

III. Die Kostenentscheidung ist vorläufig vollstreckbar. Der Kläger kann die Vollstreckung durch Sicherheitsleistung oder Hinterlegung in Höhe des vollstreckbaren Betrags abwenden, wenn nicht der Beklagte vorher Sicherheit in gleicher Höhe leistet.

IV. Die Revision wird nicht zugelassen.

Tatbestand

Der Kläger wendet sich mit der Klage gegen seine Ausweisung aus dem Bundesgebiet.

Der am 24. Dezember 1983 im Bundesgebiet geborene Kläger ist türkischer Staatsangehöriger. Sein Vater lebt mit seinen zwei Geschwistern, der Stiefmutter und drei Stiefgeschwistern in G.; seine Mutter ist 2006 verstorben. Der Kläger, der seit 19. Januar 2000 im Besitz einer unbefristeten Aufenthaltserlaubnis (jetzt: Niederlassungserlaubnis) ist, besitzt einen Hauptschulabschluss, hat jedoch keine Berufsausbildung abgeschlossen. In den Jahren zwischen 2001 und 2010 arbeitete er bei verschiedenen Unternehmen mit Unterbrechungen durch Zeiten der Arbeitslosigkeit.

Im Bundesgebiet ist er strafrechtlich wie folgt in Erscheinung getreten:

1. Vorsätzlicher unerlaubter Besitz in Tateinheit mit vorsätzlichem unerlaubten Führen und vorsätzlicher unerlaubter Einfuhr einer Schusswaffe (24.8.2000): von der Verfolgung abgesehen, § 45 Abs. 2 JGG

2. Vorsätzliche Gefährdung des Straßenverkehrs mit fahrlässiger Körperverletzung in zwei Fällen (14.12.2003): Amtsgericht Dillingen vom 16.2.2004 – Verurteilung zu 70 Tagessätzen Geldstrafe und Sperre für die Wiedererlangung der Fahrerlaubnis

3. Vorsätzliche Gefährdung des Straßenverkehrs (14.4.2005): Urteil des Amtsgerichts Dillingen vom 29.11.2005 – fünf Monaten Freiheitsstrafe auf Bewährung und Sperre für die Fahrerlaubnis

4. Sechs sachlich zusammentreffende Vergehen des vorsätzlichen unerlaubten Erwerbs von Betäubungsmitteln (29.10.2004): Amtsgericht Dillingen vom 11.1.2006 – Verwarnung und Auflage von Arbeitsleistungen

5. Vorsätzliches Fahren ohne Fahrerlaubnis (27.8.2005): Urteil des Amtsgerichts Dillingen vom 2.5.2006 unter Einbeziehung des Urteils vom 29.11.2005 (s. 3.) – Freiheitsstrafe von sechs Monaten zwei Wochen auf Bewährung und Sperre für die Fahrerlaubnis

6. Nachstellung in Tateinheit mit Nötigung, Hausfriedensbruch, Beleidigung, versuchter Nötigung in Tatmehrheit mit gefährlicher Körperverletzung, Beleidigung in Tateinheit mit Bedrohung in Tatmehrheit mit Beleidigung (3.9.2009): Urteil des Amtsgerichts Dillingen vom 4.5.2010 – Freiheitsstrafe ein Jahr zehn Monate, Strafrest zur Bewährung ausgesetzt bis 27. August 2017

7. Nachstellung in zwei tateinheitlichen Fällen mit schwerer Nachstellung, gefährlicher Körperverletzung, Bedrohung, vorsätzlicher Körperverletzung und Nötigung sowie Beleidigung (25.4.2010): Urteil des Amtsgerichts Augsburg vom 2.3.2011 – Freiheitsstrafe von zwei Jahren zwei Monaten, Strafvollstreckung erledigt am 3. Juli 2013

Das Landratsamt belehrte den Kläger am 17. Dezember 2007 wegen der von ihm begangenen Straftaten im Hinblick auf eine mögliche Ausweisung. Den Straftaten (Nr. 6 und 7), aus denen Verurteilungen zu Freiheitsstrafen ohne Aussetzung zur Bewährung resultierten, lag die vom Kläger mit der späteren Geschädigten von April 2005 bis 2009 geführte Beziehung zugrunde. Da sich der Kläger mit der von ihr durchgeführten Trennung nicht abfinden wollte, stellte er ihr beständig nach, rief sie dauernd an und beleidigte sie, ihre Mutter und deren Freund. Trotz einer einstweiligen Verfügung vom 7. Juli 2009 nach dem Gewaltschutzgesetz, mit der dem Kläger untersagt worden war, sich seiner früheren Freundin zu nähern, ist er an sie in einer Gaststätte herangetreten und hat dort u. a. ihre ebenfalls anwesende Mutter und deren Freund mit einem Golfschläger bedroht und geschlagen. Zulasten des Klägers wurden seine Rücksichtslosigkeit und Penetranz gewertet, außerdem sein rücksichtsloses Vorgehen im Hinblick auf die körperliche Unversehrtheit dritter Personen. Die schlechte Sozialprognose und seine Rückfälligkeit ließen eine Bewährungsaussetzung nicht mehr zu. Der Kläger habe den Zeitraum nach der Außervollzugsetzung des Haftbefehls bis zur Hauptverhandlung für einen massiven tätlichen Angriff genutzt.

Der Verurteilung durch das Amtsgericht Augsburg vom 2. März 2011 (Nr. 7) lag ein vergleichbarer Sachverhalt zugrunde. Demnach habe der Kläger seine ehemalige Freundin im Zeitraum von April bis Juni 2010 weiterhin mehrfach telefonisch kontaktiert, beleidigt und bedroht, außerdem zweimal mit seinem Auto verfolgt und sei des Öfteren an ihrer Wohnung vorbeigefahren. Schließlich habe er sie am 24. April 2010 an den Haaren aus ihrem Auto herausgerissen und über einen Platz gezogen. Einen Tag danach habe er seine Handlung wiederholt, außerdem mit beiden Händen um den Hals der Geschädigten gefasst und solange zugedrückt, bis sie Atemnot erlitten habe. Der Kläger habe sich im Laufe der Hauptverhandlung aufbrausend benommen und als das eigentliche Opfer hingestellt. Es liege bei ihm eine narzisstische Problematik vor, die mit einem unangepassten Geltungsbedürfnis und Anfälligkeit zur Kränkung einhergehe.

Der Beklagte wies den Kläger mit Bescheid vom 24. Oktober 2012 aus dem Bundesgebiet aus und befristete die Wirkung dieser Ausweisung auf drei Jahre; die Abschiebung aus der Strafhaft wurde angeordnet. Für den Fall, dass die Abschiebung nicht aus der Strafhaft durchgeführt werden könne, habe der Kläger das Bundesgebiet innerhalb eines Monats nach Eintritt der Bestandskraft des Bescheids zu verlassen, andernfalls die Abschiebung in die Türkei oder einen anderen aufnahmebereiten Staat angedroht werde. Da er assoziationsberechtigter türkischer Staatsangehöriger sei und damit besonderen Ausweisungsschutz genieße, dürfe er nur aus spezialpräventiven Gründen auf der Grundlage einer Ermessensentscheidung ausgewiesen werden. Vor dem Hintergrund der über Jahre hinweg begangenen, schwerwiegenden Straftaten drohe die Gefahr wiederum gegen die körperliche Unversehrtheit gerichteter Straftaten. Obwohl eine Behandlung in einer sozialtherapeutischen Abteilung für Gewaltstraftäter erforderlich und auch vorgesehen sei, habe sie der Kläger bisher nicht aufgenommen. Die Teilnahme an einem anstaltsinternen sozialen Kompetenztraining reiche nicht aus. Die Straftaten des in vollem Umfang schuldfähigen Klägers stellten keine einmaligen Verfehlungen dar; er verfüge vor dem Hintergrund seiner narzisstischen Persönlichkeit vielmehr über ein erhebliches Gefährdungspotential. Selbst die Verurteilung zu einer Haftstrafe habe ihn nicht davon abhalten können, sofort nach der mündlichen Verhandlung erneut straffällig zu werden. Die Ausweisung sei auch unter Berücksichtigung der persönlichen Belange des Klägers im Hinblick auf Art. 8 EMRK verhältnismäßig. Seine Kenntnisse der türkischen Sprache würden ihm eine rasche Eingewöhnung in die türkischen Lebensverhältnisse ermöglichen.

Mit Urteil vom 27. März 2013 wies das Verwaltungsgericht Augsburg die gegen den Bescheid vom 24. Oktober 2012 gerichtete Anfechtungsklage ab. Der Kläger könne nach Art. 14 Abs. 1 ARB 1/80 ausgewiesen werden, weil sein persönliches Verhalten eine gegenwärtige und hinreichend schwere Gefahr für ein Grundinteresse der Gesellschaft darstelle, zu dessen Wahrung die Ausweisung unerlässlich sei. Das erschreckende Maß an Aggressivität, das der Kläger nicht nur gegenüber seiner ehemaligen Freundin, sondern auch gegenüber deren Angehörigen an den Tag gelegt habe, stelle einen Ausweisungsanlass von besonderem Gewicht dar. Die begangenen Straftaten deckten ein breites Spektrum ab, belegten ein außerordentlich rücksichtsloses und hartnäckiges Verhalten und erstreckten sich über einen erheblichen Zeitraum. Die in den Strafurteilen aufgezeigten charakterlichen Probleme führten zur Annahme schwerwiegender Gründe der öffentlichen Sicherheit und Ordnung im Sinn von § 56 Abs. 1 Satz 3 AufenthG. Der Kläger nehme zwar in der Justizvollzugsanstalt an einer Therapie teil, diese sei jedoch noch nicht abgeschlossen, so dass davon ausgegangen werden müsse, dass aufgrund der nach wie vor bestehenden Persönlichkeitsdefizite mit weiteren Straftaten, insbesondere gefährlichen Körperverletzungen, gegenüber seiner früheren Freundin oder einer künftigen Partnerin, falls diese sich von ihm trennen wolle, zu rechnen sei. Schließlich bewiesen auch sein Verhalten und seine Äußerungen in der mündlichen Verhandlung vor dem Verwaltungsgericht deutlich, dass er die in seinem bisherigen Leben begangenen Fehler noch nicht erkannt und aufgearbeitet habe. Die Ermessensentscheidung des Beklagten sei nicht zu beanstanden, da alle wesentlichen Gesichtspunkte in die Prüfung eingestellt und keine sachfremden Erwägungen angestellt worden seien. Die Ausweisung sei schließlich auch verhältnismäßig im Hinblick auf Art. 8 EMRK. Obwohl der Kläger als faktischer Inländer zu betrachten und im Besitz einer Niederlassungserlaubnis sei, sein Vater und seine Geschwister im Bundesgebiet wohnten und er seine wesentliche Prägung und Sozialisation in Deutschland erfahren habe, sei ihm eine Übersiedlung in die Türkei zu der dort lebenden Großmutter zuzumuten. Er werde jedenfalls in der Türkei nicht auf unüberwindbare Hindernisse stoßen. Auch die Befristung der Wirkungen der Ausweisung auf die Dauer von drei Jahren begegne keinen rechtlichen Bedenken.

Der am 22. Juni 2010 inhaftierte Kläger wurde am 19. August 2013 nach voller Verbüßung der durch Urteil des Amtsgerichts Augsburg vom 2. März 2011 (s. Nr. 7) verhängten Freiheitsstrafe und mehr als hälftiger Verbüßung der durch das Amtsgericht Dillingen mit Urteil vom 4. Mai 2010 (Nr. 6) verhängten Freiheitsstrafe entlassen.

Der Kläger begründet seine mit Beschluss vom 19. Januar 2015 zugelassene Berufung in erster Linie mit dem Verweis auf den Beschluss der auswärtigen Strafvollstreckungskammer des Landgerichts Augsburg vom 9. August 2013, mit dem die Reststrafe zur Bewährung ausgesetzt und eine Bewährungszeit von vier Jahren angeordnet wurde. Der Kläger habe sämtliche ihm auferlegten Bewährungsauflagen erfüllt und erfülle sie immer noch. Insbesondere habe er die Therapie erfolgreich abgeschlossen, wohne nun zusammen mit seinen Eltern und Geschwistern in G. und habe eine Ausbildung als Industriemechaniker begonnen, nachdem er noch während der Haft den qualifizierten Hauptschulabschluss sowie außerdem einen Staplerführerschein erworben habe. Während der Inhaftierung habe er im Rahmen eines Gewaltpräventionstrainings an zehn Einzel- und zehn Gruppensitzungen mit einem Therapeuten teilgenommen. Aus dem Beschluss vom 9. August 2013 ergebe sich, dass die Entlassung unter Aussetzung der Reststrafe zur Bewährung angesichts der überwiegenden Wahrscheinlichkeit möglich sei, dass der Kläger künftig keine Straftaten mehr begehen werde. Der Kläger erfülle auch das im Hinblick auf besonders gefährliche Straftaten zu verlangende hohe Maß an Erfolgswahrscheinlichkeit wegen des erfolgreichen Therapieverlaufs, der damit einhergehenden Einsicht in das Tatunrecht und dessen Aufarbeitung. Außerdem bestehe offenbar keine Beziehung mehr zum Tatopfer. In der Haft habe eine deutliche Nachreifung bei beanstandungsfreier Führung stattgefunden. Nach der erstmaligen Verbüßung einer Haftstrafe müsse die Gefahrenprognose vor dem Hintergrund des Beschlusses vom 9. August 2013 zu seinen Gunsten ausgehen. Zum für die rechtliche und tatsächliche Beurteilung des angefochtenen Bescheides maßgeblichen Zeitpunkt der letzten mündlichen Verhandlung sei klar, dass der Kläger durch die erstmalige Inhaftierung so beeindruckt sei, dass er künftig keine Straftaten mehr begehen werde. Bei lange andauerndem Strafvollzug komme den Umständen der Begehung der Straftaten nur noch eingeschränkte Aussagekraft zu; je länger die Freiheitsentziehung andauere, desto mehr Bedeutung erhielten die augenblicklichen Lebensverhältnisse der verurteilten Person für die anzustellende Prognose. Der Kläger habe sich seit seiner Haftentlassung straffrei geführt.

Der Kläger beantragt,

das Urteil des Verwaltungsgerichts Augsburg vom 27. März 2013 und den Bescheid des Beklagten vom 24. Oktober 2012 aufzuheben.

Der Beklagte beantragt,

die Berufung zurückzuweisen.

Der Beklagte legte zuletzt ein Urteil des Amtsgerichts Dillingen vom 10. Dezember 2015 vor, mit dem der Kläger wegen des Vergehens des Widerstands gegen Vollstreckungsbeamte in Tateinheit mit Beleidigung zu einer Geldstrafe in Höhe von 140 Tagessätzen verurteilt wurde. Er war am 31. März 2015 im Rahmen einer Verkehrskontrolle wegen auffälligen Zustands seiner Pupillen aufgefordert worden, zur Feststellung seiner Fahrtauglichkeit einen Urintest durchzuführen. Infolge seiner Weigerung veranlasste die Polizei die richterliche Anordnung einer Blutentnahme, gegen die sich der Kläger zur Wehr setzte, so dass er zur Durchsetzung der Anordnung von fünf Polizeibeamten auf dem Boden fixiert werden musste. Währenddessen beleidigte er die anwesenden Beamten in türkischer Sprache. Im Rahmen der Strafzumessung wertete das Landgericht Dillingen sein Teilgeständnis und sein Bemühen um eine Entschuldigung in der mündlichen Verhandlung zu seinen Gunsten. Zu seinen Lasten gingen die zahlreichen Vorstrafen und der Umstand, dass er während offener Reststrafenbewährung gehandelt habe. Der Kläger habe ausweislich des mittels Blutprobe festgestellten geringen THC-Werts nicht den Tatbestand einer Ordnungswidrigkeit im Sinn von § 24a StVG verwirklicht. Aus der beigezogenen Bewährungsakte gehe hervor, dass er der ihm auch nach Haftentlassung auferlegten Antigewalttherapie bei dem Therapeuten Dr. S. ambulant nachkomme. Aufgrund der Gesamtumstände werde eine Geldstrafe als noch ausreichend zur Ahndung angesehen.

Wegen der weiteren Einzelheiten wird auf die vorgelegten Strafakten, die Ausländerakte sowie die Gerichtsakten Bezug genommen.

Entscheidungsgründe

Die zulässige Berufung ist unbegründet. Zu Recht hat das Verwaltungsgericht die Anfechtungsklage abgewiesen, weil die Ausweisung den geltenden Vorschriften entspricht.

1. Die Rechtmäßigkeit der Ausweisung des Klägers ist an den im Zeitpunkt der Entscheidung des Verwaltungsgerichtshofs maßgeblichen Regelungen der §§ 53 ff. AufenthG, also in der ab 1. Januar 2016 gültigen Fassung des Gesetzes zur Neubestimmung des Bleiberechts und der Aufenthaltsbeendigung vom 27. Juli 2015 (BGBl. I S. 1386), zu messen (1.1). Die neue Rechtslage kann ohne Verstoß gegen Art. 13 ARB 1/80 angewendet werden (1.2).

1.1 Maßgeblich für die rechtliche Beurteilung einer Ausweisung ist nach ständiger Rechtsprechung grundsätzlich die Sach- und Rechtslage im Zeitpunkt der letzten mündlichen Verhandlung oder Entscheidung des Berufungsgerichts (vgl. z. B. BVerwG, U. v. 15.1.2013 – 1 C 10.12 – juris Rn. 12). Eine während des Berufungsverfahrens bis zum Zeitpunkt der Entscheidung des Senats eingetretene Änderung der Sach- und Rechtslage ist daher zu berücksichtigen. Der Senat hat dementsprechend die streitbefangene Ausweisungsverfügung und das bestätigende verwaltungsgerichtliche Urteil mangels entgegenstehender Übergangsregelung anhand der §§ 53 ff. AufenthG in der ab 1. Januar 2016 gültigen Fassung des Gesetzes zur Neubestimmung des Bleiberechts und der Aufenthaltsbeendigung vom 27. Juli 2015 (BGBl. I S. 1386) zu überprüfen.

Seit dieser Rechtsänderung differenziert das Aufenthaltsgesetz nicht mehr zwischen der zwingenden Ausweisung, der Ausweisung im Regelfall und der Ermessensausweisung, sondern verlangt für eine Ausweisung eine Gefährdung der öffentlichen Sicherheit und Ordnung und eine Verhältnismäßigkeitsprüfung, die für ein Ermessen der Ausländerbehörde keinen Raum mehr lässt. Die Ausweisungsentscheidung ist durch das Gericht in vollem Umfang nachprüfbar (Welte, InfAuslR 2015, 426; Cziersky-Reis in Hofmann, Kommentar zum Aufenthaltsgesetz, 2. Aufl. 2016, § 53 Rn. 30; Bauer in Bergmann/Dienelt, Ausländerrecht, Kommentar, 11. Aufl. 2016, Vorb §§ 53 – 56 Rn. 13 und § 53 Rn. 5 ff.; a.A. Marx, ZAR 2015, 245/246). Eine – wie hier – nach altem Recht verfügte Ermessensausweisung wird nach Inkrafttreten der §§ 53 bis 55 AufenthG in ihrer Neufassung am 1. Januar 2016 nicht rechtsfehlerhaft, wenn sie den ab diesem Zeitpunkt geltenden gesetzlichen Anforderungen entspricht, also gemäß der zentralen Ausweisungsnorm des § 53 Abs. 1 AufenthG (als Grundtatbestand; vgl. die Gesetzesbegründung, BT-Drs. 18/4097 S. 49 f.) der weitere Aufenthalt des Ausländers im Bundesgebiet die öffentliche Sicherheit und Ordnung gefährdet und die unter Berücksichtigung aller Umstände des Einzelfalls vorzunehmende Abwägung der Interessen an der Ausreise mit den Interessen an einem weiteren Verbleib des Ausländers im Bundesgebiet ergibt, dass das öffentliche Interesse an der Ausreise überwiegt. Steht dem Ausländer ein Aufenthaltsrecht nach dem Beschluss Nr. 1/80 des Assoziationsratsabkommen vom 19. September 1980 über die Entwicklung der Assoziation (ARB 1/80) zu, sind an die Qualität der erforderlichen Gefahr für die öffentliche Sicherheit und Ordnung erhöhte Anforderungen zu stellen, denn er darf nach § 53 Abs. 3 AufenthG nur ausgewiesen werden, wenn sein persönliches Verhalten gegenwärtig eine schwerwiegende Gefahr für die öffentliche Sicherheit und Ordnung darstellt, die ein Grundinteresse der Gesellschaft berührt, und wenn die Ausweisung zur Wahrung dieses Interesses unerlässlich ist. Damit gibt die Neufassung von § 53 Abs. 3 AufenthG exakt die Voraussetzungen wieder, die nach ständiger Rechtsprechung (z.B. EuGH, U. v. 8.12.2011 – Rs. C – 371/08 Ziebell –, juris Rn. 80; BayVGH, U. v. 30.10.2012 – 10 B 11.2744 – juris) für die Ausweisung eines assoziationsberechtigten türkischen Staatsangehörigen erfüllt sein mussten.

1.2 Die Beteiligten gehen übereinstimmend davon aus, dass dem Kläger im Zeitpunkt der Ausweisungsentscheidung ein Aufenthaltsrecht nach Art. 7 ARB 1/80 zustand. Er kommt damit grundsätzlich in den Genuss der ihn gegenüber anderen Drittstaaten privilegierenden Vorschriften des Assoziationsratsbeschlusses, also auch des in Art. 13 ARB 1/80 enthaltenen Verschlechterungsverbots (sog. Stillhalteklausel). Danach dürfen die Mitgliedstaaten keine neuen innerstaatlichen Maßnahmen einführen, die bezwecken oder bewirken, dass die Ausübung der Arbeitnehmerfreizügigkeit durch einen türkischen Staatsangehörigen oder einen Familienangehörigen in einem Mitgliedstaat strengeren Voraussetzungen unterworfen wird als denjenigen, die bei Inkrafttreten der Bestimmung am 1. Dezember 1980 in dem Mitgliedstaat galten (vgl. BVerwG, U. v. 28.4.2015 – 1 C 21. 14 – InfAuslR 2015, 327).

Allerdings bestehen auch mit Blick auf diese Bestimmung keine Bedenken gegen die Anwendung der ab 1. Januar 2016 geltenden neuen Ausweisungsvorschriften auf den Kläger als assoziationsberechtigten türkischen Staatsangehörigen. Geht man davon aus, dass Art. 13 ARB 1/80 auch im Zusammenhang mit der Änderung nationaler Ausweisungsvorschriften Gültigkeit beansprucht, obwohl diese keinen unmittelbaren Bezug zur Regelung des Arbeitsmarktzugangs aufweisen (vgl. hierzu Hailbronner, AuslR, Stand: Januar 2016, D 5.2, Art. 13 Rn. 10 f.), geht mit der Einführung des zum 1. Januar 2016 anwendbaren Ausweisungsrechts keine grundsätzliche Verschlechterung der Rechtsposition eines unter dem Schutz von Art. 14 ARB 1/80 stehenden türkischen Staatsangehörigen einher. Denn er kann auch künftig ausschließlich aus spezialpräventiven Gründen und nur dann ausgewiesen werden, wenn sein Verhalten gegenwärtig eine schwerwiegende Gefahr für die öffentliche Sicherheit und Ordnung darstellt (vgl. § 53 Abs. 3 AufenthG); außerdem ist der Grundsatz der Verhältnismäßigkeit zu beachten, wie sich aus § 53 Abs. 3 letzter Halbsatz AufenthG und dem System von § 53 Abs. 2, §§ 54, 55 AufenthG ergibt. Dabei sind unter Abwägung der gegenläufigen Interessen alle Umstände und Besonderheiten des konkreten Einzelfalls einzustellen (Bauer in Bergmann/Dienelt, 11. Aufl. 2016, § 53 AufenthG Rn. 56 f.; bisher schon: BVerwG, U. v. 2.9.2009 – 1 C 2.09 – InfAuslR 2010, 3), so dass sich die materiellen Anforderungen, unter denen ein assoziationsberechtigter türkischer Staatsangehöriger ausgewiesen werden darf, nicht zu seinen Lasten geändert haben. Dass nach dem neuen Recht eine Ausweisung nach Betätigung des ausländerbehördlichen Ermessens nicht mehr in Betracht kommt, ist für einen betroffenen Ausländer nicht ungünstiger (Bauer in Bergmann/Dienelt, a.a.O., Rn. 59; a.A. Cziersky-Reis in Hofmann, AuslR, 2. Aufl. 2016, § 53 AufenthG Rn. 42), denn es lässt sich schon nicht feststellen, dass es in der Vergangenheit tatsächlich Fälle gab, in denen die Ausländerbehörde von einer eigentlich möglichen Ausweisung aus Ermessensgründen Abstand genommen hat. Im Übrigen ermöglicht das neue Ausweisungsrecht eine volle gerichtliche Kontrolle der Ausweisungsentscheidung, so dass jedenfalls in der Gesamtschau eine Verschlechterung der Rechtspositionen eines durch Art. 13, 14 ARB 1/80 geschützten türkischen Staatsangehörigen nicht feststellbar ist.

2. Die Ausweisung des Klägers ist unter Berücksichtigung des dargelegten Maßstabs rechtmäßig, weil die vom Verwaltungsgericht angenommene Gefahr der Begehung erneuter gravierender Straftaten nach wie vor gegenwärtig besteht (2.1) und nach der erforderlichen Interessenabwägung die Ausweisung für die Wahrung dieses Grundinteresses der Gesellschaft unerlässlich ist (2.2).

2.1 Gemessen an den unter 1.1 dargestellten Grundsätzen kommt der Senat zu der Bewertung, dass nach dem Gesamtbild des Klägers, das in erster Linie durch sein Verhalten gekennzeichnet ist, mit hinreichender Wahrscheinlichkeit damit gerechnet werden muss, dass er erneut vergleichbare Straftaten begehen wird und damit gegenwärtig eine schwerwiegende Gefahr für die öffentliche Sicherheit darstellt. Die nach § 53 Abs. 1, 3 AufenthG vorausgesetzte erhöhte Gefährdung der öffentlichen Sicherheit und Ordnung ist beim Kläger zum Zeitpunkt der Entscheidung des Senats in spezialpräventiver Hinsicht noch gegeben. Seine diesbezüglichen Einwendungen im Berufungsvorbringen greifen letztlich nicht durch. Die Ausweisungsentscheidung hat der Beklagte vor dem Hintergrund des nunmehr von § 53 Abs. 3 AufenthG geforderten persönlichen Verhaltens zu Recht nicht auf generalpräventive Gründe gestützt.

Nach ständiger Rechtsprechung des Bundesverwaltungsgerichts haben Ausländerbehörden und Verwaltungsgerichte bei einer spezialpräventiven Ausweisungsentscheidung und ihrer gerichtlichen Überprüfung eine eigenständige Prognose zur Wiederholungsgefahr zu treffen (vgl. z. B. BVerwG, U. v. 15.1.2013 – 1 C 10.12 – juris Rn. 18). Bei der Prognose, ob eine Wiederholung vergleichbarer Straftaten mit hinreichender Wahrscheinlichkeit droht, sind die besonderen Umstände des Einzelfalls zu berücksichtigen, insbesondere die Höhe der verhängten Strafe, die Schwere der konkreten Straftat, die Umstände ihrer Begehung, das Gewicht des bei einem Rückfall bedrohten Rechtsguts sowie die Persönlichkeit des Täters und seine Entwicklung und Lebensumstände bis zum maßgeblichen Entscheidungszeitpunkt (vgl. BayVGH, U. v. 30.10.2012 – 10 B 11.2744 – juris Rn. 33 m.w.N.). An die Wahrscheinlichkeit des Schadenseintritts sind bei dieser Prognose umso geringere Anforderungen zu stellen, je größer und folgenschwerer der möglicherweise eintretende Schaden ist (st. Rspr.; vgl. z.B. BVerwG, U. v. 4.10.2012 – 1 C 13.11 – Rn. 18; BayVGH, U. v. 30.10.2012 – 10 B 11.2744 – juris Rn. 34 und B. v. 3.3.2016 – 10 ZB 14.844 – juris). Auch der Rang des bedrohten Rechtsguts ist dabei zu berücksichtigen; an die nach dem Ausmaß des möglichen Schadens differenzierende hinreichende Wahrscheinlichkeit eines Schadenseintritts dürfen andererseits keine zu geringen Anforderungen gestellt werden.

Gemessen an den dargestellten Grundsätzen ist der Senat zum maßgeblichen Entscheidungszeitpunkt zu der Überzeugung (§ 108 Abs. 1 VwGO) gelangt, dass eine hinreichend konkrete Wahrscheinlichkeit dafür besteht, dass der Kläger erneut die öffentliche Sicherheit durch vergleichbare, insbesondere gegen die körperliche Unversehrtheit dritter Personen gerichtete Straftaten beeinträchtigen wird. Das vom Kläger insoweit geltend gemachte positive Verhalten während der Strafhaft, die dabei durchlaufene Entwicklung, weiter der Umstand, dass er erstmals eine Haftstrafe verbüßen musste, sowie die Aussagen im Bewährungsbeschluss vom 9. August 2013, und schließlich die Erfüllung der ihm auferlegten Auflagen lassen die angenommene Wiederholungsgefahr nicht entfallen. Zu Recht hat demgegenüber das Verwaltungsgericht entscheidend darauf abgestellt, dass der Kläger eine ganze Reihe von Straftatbeständen gegenüber seiner ehemaligen Freundin und deren Angehörigen verwirklicht und dabei über einen erheblichen Zeitraum ein hohes Maß an Aggressivität an den Tag gelegt hat. Durch sein Verhalten mit sich steigernder Gewaltbereitschaft hat der Kläger Schutzgüter von hohem Rang (Art. 2 Abs. 2 Satz 2 GG) verletzt und den betroffenen Personen nicht nur körperliche, sondern auch erhebliche psychische Schäden zugefügt. Das vom Kläger ausgehende Gefährdungspotenzial berührt angesichts dessen ein Grundinteresse der Gesellschaft. Die Gefahrenprognose wird auch dadurch gestützt, dass er sich in den Jahren 2003 und 2005 zweimal der vorsätzlichen Gefährdung des Straßenverkehrs in massiver Weise durch rücksichtsloses Überholen schuldig gemacht hatte (vgl. Darstellung im Urteil des VG Augsburg v. 27.3.2013, S. 17, 18), wobei es einmal zu einem Frontalzusammenstoß kam. Es wurde deswegen eine Freiheitsstrafe auf Bewährung gegen ihn verhängt; die zudem ausgesprochene Entziehung der Fahrerlaubnis hat er offenbar nicht akzeptiert, wie eine weitere Verurteilung wegen vorsätzlichen Fahrens ohne Fahrerlaubnis beweist.

Triebfeder für das Verhalten des Klägers, das den den Anlass[107] für die Ausweisung bildenden Taten zugrunde lag, war seine persönliche Unfähigkeit, die Beendigung der Beziehung durch seine Freundin zu akzeptieren und nicht gewaltsam auf die Rückgängigmachung ihres Entschlusses zu drängen. Die diesem Verhalten zugrunde liegende Disposition seiner Persönlichkeit hat der Kläger zwar in der Haft und auch anschließend entsprechend den ihm auferlegten Maßgaben bearbeitet; der Senat konnte gleichwohl nicht zu der Auffassung gelangen, dass der Kläger ein ähnliches Verhalten in einer vergleichbaren Situation nicht mehr zeigen wird. Zur Begründung ist insbesondere auf die neuerliche Verurteilung durch Urteil des Amtsgerichts Dillingen vom 10. Dezember 2015 wegen Widerstands gegen Vollstreckungsbeamte zu verweisen, der zwar offenbar keine aktiven Gewalthandlungen des Klägers zugrundelagen, als er sich der richterlich angeordneten Blutentnahme widersetzt hat und die Maßnahme nur nach Fixierung durch mehrere Polizeibeamte vollzogen werden konnte; auch hat er sich für sein Verhalten entschuldigt. Problematisch im Hinblick auf die hier anzustellende Gefahrenprognose ist seine in der münd-

---

[107] So dort.

lichen Verhandlung vor dem Senat wiederholte Meinung, er habe ohne schriftliche richterliche Anordnung die Blutentnahme verweigern und danach handeln dürfen, weil er „im Recht gewesen" sei. Die auch darin zum Ausdruck kommende Einstellung des Klägers lässt den Schluss zu, dass er auch künftig in bestimmten Konfliktsituationen im privaten wie im öffentlichen Raum – insbesondere wenn er sich „ungerecht behandelt fühlt" – nach seinen eigenen rechtlichen und sonstigen Vorstellungen agieren wird und es so zu erneuten unkontrollierbaren Eskalationen für den Fall kommen kann, dass der Gegenüber nicht der Meinung des Klägers ist. In dieser Hinsicht haben die in und nach der Haft durchgeführten Therapiemaßnahmen (Persönlichkeits- und Antigewalttherapie), mit denen u. a. die vom Sachverständigen des Amtsgerichts Augsburg mit Gutachten vom 19. Dezember 2010 festgestellte erhebliche narzisstische Problematik bearbeitet werden sollte, noch keinen ausreichenden Erfolg gehabt.

Auch die im Bewährungsbeschluss vom 9. August 2013 enthaltene Aussage, vor dem Hintergrund einer „deutlichen Nachreifung bei beanstandungsfreier Führung" in der Haft und einer erfolgreichen Aufarbeitung der für die Straftaten maßgeblichen Defizite sei überwiegend wahrscheinlich, dass der Kläger künftig keine Straftaten mehr begehen werde, vermag nicht zu einer für ihn günstigen Gefahrenprognose zu führen. Bei ihrer Prognoseentscheidung sind die Ausländerbehörden und Verwaltungsgerichte an die Feststellungen und Beurteilungen durch die Strafgerichte selbst dann nicht gebunden, wenn die Strafvollstreckungskammer zur Vorbereitung ihrer Entscheidung ein Sachverständigengutachten eingeholt hat. Bei der Frage, ob ein Strafrest nach § 57 StGB zur Bewährung ausgesetzt werden kann, geht es um die Frage, ob die Wiedereingliederung eines inhaftierten Straftäters weiterhin im Vollzug stattfinden muss oder durch vorzeitige Entlassung für die Dauer der Bewährungszeit in „offener Form" inmitten der Gesellschaft verantwortet werden kann. Dabei stehen in erster Linie Gesichtspunkte der Resozialisierung im Vordergrund; zu prognostizieren ist, ob der Täter das Potenzial hat, sich während der Bewährungszeit straffrei zu führen. Im ausländerrechtlichen Ausweisungsverfahren geht es dagegen um die Frage, ob das Risiko eines Misserfolgs der Resozialisierung von der inländischen Gesellschaft getragen werden muss. Die ausweisungsrechtliche Prognoseentscheidung bezieht sich daher nicht nur auf die Dauer der Bewährungszeit, sondern hat einen längeren Zeithorizont in den Blick zu nehmen. Denn es geht dabei um die Beurteilung, ob dem Ausländer über den Bewährungszeitraum hinaus ein straffreies Leben im Bundesgebiet möglich sein wird. Entscheidend ist, ob er im maßgeblichen Zeitpunkt auf ausreichende Integrationsfaktoren verweisen kann; die beanstandungsfreie Führung während der Haft genügt für sich genommen nicht (BVerwG, U. v. 15.1.2013 – 1 C 10.12 – juris Rn. 19 f.; BayVGH, B. v. 3.3.2016 – 10 ZB 14.844 – juris).

Zu keinem anderen Ergebnis führt deshalb auch der vom Kläger in der mündlichen Verhandlung mitgeteilte Umstand, dass seine Bewährung nicht infolge der letzten strafrechtlichen Verurteilung widerrufen worden sei. Die soeben dargestellten Grundsätze zur unterschiedlichen Würdigung der Gefahrenprognose im Strafvollzugsrecht einerseits und Ausweisungsrecht andererseits können auch in der Situation des trotz erneuter Verurteilung unterbliebenen Widerrufs der Bewährung angewendet werden.

Auch wenn der Kläger nunmehr offenbar seiner ehemaligen Freundin nicht mehr nachstellt und sich mit den gegen sie und ihre Angehörigen gerichteten Taten, wegen derer er verurteilt wurde, auseinandergesetzt hat, genügt dieser Umstand dem Senat für eine positive Prognose alleine noch nicht. Ohne Überwindung der für das damalige Fehlverhalten maßgeblichen Persönlichkeitsdefizite besteht mit ausreichender Wahrscheinlichkeit die gegenwärtige Gefahr der Begehung gleich oder ähnlich gelagerter Straftaten.

2.2 Die bei Vorliegen einer tatbestandsmäßigen Gefährdungslage nach § 53 Abs. 1 und 3 AufenthG unter Berücksichtigung aller Umstände des Einzelfalles vorzunehmende Abwägung der Interessen an der Ausreise des Klägers mit den Interessen an seinem weiteren Verbleib im Bundesgebiet ergibt, dass das öffentliche Interesse an seiner Ausreise überwiegt und die Ausweisung auch für die Wahrung des (unter 2.1) dargestellten Grundinteresses der Gesellschaft unerlässlich ist.

Entgegen dem Vortrag im Berufungsverfahren ist die streitbefangene Ausweisung weder unter Berücksichtigung der in § 53 Abs. 2 AufenthG – allerdings nicht abschließend – aufgeführten Umstände noch mit Blick auf die Anforderungen der wertentscheidenden Grundsatznorm des Art. 6 Abs. 1 GG und des Art. 8 EMRK unverhältnismäßig. Der Beklagte und nachfolgend das Verwaltungsgericht haben bei der vom Kläger angegriffenen Entscheidung sämtliche entscheidungsrelevanten Gesichtspunkte berücksichtigt, die in diese Interessenabwägung einzustellen sind, und sie im Ergebnis in nicht zu beanstandender Weise gewichtet.

2.2.1 Ein besonders schwerwiegendes Ausweisungsinteresse (i. S. v. § 53 Abs. 1 AufenthG) ist beim Kläger infolge seiner rechtskräftigen Verurteilung vom 2. März 2011 durch das Amtsgericht Augsburg zu einer Freiheitsstrafe von zwei Jahren und zwei Monaten nach § 54 Abs. 1 Nr. 1 AufenthG gegeben. Zu seinen Gunsten ergibt sich ein besonders schwerwiegendes Bleibeinteresse nach § 55 Abs. 1 Nr. 1 AufenthG, weil er eine Niederlassungserlaubnis besitzt und sich seit mindestens fünf Jahren rechtmäßig im Bundesgebiet aufgehalten hat.

Liegen darüber hinaus weitere Lebenssachverhalte vor, die noch andere Tatbestände eines besonders schwerwiegenden oder (nur) schwerwiegenden Ausweisungs- oder Bleibeinteresses erfüllen, sind diese erst bei der nachfolgenden Abwägung der einzelfallbezogenen Umstände im Rahmen des § 53 Abs. 2 AufenthG mit dem ihnen zukommenden Gewicht zu berücksichtigen; die Annahme eines „doppelt" oder sogar mehrfach (besonders oder nur) schwerwiegenden Interesses ist weder systematisch geboten noch von seinem Sinngehalt her vorstellbar. Eine rein quantitative Gegenüberstellung der im Rahmen der Prüfung nach §§ 54, 55 AufenthG verwirklichten typisierten Interessen widerspräche auch dem Gebot der Abwägung aller Umstände des Einzelfalls. Deshalb kommt es an dieser Stelle nicht mehr darauf an, dass infolge der weiteren Verurteilung des Klägers durch das Amtsgericht Dillingen vom 4. Mai 2010 zu einer Freiheitsstrafe von einem Jahr und zehn Monaten auch der Tatbestand des § 54 Abs. 2 Nr. 1 AufenthG verwirklicht ist. Entsprechendes gilt für die nicht den Anlass für die Ausweisung gebenden Verurteilungen durch das Amtsgericht Dillingen (vom 16.2.2004 und vom 2.5.2006), die möglicherweise für sich alleine gesehen – also ohne Vorliegen der zeitlich nachfolgenden Verurteilungen – ein schwerwiegendes Ausweisungsinteresse nach § 54 Abs. 2 Nr. 9 AufenthG als strafbare Handlungen, die „einen nicht nur vereinzelten oder geringfügigen Verstoß gegen Rechtsvorschriften" darstellen, begründen könnten.

2.2.2 Liegen also nach der durch die §§ 54, 55 AufenthG vorgegebenen typisierenden Betrachtung besonders schwerwiegende Gründe vor, die sowohl für die Ausreise des Klägers aus dem Bundesgebiet als auch für seinen weiteren Verbleib sprechen, fällt die in jedem Fall auch im Rahmen des § 53 Abs. 3 AufenthG vorzunehmende umfassende Abwägung der gegenläufigen Interessen (§ 53 Abs. 1, 2 AufenthG) hier zu Ungunsten des Klägers aus; danach ist seine Ausweisung für die Wahrung des betroffenen Grundinteresses der Gesellschaft unerlässlich.

Bei der Abwägungsentscheidung sind sämtliche nach den Umständen des Einzelfalls maßgeblichen Gesichtspunkte zu berücksichtigen, in erster Linie die Dauer des Aufenthalts, die Bindungen persönlicher, wirtschaftlicher und sonstiger Art im Bundesgebiet und im Herkunftsstaat sowie die Folgen der Ausweisung für Familienangehörige (§ 53 Abs. 2 AufenthG). Vor diesem Hintergrund hat das Verwaltungsgericht zu Recht darauf abgestellt, dass der Kläger ein „faktischer Inländer" ist, der seine wesentliche Prägung und Entwicklung in Deutschland erfahren hat, und seit mehr als einem Jahrzehnt ein Daueraufenthaltsrecht im Bundesgebiet besitzt. Sämtliche nahe Verwandte, insbesondere der Vater des Klägers und seine Geschwister sowie Stiefgeschwister leben im näheren Umfeld. Allerdings hat der Kläger bisher keine eigene Familie gegründet und lebt auch nicht mehr – wie noch während der Haft geplant – mit seinem Vater zusammen, sondern hat eine eigene Wohnung. Unter dem Aspekt der Achtung des Privatlebens (Art. 8 Abs. 1, 2 EMRK) ist zu beachten, dass der Kläger eine neue Beziehung zu einer Frau eingegangen ist, über die er in der mündlichen Verhandlung berichtet hat. Zu seinen Gunsten spricht auch sein nach der Haftentlassung an den Tag gelegtes Bemühen, auf dem Arbeitsmarkt Fuß zu fassen, auch wenn er die zunächst begonnene Ausbildung zum Industriemechaniker abgebrochen hat. Seinen Bewährungsauflagen kommt er offensichtlich nach; er unterzieht sich nach wie vor einmal monatlich einer Persönlichkeits- und Antigewalttherapie.

Zulasten des Klägers ist insbesondere seine während offener Bewährung begangene Straftat am 31. März 2015 hervorzuheben, die auch beweist, dass ihn die erstmalige Inhaftierung offenbar doch nicht derart beeindruckt hat, dass er künftig ein straffreies Leben führen kann, wie dies in der Begründung der Berufung behauptet wird. Die erstmalige Verbüßung einer Haftstrafe ist zwar grundsätzlich geeignet, die persönliche Reifung eines Straftäters zu fördern (vgl. BayVGH, U. v. 30.10.2012 – 10 B 11.2744 – juris, Rn. 44); im vorliegenden Fall ist dies jedoch vor dem Hintergrund der nach wie vor problematischen Persönlichkeitsstruktur des Klägers zu verneinen. Das mit der Therapieauflage verfolgte Ziel, dem Kläger die Mittel für ein Leben ohne Straftaten an die Hand zu geben, ist noch nicht erreicht. Es bleibt daher auch im Rahmen der Prüfung der Verhältnismäßigkeit der Ausweisung bei der zentralen Bedeutung der Anlassstraftaten, mit denen er über einen langen Zeitraum ein hochaggressives Verhalten an den Tag gelegt hat, dem nicht einmal durch die erste Verurteilung zu einer Freiheitsstrafe ohne Bewährung Einhalt geboten werden konnte. In diesem Zusammenhang sind auch die bereits dargestellten Straftaten des Klägers im öffentlichen Straßenverkehr zu nennen, mit denen er eine erhebliche Rücksichtslosigkeit im Hinblick auf die Gefährdung der körperlichen Unversehrtheit Dritter bewiesen hat. Auch die bisherige Erwerbsbiografie des Klägers spricht nicht zu seinen Gunsten; weder weist er eine abgeschlossene Berufsausbildung auf noch ist er in der Vergangenheit über einen längeren Zeitraum hinweg einer rentenversicherungspflichtigen Tätigkeit nachgegangen, woraus im angefochtenen Urteil nachvollziehbar gefolgert wird, dass der Kläger offenbar zum Aufbau einer gesicherten wirtschaftlichen Existenz im Bundesgebiet bisher nicht in der Lage war. Auch seine nach der Haftentlassung begonnene Ausbildung konnte er nicht zum Abschluss bringen. Der Senat ist der Auffassung, dass die von ihm bisher ein knappes Jahr lang ausgeübte selbstständige Tätigkeit (Handel mit Kfz-Teilen/Altreifenentsorgung), die durch öffentliche Leistungen zur Existenzgründung unterstützt wird, noch nicht als dauerhaft nachgewiesene berufliche Existenz angesehen werden kann.

Schließlich hat das Verwaltungsgericht auch zu Recht angenommen, dass dem volljährigen Kläger trotz seiner ausschließlichen Sozialisierung in Deutschland zuzumuten ist, in das Land seiner Staatsangehörigkeit, dessen Sprache er zumindest spricht, zu übersiedeln. Dort wird er als 32-jähriger gesunder Mann trotz fehlender Beziehungen sein Auskommen finden können. Dabei ist hervorzuheben, dass von einer gelungenen sozialen und wirtschaftlichen Integration des Klägers schon in die hiesigen Verhältnisse trotz seines lebenslangen Aufenthalts im Bundesgebiet nicht ausgegangen werden kann; insoweit relativiert sich sein Einwand, er verfüge in der Türkei über keine wirtschaftlichen Beziehungen. Dass im Verlaufe des gerichtlichen Verfahrens inzwischen offenbar auch seine Großmutter in das Bundesgebiet übersiedelt ist und der Kläger damit eigenen Angaben zufolge keine Angehörigen in der Türkei mehr besitzt, erschwert zwar eine Eingewöhnung in die neuen Lebensumstände, führt aber nicht zur Unverhältnismäßigkeit der Ausweisungsentscheidung. Den Kontakt zum Bundesgebiet und seinen hier lebenden Angehörigen kann der Kläger von der Türkei aus aufrechterhalten, auch wenn dies mit erhöhten Schwierigkeiten verbunden ist.

Im Ergebnis der Gesamtabwägung stellt sich die Ausweisung als verhältnismäßige Maßnahme dar, die zur Abwehr schwerwiegender Gefahren für die verfassungsrechtlichen Schutzgüter von Leben und körperlicher Unversehrtheit unerlässlich ist.

2.3 Keinen rechtlichen Bedenken begegnet schließlich die Befristung der Wirkungen des aus der Ausweisung folgenden Einreise- und Aufenthaltsverbots nach § 11 AufenthG auf drei Jahre ab dem Zeitpunkt der Ausreise (vgl. Nr. 2 des angefochtenen Bescheids, S. 18). Die Befristungsentscheidung wurde in der mündlichen Verhandlung auf eine Entscheidung nach Ermessen umgestellt, ohne dass im Übrigen der Kläger Einwände gegen die Länge der Frist erhoben hat. Auch die unter Bestimmung einer Frist erfolgte Ausreiseaufforderung und die daran anknüpfende Abschiebungsandrohung (Nr. 4 des Bescheids) sind rechtmäßig. Die Anordnung der Abschiebung aus der Strafhaft (Nr. 3 des Bescheids) ist dagegen mit der Haftentlassung des Klägers gegenstandslos geworden.

Die Kostenentscheidung beruht auf § 154 Abs. 2 VwGO.

Der Ausspruch über die vorläufige Vollstreckbarkeit der Kostenentscheidung stützt sich auf § 167 VwGO i.V.m. §§ 708 ff. ZPO.

Die Revision ist nicht zuzulassen, da die Voraussetzungen des § 132 Abs. 2 VwGO nicht vorliegen.

Rechtsmittelbelehrung

Nach § 133 VwGO kann die Nichtzulassung der Revision durch Beschwerde zum Bundesverwaltungsgericht in Leipzig angefochten werden. Die Beschwerde ist beim Bayerischen Verwaltungsgerichtshof (in München Hausanschrift: Ludwigstraße 23, 80539 München; Postfachanschrift: Postfach 34 01 48, 80098 München; in Ansbach: Montgelasplatz 1, 91522 Ansbach) innerhalb eines Monats nach Zustellung dieser Entscheidung einzulegen und innerhalb von zwei Monaten nach Zustellung dieser Entscheidung zu begründen. Die Beschwerde muss die angefochtene Entscheidung bezeichnen. In der Beschwerdebegründung muss die grundsätzliche Bedeutung der Rechtssache dargelegt oder die Entscheidung des Bundesverwaltungsgerichts, des Gemeinsamen Senats der obersten Gerichtshöfe des Bundes oder des Bundesverfassungsgerichts, von der die Entscheidung des Bayerischen Verwaltungsgerichtshofs abweicht, oder der Verfahrensmangel bezeichnet werden.

Vor dem Bundesverwaltungsgericht müssen sich die Beteiligten, außer in Prozesskostenhilfeverfahren, durch Prozessbevollmächtigte vertreten lassen. Dies gilt auch für Prozesshandlungen, durch die ein Verfahren vor dem Bundesverwaltungsgericht eingeleitet wird. Als Prozessbevollmächtigte zugelassen sind neben Rechtsanwälten und Rechtslehrern an den in § 67 Abs. 2 Satz 1 VwGO genannten Hochschulen mit Befähigung zum Richteramt nur die in § 67 Abs. 4 Satz 4 VwGO und in §§ 3, 5 RDGEG bezeichneten Personen. Für die in § 67 Abs. 4 Satz 5 VwGO genannten Angelegenheiten (u. a. Verfahren mit Bezügen zu Dienst- und Arbeitsverhältnissen) sind auch die dort bezeichneten Organisationen und juristischen Personen als Bevollmächtigte zugelassen. Sie müssen in Verfahren vor dem Bundesverwaltungsgericht durch Personen mit der Befähigung zum Richteramt handeln.

Beschluss:

Der Streitwert für das Berufungsverfahren wird auf 5.000 Euro festgesetzt.

Gründe:

Die Festsetzung des Streitwerts beruht auf § 63 Abs. 2 Satz 1, § 47 Abs. 1, § 52 Abs. 2 GKG i.V.m. Nr. 8.2 des Streitwertkatalogs für die Verwaltungsgerichtsbarkeit.

8.2 Urteil zu Vollziehbarkeit vs. Bestandskraft

Verwaltungsgerichtshof Hessen — Beschl. v. 11. 10. 2007[108]
Az.: 7 TG 1849/0
ECLI: ECLI:DE:VGHHE:2007:1011.7TG1849.07.0A
(Absehen von der Vollstreckung einer Freiheitsstrafe im Hinblick auf eine Ausweisung)

Verfahrensgang
vorgehend:
VG – 06.08.2007 – AZ: 7 G 1467/07

Rechtsgrundlagen
§ 456a Abs 1 StPO
§ 80 Abs 5 S 1 VwGO
§ 60 Abs 1 AufenthG 2004
§ 60 Abs 7 AufenthG 2004
§ 51 Abs 1 AuslG 1990
§ 53 Abs 6 AuslG 1990
§ 42 S 1 AsylVfG 1992

VGH Hessen, 11. 10. 2007 – 7 TG 1849/07

Leitsatz

1. Ein im Hinblick auf eine Ausweisung erfolgendes Absehen der Vollstreckungsbehörde von der Vollstreckung einer Freiheitsstrafe nach § 456a Abs. 1 StPO erfordert nicht die Bestandskraft der Ausweisung (entgegen OLG Frankfurt am Main, Beschluss vom 8. Dezember 1998 – 3 VAs 38/98 – NStZ-RR 1999, 126).

2. Ein Absehen von der Vollstreckung einer Freiheitsstrafe nach § 456a Abs. 1 StPO im Hinblick auf eine Ausweisung setzt voraus, dass eine vollziehbare Ausreisepflicht des Ausländers besteht und diese demnächst verwirklicht werden wird.

---

[108] http://www.lareda.hessenrecht.hessen.de/lexsoft/default/hessenrecht_lareda.html#docid:3311411.

3. Eine für eine Entscheidung nach § 456a Abs. 1 StPO erforderliche vollziehbare Ausreisepflicht wird auch durch eine nicht bestandskräftige, aber mit einer Anordnung der sofortigen Vollziehung versehene Ausweisung begründet.

Tenor
Die Beschwerde des Antragstellers gegen die Ablehnung seines Eilrechtsschutzgesuchs im Beschluss des Verwaltungsgerichts Gießen vom 6. August 2007 – 7 G 1467/07 – wird zurückgewiesen.

Der Antragsteller hat die Kosten des Beschwerdeverfahrens zu tragen.

Der Wert des Streitgegenstandes wird auch für das Beschwerdeverfahren auf 2.500,00 € festgesetzt.

Gründe
Die nach § 146 Abs. 1 VwGO statthafte und auch im Übrigen zulässige Beschwerde, über die der Berichterstatter gemäß § 87a Abs. 2 und 3 VwGO analog im Einverständnis der Beteiligten anstelle des Senats entscheiden kann, ist unbegründet.

1. Das Bundesamt für die Anerkennung ausländischer Flüchtlinge verneinte mit bestandskräftigem Bescheid vom 31. Januar 1994 Ansprüche des Antragstellers auf Anerkennung als Asylberechtigter, auf Feststellung des Vorliegens des Abschiebungsverbots nach § 51 Abs. 1 AuslG sowie der Abschiebungshindernisse nach § 53 AuslG und drohte dem Antragsteller die Abschiebung an. Das Landgericht Kassel verurteilte den Antragsteller am 26. Januar 2006 wegen unerlaubter Einfuhr von Betäubungsmitteln in nicht geringer Menge in Tateinheit mit Beihilfe zum unerlaubten Handeltreiben mit Betäubungsmitteln in nicht geringer Menge zu einer Freiheitsstrafe von vier Jahren. Mit Verfügung vom 19. April 2007 wies der Antragsgegner den Antragsteller unter Anordnung der sofortigen Vollziehung aus der Bundesrepublik Deutschland aus und drohte ihm die Abschiebung nach Serbien (Kosovo) an.

Die Staatsanwaltschaft bei dem Landgericht Kassel traf mit Bescheid vom 19. Juni 2007 – Az. – folgende Entscheidung: „In der Strafsache gegen A. geb. 04.07.19.. – zur Zeit in der JVA A-Stadt – wegen Verstoßes gegen das

BTMG wird gem. § 456 a StPO von der Vollstreckung der noch zu verbüßenden Restfreiheitsstrafe aus dem Verfahren – Az. – der Staatsanwaltschaft bei dem Landgericht Kassel vorläufig abgesehen. Diese Entscheidung wird wirksam, wenn der Verurteilte das Bundesgebiet endgültig verlassen hat, frühestens jedoch am 01.10.2007. Für den Fall, dass der Verurteilte in die Bundesrepublik Deutschland zurückkehrt, wird schon hiermit die Vollstreckung der Restfreiheitsstrafe unter Absehung von Ladungsfristen angeordnet (§ 456 a Abs. 2 StPO)." Der Antragsteller erhob gegen die ausländerbehördliche Verfügung vom 19. April 2007 Anfechtungsklage, die beim Verwaltungsgericht Gießen unter dem Aktenzeichen 7 E 1152/07 geführt wird. Den Antrag des Antragstellers, die aufschiebende Wirkung der Anfechtungsklage im Hinblick auf die Ausweisung wiederherzustellen und hinsichtlich der Abschiebungsandrohung anzuordnen, lehnte das Verwaltungsgericht Gießen mit dem im Tenor bezeichneten Beschluss ab. Wegen der Einzelheiten wird auf die Begründung der ausländerbehördlichen Verfügung sowie auf die Gründe des angegriffenen Beschlusses des Verwaltungsgerichts Gießen Bezug genommen.

2. Der Antragsteller macht mit der Beschwerde geltend, dass es im Hinblick auf die für sofort vollziehbar erklärte Ausweisung bereits deshalb an einem überwiegenden öffentlichen Vollziehungsinteresse fehle, weil das Absehen von der weiteren Vollstreckung der Strafe nach § 456a StPO eine bestandskräftige Ausweisung voraussetze. Damit aber scheide eine Verwirklichung der Ausweisung durch Abschiebung vor dem Eintritt der Bestandskraft der Ausweisung aus. Im Übrigen beruft sich der Antragsteller auf Umstände, die seiner Ansicht nach ein Abschiebungsverbot nach § 60 Abs. 1 bzw. Abs. 7 AufenthG begründen. Wegen der Einzelheiten des Beschwerdevorbringens wird auf die Beschwerdebegründung vom 29. August 2007 Bezug genommen.

3. Die vom Antragsteller dargelegten Gründe, die gemäß § 146 Abs. 4 Satz 6 VwGO den Umfang der Prüfung des Beschwerdegerichts bestimmen, lassen nicht die Feststellung zu, das Verwaltungsgericht habe das die Ausweisung und die Abschiebungsandrohung betreffende Eilrechtsschutzgesuch des Antragstellers zu Unrecht abgelehnt. Nach dem Erkenntnisstand des Beschwerdegerichts im Zeitpunkt seiner Entscheidung sind sowohl die Ausweisung des Antragstellers als Regelausweisung gemäß § 53 Nr. 1 und 2 i.V. m. § 56 Abs. 1 Satz 1 Nr. 1, Sätze 2 bis 4, § 101 Abs. 1 Satz 1 AufenthG als

auch die Abschiebungsandrohung nach §§ 58, 59 AufenthG rechtmäßig. Insbesondere kann sich der Antragsteller gegenüber diesen aufenthaltsbeendenden Maßnahmen der Ausländerbehörde nicht mit Erfolg auf die in § 60 Abs. 1 und 7 AufenthG normierten Verbote der Abschiebung berufen. Die Ausländerbehörde ist insoweit gemäß § 42 Satz 1 AsylVfG an die Entscheidung des Bundesamtes – hier die Verneinung sowohl des § 60 Abs. 1 AufenthG entsprechenden Abschiebungsverbots nach § 51 Abs. 1 AuslG als auch des § 60 Abs. 7 AufenthG korrespondierenden Abschiebungshindernisses nach § 53 Abs. 6 AuslG – gebunden (vgl. Senatsurteil vom 7. Juli 2006 – 7 UE 509/06 – ZAR 2006, 413; Senatsbeschluss vom 21. Juli 2006 – 7 TG 1469/06 –; BVerwG, Urteil vom 27. Juni 2006 – BVerwG 1 C 14.05 – BVerwGE 126, 192). Im Hinblick auf Art. 19 Abs. 4 GG nicht hinnehmbare Rechtsschutzlücken resultieren aus der durch die Bindungswirkung des § 42 Satz 1 AsylVfG geschaffenen Rechtslage nicht. Denn der Ausländer kann grundsätzlich beim Bundesamt für Migration und Flüchtlinge einen Folgeantrag nach § 71 AsylVfG stellen bzw. ein lediglich auf die Abschiebungsverbote in § 60 Abs. 2 bis 7 AufenthG bezogenes sog. Folgeschutzgesuch anbringen und im Hinblick auf entsprechende Verwaltungsverfahren um vorläufigen gerichtlichen Rechtsschutz nach § 123 VwGO nachsuchen (vgl. Senatsbeschluss vom 21. Juli 2006 – 7 TG 1469/06 –; Nds. OVG, Beschluss vom 1. November 2004 – 8 ME 254/04 – AuAS 2005, 58; GK-AsylVfG, Stand: Juni 2007, § 71 Rdnr. 236 – 242). Das – vom Verwaltungsgericht Gießen bejahte – besondere Vollzugsinteresse, d.h. die besondere Dringlichkeit der Vollziehung der Ausweisung, die zu deren Rechtmäßigkeit hinzutreten muss, um ein im Rahmen eines Antrags nach § 80 Abs. 5 Satz 1, 2. Alt. VwGO zu prüfendes überwiegendes öffentliches Vollziehungsinteresse zu begründen (vgl. hierzu Senatsbeschluss vom 27. Juli 2006 – 7 TG 1561/06 – m. w. N.), wird durch das Beschwerdevorbringen des Antragstellers nicht erschüttert. Ein besonderes Vollzugsinteresse, das die Verwirklichung einer nicht bestandskräftigen, aber für sofort vollziehbar erklärten Ausweisung durch Abschiebung eines Ausländers aus der Strafhaft heraus rechtfertigt, scheitert nicht daran, dass – wie der Antragsteller meint – ein Absehen von der Vollstreckung einer Freiheitsstrafe nach § 456a Abs. 1 StPO im Fall der Ausweisung deren Unanfechtbarkeit voraussetzt, mit der Folge, dass eine vor Eintritt der Bestandskraft der Ausweisung erfolgende Abschiebung aus der Haft in jedem Fall ausscheiden würde. § 456a Abs. 1 StPO ermächtigt die Vollstreckungsbehörde nämlich auch dann zum (vorläufigen) Absehen von der Vollstreckung der Strafe, wenn der Ausländer aufgrund einer zwar nicht bestandskräftigen, aber mit einer Anordnung der sofortigen Vollziehung versehenen Ausweisung vollziehbar ausreisepflichtig ist und die Beendigung seines Aufenthalts demnächst durchgesetzt werden soll. Nach § 456a Abs. 1 StPO kann die Vollstreckungsbehörde u. a. von der Vollstreckung einer Freiheitsstrafe absehen, wenn der Verurteilte aus dem Geltungsbereich dieses Bundesgesetzes ausgewiesen wird. Normzweck der Regelung des § 456a Abs. 1 StPO ist die Befreiung der Justizvollzugsanstalten von der Last der Vollstreckung von Strafen gegen Ausländer, die aufgrund hoheitlicher Anordnung die Bundesrepublik Deutschland demnächst verlassen; zudem wird darauf hingewiesen, dass eine (weitere) Strafvollstreckung gegen diesen Personenkreis unter den Gesichtspunkten der Resozialisierung und der Prävention wenig sinnvoll erscheint (vgl. OLG Frankfurt am Main, Beschluss vom 8. Dezember 1998 – 3 VAs 38/98 – NStZ-RR 1999, 126; Groß, StV 1987, 36; Meyer-Goßner, StPO, 50. Aufl. 2007, § 456a Rdnr. 1). Vor diesem Hintergrund wird der in § 456a Abs. 1 StPO verwendete Begriff der Ausweisung extensiv interpretiert: Er umfasst neben der Ausweisung im Sinne der § 53, 54, 55 AufenthG auch die Abschiebung nach § 58 AufenthG, die Zurückschiebung gemäß § 57 AufenthG, nach herrschender Meinung sogar die bloße Pflicht zur Ausreise nach § 50 AufenthG (vgl. Löwe/Rosenberg, StPO, 25. Aufl. 1997 ff., § 456a Rdnr. 5; Meyer-Goßner, a. a. O., Rdnr. 3; Pfeiffer, StPO, 5. Aufl. 2005, § 456a Rdnr. 2; jeweils m.w.N.). Im Einklang mit dem Wortlaut des § 456a Abs. 1 StPO und entsprechend seinem Normzweck setzt ein im Hinblick auf eine Ausweisung im Sinne dieser Vorschrift erfolgendes Absehen von der Strafvollstreckung voraus, dass – in rechtlicher Hinsicht – eine vollziehbare Ausreisepflicht besteht und diese – in tatsächlicher Hinsicht – demnächst auch verwirklicht werden wird (vgl. Löwe/Rosenberg, a. a. O., § 456a Rdnr. 6; von dieser Rechtsauffassung ausgehend auch: VGH Baden-Württemberg, Beschluss vom 11. September 1999 – 11 S 46/99 – InfAuslR 1999, 127, GK-AufenthG, Stand: Juni 2007, vor §§ 53 ff. Rdnr. 1552 ff.). Die Begründung einer vollziehbaren Ausreisepflicht durch Verwaltungsakt – etwa durch Ausweisung nach §§ 53 ff. AufenthG – erfordert dabei regelmäßig, dass der erlassene Verwaltungsakt seinerseits vollziehbar ist (vgl. § 58 Abs. 2 Satz 2 AufenthG). Dies ist nicht nur der Fall, wenn der die Ausreisepflicht begründende Verwaltungsakt unanfechtbar (bestandskräftig) ist, sondern auch, wenn Widerspruch und Klage gegen ihn kraft Gesetzes (vgl. § 80 Abs. 2 Satz 1 Nr. 3 VwGO i.V.m. § 84 Abs. 1 AufenthG) oder infolge behördlicher Anordnung der sofortigen Vollziehung nach § 80 Abs. 2 Satz 1 Nr. 4 VwGO keine aufschiebende Wirkung haben. Soweit in Rechtsprechung und Literatur zum Strafprozessrecht ohne Begründung stets eine bestandskräftige Anordnung der jeweils in Betracht kommenden ausländerbehördlichen Maßnahme als Voraussetzung einer Entscheidung der Vollstreckungsbehörde nach § 456a Abs. 1 StPO, von der weiteren Vollstreckung der Strafe abzusehen, benannt wird (vgl. etwa OLG Karlsruhe, Beschluss vom 3. Juli 2007 – 2 VAs 18/07 – juris; Meyer-Goßner, a.a.O., § 456a Rdnr. 3; Pfeiffer, a.a.O., § 456a Rdnr. 2, alle mit Verweisung auf Löwe/Rosenberg, a.a.O., § 456a Rdnr. 6, wo allerdings lediglich die Anordnung verlangt wird; OLG Frankfurt am Main, a.a.O.), teilt das Beschwerdegericht diese Auffassung nicht. Weder der Wortlaut noch der Normzweck des § 456a Abs. 1 StPO erfordern eine Begründung der maßgeblichen vollziehbaren Ausreisepflicht durch einen ausländerbehördlichen Verwaltungsakt, der in Bestandskraft erwachsen ist. Da das Absehen von der Vollstreckung der Strafe – wie § 456a Abs. 2 StPO belegt – eine vorläufige Maßnahme ist und keinen endgültigen Verzicht auf den staatlichen Vollstreckungsanspruch beinhaltet (vgl. Löwe/Rosenberg, a.a.O., § 456a Rdnr. 12), kann auch aus der Tragweite dieser vollstreckungsbehördlichen Entscheidung nicht auf das Erfordernis einer bestandskräftigen ausländerbehördlichen Verfügung geschlossen werden. Das Beschwerdegericht weist allerdings darauf hin, dass es im Fall des Antragstellers an einem wirksamen Absehen der Vollstreckungsbehörde von der Vollstreckung der Freiheitsstrafe mangelt. Die im Hinblick auf ein Fortbestehen des staatlichen Vollstreckungsanspruchs fehlende rechtliche Möglichkeit der zwangsweisen Durchsetzung einer den Ausländer treffenden vollziehbaren Ausreisepflicht berührt zwar nicht die Rechtmäßigkeit der gegenüber dem Ausländer verfügten Abschiebungsandrohung (vgl. GK-AufenthG, a.a.O., § 59 Rdnr. 35 ff.), hindert aber nach objektivem Recht die weitere Durchführung der Abschiebung. Dies gilt unabhängig davon, ob der Ausländer seiner Abschiebung den ausschließlich im öffentlichen Interesse bestehenden Strafvollstreckungsanspruch gegen seine Person in einem gerichtlichen Verfahren mit Erfolg entgegenhalten kann (vgl. zur umstrittenen Frage der Rechtsverletzung des Adressaten einer belastenden Maßnahme, wenn diese lediglich unter Verstoß gegen allein im öffentlichen Interesse bestehende Normen erging: Kopp/Schenke, VwGO, 15. Aufl. 2007, § 42 Rdnr. 126 m.w.N.). Durch den Bescheid der Vollstreckungsbehörde vom 19. Juni 2007 ist – auch für den Fall der Abschiebung des Antragstellers – nicht wirksam von der weiteren Vollstreckung der diesem gegenüber verhängten Freiheitsstrafe abgesehen worden. Denn die Vollstreckungsbehörde hat in diesem Bescheid nicht unter der Bedingung einer Abschiebung auf die Vollstreckung der restlichen Freiheitsstrafe verzichtet, sondern die Wirksamkeit ihrer Entscheidung davon abhängig gemacht, dass der Antragsteller „das Bundesgebiet endgültig verlassen hat, frühestens jedoch am 01.10.2007". Das Vorliegen der Voraussetzung des endgültigen Verlassens der Bundesrepublik Deutschland aber kann weder aktuell noch im Zeitpunkt einer etwaigen Abschiebung festgestellt werden.

Die Kostenentscheidung folgt aus § 154 Abs. 2 VwGO.

Die Festsetzung des Streitwertes für das Beschwerdeverfahren beruht auf §§ 47 Abs. 1, 52 Abs. 1 und 2, 53 Abs. 3 Nr. 2 GKG.

Dieser Beschluss ist unanfechtbar (§ 152 Abs. 1 VwGO, §§ 68 Abs. 1 Satz 5, 66 Abs. 3 Satz 3 GKG).

9 Vorlagen für Bescheinigungen und Belehrung

9.1 Beispiel einer Bescheinigung für die Mitgabe von Medikation

Fachärztliche Bescheinigung

Herr/Frau _____, geboren am _____, wurde zuletzt in unserer Klinik stationär behandelt.

Herrn/Frau _____ wurden hier die folgenden Medikamente bzw. Wirkstoffe ärztlich verordnet:

_____

_____

_____

Aus Gründen der Fürsorge haben wir Herrn/Frau _____ vor der Abreise Medikamente mitgegeben (ausreichend für eine weitere Behandlungsdauer von vier Wochen), damit er/sie zunächst mit Medikamenten versorgt ist, bis sein/ihr weiterbehandelnder Arzt eine Medikamentenumstellung vorgenommen hat.

Die Medikamente, welche Herr/Frau _____ mit sich führt, sind also ausschließlich für seinen/ihren eigenen Bedarf bestimmt.

Unterschriften

_____

9 Vorlagen für Bescheinigungen und Belehrung

9.2 Beispiel für ein Belehrungsprotokoll inklusive Bestätigung

Betreff: _____

Az.: _____

hier: Belehrung zum Bescheid auf Anwendung des § 456a stopp

vom _____

Ort: Klinik für _____

Zeit: _____ Uhr

Beteiligte: _____

Herr/Frau _____ wurde über Inhalt und Folgen des o.g. Beschlusses belehrt.

– Der § 456a StPO wurde dem Patienten/der Patientin vorgelesen und erklärt. –

Inhaltlich wurde dem Verurteilten/der Verurteilten mitgeteilt, dass von der Vollstreckung der zu verbüßenden Unterbringung aus dem Verfahren _____ Js _____ der Staatsanwaltschaft bei dem Landgericht _____ vorläufig abgesehen wird. Wirksam, wenn der Verurteilte/die Verurteilte das Bundesgebiet endgültig verlassen hat, frühestens jedoch am _____.

Insbesondere wurde der Verurteilte/die Verurteilte darüber belehrt, dass gleichzeitig die Vollstreckung der Unterbringung angeordnet wurde, falls der Verurteilte/die Verurteilte nach der Abschiebung in die Bundesrepublik Deutschland zurückkehrt.

Der Tag der Abschiebung ist der _____.

Vorlagen für Bescheinigungen und Belehrung | 9

Der o.g. Beschluss gilt erst mit Verlassen der Bundesrepublik Deutschland.

Der Patient/die Patientin gab deutlich – auch nach mehrmaligen Nachfragen – an, den Inhalt der Belehrung verstanden zu haben.

Ort, Datum _____

Gez. _____

9 Vorlagen für Bescheinigungen und Belehrung

Anhang zur Belehrung

Bescheid auf Anwendung des § 456 a StPO vom _____

Az.: _____

Betreff: Herr/Frau _____, geb. am _____

z.Zt.

Klinik für _____

Bestätigung

hiermit bestätige ich, dass ich über o.g. Bescheid belehrt wurde.

Ort, Datum _____

_____

Unterschrift Patient/Patientin

9.3 Beispiel für eine Ärztliche Bescheinigung der Flugtauglichkeit

Bundespolizei
am Flughafen

_____

Ärztliche Flugtauglichkeitsbescheinigung

für Herrn/Frau _____ geboren am _____,

zur Zeit in der Klinik _____

Nach einem kurzen Gespräch mit dem Patienten/der Patientin, körperlicher Untersuchung im Rahmen der hiesigen Unterbringung, Durchsicht der Akten und Gespräch mit dem behandelnden Therapeuten kann über die Flugtauglichkeit folgende Aussage getroffen werden:

Bei dem/der Obengenannten bestehen sowohl aus allgemein-medizinischer als auch psychiatrischer Sicht keine Bedenken bezüglich einer Flugtauglichkeit. Eine aktuelle Gewaltbereitschaft besteht nicht, ebenso gibt es derzeit keine Hinweise auf eine Suizidbereitschaft.

_____

Unterschriften

10 Informationstexte für Patienten

10.1 Deutscher Ausgangstext Patienteninformation zu § 126a StPO – Einstweilige Unterbringung in einem psychiatrischen Krankenhaus

Patienteninformation

§ 126a StPO – Einstweilige Unterbringung in einem psychiatrischen Krankenhaus

Das Gericht hat **vorläufig** Ihre Unterbringung im psychiatrischen Krankenhaus angeordnet, da man Ihnen vorwirft, eine Straftat begangen zu haben, bei Ihnen eine psychische Erkrankung vermutet wird und Sie daher als gefährlich für Dritte gelten.

Ob eine Unterbringung in der Klinik endgültig angeordnet wird (eben weil Sie psychisch krank sind und daher ohne entsprechende Behandlung als gefährlich für Dritte gelten) oder ob Sie in eine Justizvollzugsanstalt (Freiheitsstrafe) verlegt werden, entscheidet ein Gericht in einer Hauptverhandlung.

Vorher wird ein Sachverständiger (Arzt, Psychologe) Sie untersuchen und für das Gericht ein Gutachten anfertigen, in dem er darlegt, ob bei Ihnen eine psychische Erkrankung vorliegt. Der Termin für den Besuch des Sachverständigen wird Ihnen vorher mitgeteilt.

Vom Gericht wird Ihnen ein Rechtsanwalt zugeteilt (Pflichtverteidiger). Der Rechtsanwalt kommt zum Gespräch zu Ihnen in die Klinik. Sie können den Rechtsanwalt aber auch selbst kontaktieren. Sollte Ihnen die Telefonnummer nicht bekannt sein, können Sie sich an die Mitarbeiter der Station wenden.

Ihre Unterbringung in der psychiatrischen Klinik kann durch das Gericht auch vor der Hauptverhandlung beendet werden oder Sie können in eine Justizvollzugsanstalt verlegt werden, wenn frühzeitig feststeht, dass bei Ihnen keine psychische Erkrankung vorliegt.

Fragen zum Alltag auf der Station (Zimmer, Aufenthalt im Freien, Raucherpausen, Essenszeiten, Ruhezeiten, Ärztliche Sprechstunde, Therapiemaßnahmen, Einkauf, Telefonieren, Besuch usw.) können die Mitarbeiter auf der Station beantworten. Die Regeln auf Station sind zu befolgen.

Die Mitarbeiter der Klinik haben eine Schweigepflicht, d.h. sie können Ihre Daten nicht weitergeben, es sei denn, Sie sind damit einverstanden.

Wenn Sie mit einer Entscheidung der Klinik nicht einverstanden sind, können Sie Ihren Rechtsanwalt anrufen und sich auch bei dem Gericht beschweren (§ 109 StVollzG).

Wenn Sie ausreisepflichtig sind, d.h. die zuständige Ausländerbehörde Ihre Ausweisung/Abschiebung beabsichtigt und Sie dagegen nicht klagen wollen oder nicht mehr klagen können, dann haben Sie später, **falls das Gericht bei der Hauptverhandlung Ihre Unterbringung in der Klinik angeordnet hat,** verschiedene Möglichkeiten in das Heimatland zurückzukehren.

Dies gilt ebenso, wenn Sie von sich aus den Wunsch haben, in Ihr Herkunftsland zurückzukehren.

Ihre Möglichkeiten:

1. Überstellung
Die Überstellung ist möglich, wenn zwischen Ihrem Herkunftsland und Deutschland ein entsprechendes Abkommen besteht. Die Überstellung wird zwischen den zuständigen Behörden und Justizministerien der Länder geregelt. Sie werden in Ihr Herkunftsland überstellt. Ihre Unterbringung setzt sich dort unter spezifischen Gegebenheiten Ihres Herkunftslandes und den Vorgaben des Abkommens fort.

2. § 456a StPO
Ihre Unterbringung wird unterbrochen und Sie werden in Ihr Herkunftsland abgeschoben. Der zuständigen Staatsanwaltschaft oder dem Amtsgericht (bei Jugendstrafrecht) sollte mitgeteilt werden, wo Sie in Ihrem Herkunftsland leben werden, vielleicht unterstützt Sie Ihre Herkunftsfamilie. Wenn Sie weiterhin medikamentöse bzw. psychiatrische Behandlung benötigen, unterstützt Sie die Ausländerbeauftragte der Klinik darin, einen Arzt in Wohnortnähe zu finden.

3. Entlassung auf Bewährung bei gleichzeitiger Ausreise in das Herkunftsland (eher gegen Ende der Behandlung)

Dies kommt gegebenenfalls für EU-Bürger in Betracht und für die ausländischen Patienten, die auch die deutsche Staatsbürgerschaft haben. Auch hier müssen Sie dem Gericht mitteilen, wo Sie leben werden und wie gegebenenfalls Ihre weitere medikamentöse Behandlung in Ihrem Herkunftsstaat gesichert ist.

In allen genannten Möglichkeiten kann die Ausländerbeauftragte der Klinik Sie gerne unterstützen. Bitten Sie um einen Gesprächstermin, damit Ihre persönliche Situation und Ihre besonderen Umstände berücksichtigt werden können.

Achtung: Haben Sie einen befristeten Aufenthaltstitel (befristete Aufenthaltserlaubnis)? Achten Sie auf Einhaltung der Frist für die Verlängerung, damit Ihnen keine ausländerrechtlichen Nachteile entstehen. Gerne können Sie auch hierfür um ein Gespräch mit der Ausländerbeauftragten bitten.

Im Falle eines laufenden Asylverfahrens sollte die Aufenthaltsgestattung regelmäßig verlängert werden. Gleichzeitig sollte das Bundesamt wissen, wo Sie sich befinden, und Sie müssen Ihren Asylantrag weiter aus der Klinik heraus betreiben. Gegebenenfalls sollten Sie sich anwaltliche Vertretung suchen.

Haben Sie den Wunsch der Rückkehr in Ihr Herkunftsland, suchen Sie das Gespräch mit Ihrem Rechtsbeistand, auch, wenn Sie noch keinen Hauptverhandlungstermin bei Gericht hatten. Wenn es die besonderen Umstände Ihres Falles erlauben, kann gegebenenfalls Ihre vorzeitige Rückkehr in Ihr Herkunftsland organisiert werden. Machen Sie Ihren Rechtsbeistand auf Ihren Rückkehrwunsch aufmerksam.

Wichtige Adressen und Telefonnummern:

10.2 Deutscher Ausgangstext Patienteninformation zu § 63 StGB – Unterbringung in einem psychiatrischen Krankenhaus

Patienteninformation

§ 63 StGB – Unterbringung in einem psychiatrischen Krankenhaus

Das Gericht hat Ihre Unterbringung in einem psychiatrischen Krankenhaus angeordnet, da Sie eine Straftat begangen haben, Sie für Dritte als gefährlich gelten, bei Ihnen aber gleichzeitig eine psychische Erkrankung festgestellt wurde, wodurch Sie für den Tatzeitpunkt schuldunfähig oder eingeschränkt schuldfähig waren.

Die Unterbringung ist unbefristet, d.h. die Dauer der Unterbringung steht nicht fest, sondern hängt von dem Behandlungsverlauf ab.

Die Unterbringung kann durch das Gericht erst dann beendet werden, wenn die Erkrankung gut behandelt ist und Sie deshalb nicht mehr als „gefährlich" gelten.

Fragen zum Alltag auf der Station (Zimmer, Aufenthalt im Freien, Raucherpausen, Essenszeiten, Ruhezeiten, Ärztliche Sprechstunde, Therapiemaßnahmen, Einkauf, Telefonieren, Besuch usw.) können die Mitarbeiter auf der Station beantworten. Die Regeln auf Station sind zu befolgen.

Die Mitarbeiter der Klinik haben eine Schweigepflicht, d.h. sie können Ihre Daten nicht weitergeben, es sei denn, Sie sind damit einverstanden.

Einmal im Jahr wird von dem Gericht überprüft, ob die Unterbringung fortdauern muss. Hierzu gibt die Klinik eine Stellungnahme ab, in der über das Verhalten, die Therapie und die Einschätzung berichtet wird. Hier besteht keine Schweigepflicht. Sie erhalten durch das Gericht einen Rechtsanwalt zugeteilt, der Ihre Interessen vertritt. Alle zwei bis drei Jahre erfolgt die Begutachtung zusätzlich durch einen externen Gutachter (Arzt/Psychologe).

Wenn Sie mit einer Entscheidung der Klinik nicht einverstanden sind, können Sie Ihren Rechtsanwalt anrufen und sich auch bei dem Gericht beschweren (§ 109 StVollzG).

Wenn Sie ausreisepflichtig sind, d.h. die zuständige Ausländerbehörde Ihre Ausweisung/Abschiebung beabsichtigt und Sie dagegen nicht klagen wollen oder nicht mehr klagen können, dann haben Sie als ausländischer Patient verschiedene Möglichkeiten, in das Heimatland zurückzukehren.

Dies gilt ebenso, wenn Sie von sich aus den Wunsch haben, in Ihr Herkunftsland zurückzukehren:

Ihre Möglichkeiten:

1. Überstellung
Die Überstellung ist möglich, wenn zwischen Ihrem Herkunftsland und Deutschland ein entsprechendes Abkommen besteht. Die Überstellung wird zwischen den zuständigen Behörden und Justizministerien der Länder geregelt. Sie werden in Ihr Herkunftsland überstellt. Ihre Unterbringung setzt sich dort unter spezifischen Gegebenheiten Ihres Herkunftslandes und den Vorgaben des Abkommens fort.

2. § 456a StPO
Ihre Unterbringung wird unterbrochen und Sie werden in Ihr Herkunftsland abgeschoben. Der zuständigen Staatsanwaltschaft oder dem Amtsgericht (bei Jugendstrafrecht) sollte mitgeteilt werden, wo Sie in Ihrem Herkunftsland leben werden, vielleicht unterstützt Sie Ihre Herkunftsfamilie. Wenn Sie weiterhin medikamentöse bzw. psychiatrische Behandlung benötigen, unterstützt Sie die Ausländerbeauftragte der Klinik darin, einen Arzt in Wohnortnähe zu finden.

3. Entlassung auf Bewährung bei gleichzeitiger Ausreise in das Herkunftsland (eher gegen Ende der Behandlung)
Dies kommt gegebenenfalls für EU-Bürger in Betracht und für die ausländischen Patienten, die auch die deutsche Staatsbürgerschaft haben. Auch hier müssen Sie dem Gericht mitteilen, wo Sie leben werden und wie gegebenenfalls Ihre weitere medikamentöse Behandlung in Ihrem Herkunftsstaat gesichert ist.

In allen genannten Möglichkeiten kann die Ausländerbeauftragte der Klinik Sie gerne unterstützen. Bitten Sie um einen Gesprächstermin, damit Ihre persönliche Situation und Ihre besonderen Umstände berücksichtigt werden können.

Achtung: Haben Sie einen befristeten Aufenthaltstitel (befristete Aufenthaltserlaubnis)? Achten Sie auf Einhaltung der Frist für die Verlängerung, damit Ihnen keine ausländerrechtlichen Nachteile entstehen. Gerne können Sie auch hierfür um ein Gespräch mit der Ausländerbeauftragten bitten.

Im Falle eines laufenden Asylverfahrens sollte die Aufenthaltsgestattung regelmäßig verlängert werden, gleichzeitig sollte das Bundesamt wissen, wo Sie sich befinden, und Sie müssen Ihren Asylantrag weiter aus der Klinik heraus betreiben. Gegebenenfalls sollten Sie sich anwaltliche Vertretung suchen.

Im Falle der notwendigen Verlängerung von nationalen Passdokumenten ist Ihnen die Ausländerbeauftragte der Klinik zu gegebener Zeit behilflich.

Wichtige Adressen und Telefonnummern:

11 Stichwortverzeichnis

§

§ 456a StPO iv, v, vii, ix, xi, xii, 41, 42, 43, 44, 45, 46, 47, 48, 49, 55, 56, 57, 58, 59, 60, 61, 63, 65, 68, 71, 76, 77, 78, 79, 80, 81, 83, 87, 159, 160, 161, 162, 184, 185, 186, 187, 188, 189, 192, 198, 201, 209, 210

A

Abschiebung vi, ix, 16, 17, 18, 20, 26, 36, 39, 41, 44, 46, 58, 74, 76, 106, 109, 111, 112, 113, 114, 115, 116, 131, 144, 161, 168, 182, 185, 186, 187, 188, 189, 190, 192, 198, 201
   Abschiebungsanordnung 34, 108
   Abschiebungsbefehl 74, 144
   Abschiebungsverbot 2, 33, 34, 37, 111, 185, 186, 187
   Abschiebungsverfügung 75

Absehen von der Vollstreckung 43, 44, 45, 47, 56, 57, 159, 160, 184, 187, 189, 209

anerkannte Flüchtlinge 2

Assoziationsabkommen 18, 23, 103

Asyl 2, 17, 29, 30, 31, 32, 37, 38, 39, 40, 131, 132, 207, 208
   Asylberechtigter 2, 17, 23, 38, 103, 131, 132, 185
   Asylbewerber 2, 21, 30, 31, 115, 208

Asylgesetz ix, xiii, 2, 11, 21, 22, 27, 36, 37, 39, 103, 107, 111, 112, 113, 115, 130

Asylrecht vii, 2, 29, 30, 37, 38, 39, 40, 95

Asylsuchender 2

Aufenthalt ii, vii, viii, xi, xii, xiii, 1, 11, 12, 13, 14, 16, 17, 18, 20, 22, 24, 26, 27, 37, 38, 42, 43, 62, 63, 66, 70, 71, 83, 93, 96, 97, 98, 99, 101, 102, 103, 106, 108, 109, 116, 132, 155, 160, 172, 181, 197, 200, 208

Aufenthaltserlaubnis viii, 12, 13, 14, 18, 27, 38, 52, 53, 61, 87, 100, 101, 102, 107, 113, 114, 116, 166, 199, 202

Aufenthaltsgesetz vii, viii, xi, xiii, 2, 11, 12, 13, 14, 16, 18, 22, 24, 27, 37, 66, 93, 97, 100, 113, 130, 132, 172, 208

Aufenthaltsgestattung vii, ix, 17, 52, 132, 199, 202

Ausländerberatung xi, 49, 51, 67, 68, 69, 71

Ausländerrecht vii, 11, 51, 172, 207, 210

ausreisepflichtig iv, 38, 58, 80, 84, 108, 109, 188, 198, 201

Aussetzung der Abschiebung ix, 17, 18, 26, 106, 113, 115

Stichwortverzeichnis

Aussetzung des Strafrests 76

Ausweispapiere 52, 53, 54, 63

Ausweisung vii, viii, ix, 20, 21, 22, 23, 26, 41, 42, 44, 47, 48, 55, 56, 57, 58, 59, 63, 74, 75, 76, 103, 106, 108, 144, 160, 162, 165, 166, 167, 168, 169, 171, 172, 173, 174, 176, 178, 179, 180, 181, 182, 184, 185, 186, 187, 188, 198, 201, 208
   Ausweisungsbescheid 44
   Ausweisungsinteresse iv, vii, viii, 20, 21, 22, 23, 24, 25, 104, 105, 108, 110, 179

B

BAMF xiii, 2, 34, 37, 38

Bayern 46

Belehrung vi, x, 43, 46, 65, 151, 152, 155, 191, 192, 193, 194
   Belehrungsprotokoll x, 65, 66, 192

Beratung vii, 49, 51

Bestimmungen in einzelnen Bundesländern 46

Bleibeinteresse iv, vii, viii, 20, 21, 22, 26, 27, 107, 179

Brandenburg 46

Bremen 47

D

Daueraufenthaltsrecht viii, 12, 13, 23, 96, 98, 99, 180

diplomatische Vertretungen 54

Dublin 2, 30, 34, 81
   Dublin-Verfahren 34, 81

Duldung vii, ix, 17, 18, 29, 38, 52, 113, 114, 115
   Duldungsbescheinigung 17, 50, 52, 78

E

Entlassung auf Bewährung bei gleichzeitiger Ausreise in das Herkunftsland v, 81, 84, 199, 201

Entlassungsbrief 61, 65, 87

Entzug der Freizügigkeit xii, 56, 57, 58, 70

Ersuchen um Überstellung 73, 76, 134, 135, 136, 139, 141, 147

Ersuchen um Vollstreckung ix, 41, 153, 159, 160, 209

EU vii, viii, xi, xiii, 3, 7, 8, 11, 12, 13, 15, 18, 19, 23, 30, 36, 39, 40, 53, 56, 57, 58, 59, 71, 78, 90, 91, 96, 97, 98, 103, 109, 114, 116, 130, 199, 201, 210, 211
   EU-Freizügigkeit 53, 78

Stichwortverzeichnis

Europäischen Union   ix, xiii, 3, 13, 30, 31, 34, 71, 76, 77, 90, 96, 97, 98, 109, 116, 149, 150, 151, 152, 156, 157, 158, 210

F

Feststellungsentscheidung   53, 56, 57, 58, 59, 71, 80

Fiktionsbescheinigung   16, 52, 53, 116

Flüchtlinge   xiii, xiv, 1, 2, 3, 4, 5, 23, 29, 31, 32, 33, 34, 35, 36, 37, 39, 81, 89, 95, 103, 111, 130, 185, 187, 207, 208, 212

Flüchtlingsschutz   2

Flugbegleitung   58, 66, 68

Flugtauglichkeitsbescheinigung   64, 195

Freizügigkeitsberechtigung   12, 71

Freizügigkeitsgesetz   vii, viii, xiii, 11, 12, 13, 96

G

Genfer Flüchtlingskonvention   xiv, 2, 36, 37, 38, 212

H

Hessen   9, 39, 47, 55, 161, 163, 184, 209

I

IOM   xiv, 85, 86, 90

K

Konsulat   52, 53, 54, 58, 63, 64, 67, 68, 69, 90

M

Medikation   x, 61, 62, 63, 64, 65, 78, 79, 85, 88, 191

Migrationshintergrund   1, 3, 4, 5, 6, 9, 209, 210, 211, 212

N

Nachsorge   60, 61, 63, 80, 82, 207

Niederlassungserlaubnis   14, 15, 27, 38, 102, 107, 166, 169, 179

Niedersachsen   47

Nordrhein-Westfalen   47

P

Passbilder   53

R

REAG/GARP 85, 86

Rheinland-Pfalz 47

Rückführung ii, v, vi, xii, 1, 39, 46, 47, 48, 55, 59, 60, 61, 63, 65, 66, 68, 69, 70, 71, 77, 87, 109, 131
Rückführungsmaßnahme vii, xi, 51, 55, 58, 59, 69, 114

Rückkehrhilfe 86

Runderlass ix, 47, 51, 57, 80, 159, 160, 163, 209

S

Saarland 48

Sachsen 48

Sachsen-Anhalt 48

Sanktion 41, 42, 43, 72, 73, 74, 75, 76, 91, 133, 134, 135, 136, 137, 138, 139, 141, 142, 143, 144, 145, 146, 147, 152, 153, 154, 157

Schutz 2, 17, 29, 33, 34, 36, 37, 39, 130, 131, 132, 158, 174
Schutzformen 2, 38
Schutzquote xi, 34

sichere Herkunftsstaaten 31

Strafgefangener xi, 6, 7, 8

T

Thüringen 48

U

Überstellung iv, vii, viii, ix, xi, xii, 42, 44, 46, 47, 55, 71, 72, 73, 74, 75, 76, 77, 78, 79, 80, 81, 133, 134, 135, 136, 137, 138, 139, 141, 143, 144, 147, 148, 154, 159, 161, 198, 201, 209

V

Vollstreckung iv, vii, ix, 25, 41, 42, 43, 44, 45, 47, 55, 56, 57, 72, 74, 75, 76, 79, 91, 105, 111, 136, 137, 138, 141, 142, 143, 144, 145, 146, 147, 149, 152, 153, 154, 156, 157, 159, 160, 161, 162, 166, 184, 186, 187, 188, 189, 190, 192, 209, 210

12 Literaturverzeichnis

B

Baumann, A. & Bulla, J. (2013). *Forensische Behandlung von Migranten nach §63 StGB.* Vortrag DGPPN-Kongreß, 29. November 2013. Zitiert nach: Bulla, J., Querengässer, J., Hoffmann, K. & Ross, T. (2015). Forensische Nachsorge von Migranten. Versorgungsepidemiologische Daten der forensischen Basisdokumentation Baden-Württembergs (FoDoBa), S. 8. Zugriff am 16.04.2018 unter
https://www.researchgate.net/profile/Thomas_Ross/publication/284731295_Forensic_Aftercare_of_Migrants/links/5810a02208aef2ef97b2909d/Forensic-Aftercare-of-Migrants.pdf.

Beauftragte der Bundesregierung für Migration, Flüchtlinge und Integration (2016). 11. Bericht der Beauftragten der Bundesregierung für Migration, Flüchtlinge und Integration – *Teilhabe, Chancengleichheit und Rechtsentwicklung in der Einwanderungsgesellschaft Deutschland*. Berlin. Zugriff am 16.04.2018 unter
https://m.bundesregierung.de/Content/Infomaterial/BPA/IB/
11-Lagebericht_09-12-2016.pdf;jsessionid=5EB16835789F2E7B140D24D07628FCC0.s4t1?__blob=publicationFile&v=6.

Bergmann, J. & Dienelt, K. (2018). *Ausländerrecht*. Kommentar (12. Auflage). München: Beck.

Bulla, J., Querengässer, J., Hoffmann, K. & Ross, T. (2015). *Forensische Nachsorge von Migranten*. Versorgungsepidemiologische Daten der forensischen Basisdokumentation Baden-Württembergs (FoDoBa). Zugriff am 16.04.2018 unter
https://www.researchgate.net/profile/Thomas_Ross/publication/284731295_Forensic_Aftercare_of_Migrants/links/5810a02208aef2ef97b2909d/Forensic-Aftercare-of-Migrants.pdf.

Bundesamt für Migration und Flüchtlinge (2017a). *Das Bundesamt in Zahlen 2016. Asyl, Migration und Integration*. Zugriff am 16.04.2018 unter
http://www.bamf.de/SharedDocs/Anlagen/DE/Publikationen/Broschueren/
bundesamt-in-zahlen-2016.pdf?__blob=publicationFile.

Bundesamt für Migration und Flüchtlinge (2017b). *Schlüsselzahlen Asyl 2017*. Zugriff am 16.04.2018 unter
http://www.bamf.de/SharedDocs/Anlagen/DE/Publikationen/Flyer/
flyer-schluesselzahlen-asyl-2017.pdf?__blob=publicationFile.

Bundesamt für Migration und Flüchtlinge (2018a). *Aktuelle Zahlen zu Asyl*. Zugriff am 17.04.2018 unter
http://www.bamf.de/SharedDocs/Anlagen/DE/Downloads/Infothek/Statistik/Asyl/
aktuelle-zahlen-zu-asyl-maerz-2018.pdf?__blob=publicationFile.

12 Literaturverzeichnis

Bundesamt für Migration und Flüchtlinge (2018b). *Das Bundesamt in Zahlen 2017 – Modul Asyl*. Zugriff am 16.04.2018 unter http://www.bamf.de/SharedDocs/Anlagen/DE/Publikationen/Broschueren/bundesamt-in-zahlen-2017-asyl.pdf?__blob=publicationFile.

Bundestag (2015a). *Auswirkungen begangener Straftaten auf den Aufenthalt von Ausländern in der Bundesrepublik*. Wissenschaftliche Dienste, WD 3 – 3000 – 255/15. Zugriff am 07.11.2018 unter https://www.bundestag.de/blob/417868/c9443c4cb4c43f63b3a872880fb8f0b7/wd-3-255-15-pdf-data.pdf.

Bundestag (2015b). *Gesetz zur Neubestimmung des Bleiberechts und der Aufenthaltsbeendigung vom 27.06.2015*, Bundesgesetzblatt, Teil I, Nr. 32, ausgegeben am 31.07.2015. Zugriff am 16.04.2018 unter https://www.bgbl.de/xaver/bgbl/start.xav?startbk=Bundesanzeiger_BGBl&start=//*%255B@attr_id=%27bgbl115s1386.pdf%27%5D#__bgbl__%2F%2F*%5B%40attr_id%3D%27bgbl115s1386.pdf%27%5D__1503640466842.

Bundestag (2016a). *Flüchtlingsstatus und Aufenthaltsrecht bei Straffälligkeit. Zur Rechtslage in ausgewählten Mitgliedsstaaten*. Wissenschaftliche Dienste, WD 3 -300 – 031/16. Zugriff am 07.11.2018 unter https://www.bundestag.de/blob/424476/b56655eb9236a3110451b38e40c0c461/wd-3-031-16-pdf-data.pdf.

Bundestag (2016b). *Gesetz zur erleichterten Ausweisung von straffälligen Ausländern und zum erweiterten Ausschluss der Flüchtlingsanerkennung bei straffälligen Asylbewerbern*. Bundesgesetzblatt, Teil I, Nr. 12, ausgegeben am 16.03.2016. Zugriff am 16.04.2018 unter https://www.bgbl.de/xaver/bgbl/start.xav?startbk=Bundesanzeiger_BGBl&start=%252F%252F*%255B%2540attr_id=%27bgbl116s0394.pdf%27%255D#__bgbl__%2F%2F*%5B%40attr_id%3D%27bgbl116s0394.pdf%27%5D__1503643581094.

Bundestag (2017). *Gesetz zur besseren Durchsetzung der Ausreisepflicht vom 20.07.2017*. Bundesgesetzblatt, Teil I, Nr. 52, ausgegeben am 28.07.2017. Zugriff am 16.04.2018 unter https://www.bgbl.de/xaver/bgbl/start.xav#__bgbl__%2F%2F*%5B%40attr_id%3D%27bgbl117s2780.pdf%27%5D__1503643175855.

Bundestag (2018). *Aufenthaltsgesetz (Gesetz über den Aufenthalt, die Erwerbstätigkeit und die Integration von Ausländern im Bundesgebiet)*. In der Fassung der Bekanntmachung vom 25.02.2008 (BGBl. I S. 162), zuletzt geändert durch Gesetz vom 20.07.2017 (BGBl. I S. 2780) m.W.v. 29.07.2017. Stand 01.08.2017 aufgrund Gesetzes vom 12.05.2017 (BGBl. I S. 1106). Zuletzt geändert durch Gesetz vom 08.03.2018 (BGBl. I S. 342 m.W.v. 16.03.2018). Zugriff am 16.04.2018 unter https://dejure.org/gesetze/AufenthG.

C

Council of Europe (1983). *Übereinkommen über die Überstellung verurteilter Personen.* Sammlung Europäischer Verträge – Nr. 112. Amtliche Übersetzung Deutschlands. Zugriff am 19.04.2018 unter https://rm.coe.int/CoERMPublicCommonSearchServices/DisplayDCTMContent?documentId=0900001680079538.

Council of Europe (1997). *Zusatzprotokoll zum Übereinkommen über die Überstellung verurteilter Personen vom 18. Dezember 1997.* Sammlung Europäischer Verträge – Nr. 167. Nichtamtliche Übersetzung. Zugriff am 19.04.2018 unter https://rm.coe.int/CoERMPublicCommonSearchServices/DisplayDCTMContent?documentId=090000168007f2e7.

E

Erb, V., Esser, R., Franke, U., Graalmann-Scheerer, K., Hilger, H. & Ignor, A. (Hrsg.) (2010). Löwe/Rosenberg. *Die Strafprozessordnung und das Gerichtsverfassungsgesetz* (26. Auflage). Großkommentar. Berlin: De Gruyter.

G

Gercke, B., Julius, K.-P., Temming, D. & Zöller, M. A. (2012). *Strafprozessordnung* (Heidelberger Kommentar, 5. Auflage). Heidelberg: C.F. Müller.

Groß, K.-H. (1987). *Zum Absehen von der Strafvollstreckung gegenüber Ausländern nach § 456a StPO*. Strafverteidiger, 1987, S. 36-40.

H

Hessisches Ministerium der Justiz, für Integration und Europa (2009). *Gemeinsamer Runderlass betr. Vollstreckung von Maßregeln der Besserung und Sicherung nach den §§ 63 und 64 StGB, § 7 JGG; hier: Ersuchen um Vollstreckung im Wege des Vollstreckungshilfeverkehrs; Absehen von der Vollstreckung nach § 456a StPO*. Staatsanzeiger für das Land Hessen, 23.02.2009, S. 540 – 541, (digitaler Aufruf über Inhaltsverzeichnis). Zugriff am 16.04.2018 unter http://www.staatsanzeiger-hessen.de/dokument/?user_nvurlapi_pi1%5Bdid%5D=7685640&src=document&cHash=b381dd8350.

Hoffmann, K. (2017). Forensische Patienten im Maßregelvollzug. Dritte Fachtagung Maßregelvollzug und Sucht vom 18.05.2017. Zugriff am 16.04.2018 unter http://www.lwl-massregelvollzug.de/media/filer_public/c6/92/c692c06b-0830-4613-bf2a-1f87ec134080/09-hoffmann_-_forensische_patienten_mit_migrationshintergrund.pdf.

Hoffmann, K., Kluttig, T. & Ross, T. (2010). *Work immigrants as patients in German forensic psychiatry and psychotherapy.* In M. Shechory, S. Ben David & D. Soen (Eds.), Who pays the price? New York: Nova Science Publishers, pp. 71 - 80.

K

Koch, E., Hartkamp, N., Siefen, R. G. & Schouler-Ocak, M. (2007). *Patienten mit Migrationshintergrund in stationär-psychiatrischen Einrichtungen.* Pilotstudie der Arbeitsgruppe „Psychiatrie und Migration" der Bundesdirektorenkonferenz. Nervenarzt, 2008, 79, 328 - 329.

M

Meyer-Goßner, L. & Schmitt, B. (2018). *Strafprozessordnung mit GVG und Nebengesetzen* (61. Auflage). München: Beck.

Morgenstern, C. (2008). *Strafvollstreckung im Heimatstaat – der geplante EU-Rahmenbeschluss zur transnationalen Vollstreckung von Freiheitsstrafen.* Zeitschrift für internationale Strafrechtsdogmatik, 2, 76 - 82. Zugriff am 16.04.2018 unter http://www.zis-online.com/dat/artikel/2008_2_210.pdf.

P

Pfaff, V. (2006). *Von der rechtswidrigen Anwendung des § 456a StPO.* Zeitschrift für Ausländerrecht und Ausländerpolitik, 4, 121 - 124.

Pohlmann, H., Jabel, H.-P. & Wolf, Th. (2016). *Strafvollstreckungsordnung, Kommentar.* 9. Auflage, Bielefeld: Gieseking Verlag.

R

Rat der Europäischen Union (2008). *Rahmenbeschluss 2008/909/JI des Rates vom 27. November 2008 über die Anwendung des Grundsatzes der gegenseitigen Anerkennung auf Urteile in Strafsachen, durch die eine freiheitsentziehende Strafe oder Maßnahme verhängt wird, für die Zwecke ihrer Vollstreckung in der Europäischen Union.* Zugriff am 16.04.2018 unter https://db.eurocrim.org/db/de/doc/1189.pdf.

S

Sachverständigenrat deutscher Stiftungen für Integration und Migration (2017). *Chancen in der Krise: Zur Zukunft der Flüchtlingspolitik in Deutschland und Europa.* Jahresgutachten 2017. Berlin. Zugriff am 16.04.2018 unter https://www.svr-migration.de/wp-content/uploads/2017/10/SVR_Jahresgutachten_2017.pdf.

Schröder, B. (2011). *Anwendungsbereiche und Auswirkungen der Stillhalteklausel im Assoziationsrecht der EU und der Türkei.* Wissenschaftliche Dienste. Zugriff am 16.04.2018 unter http://www.migazin.de/wp-content/uploads/2011/07/188-11-A_WD-Assoziationsrecht-Standstill.pdf.

Statistisches Bundesamt (2015). *Bevölkerung und Erwerbstätigkeit. Bevölkerung mit Migrationshintergrund. Ergebnisse des Mikrozensus 2014.* Fachserie 1, Reihe 2.2, Wiesbaden. Zugriff am 17.09.2015 unter https://www.destatis.de/DE/Publikationen/Thematisch/Bevoelkerung/MigrationIntegration/Migrationshintergrund.html.

Statistisches Bundesamt (2016). *Pressemitteilung vom 14. Juli 2016 – 246/16, 2015: Höchststände bei Zuwanderung und Wanderungsüberschuss in Deutschland, Wiesbaden.* Zugriff am 16.04.2018 unter https://www.destatis.de/DE/PresseService/Presse/Pressemitteilungen/2016/07/PD16_246_12421pdf.pdf?__blob=publicationFile.

Statistisches Bundesamt (2017a). *Bevölkerung und Erwerbstätigkeit. Ausländische Bevölkerung. Ergebnisse des Ausländerzentralregisters. 2016.* Fachserie 1, Reihe 2. Erschienen am 30.06.2017. Artikelnummer: 2010200167004. Zugriff am 14.08.2018 unter https://www.destatis.de/DE/Publikationen/Thematisch/Bevoelkerung/MigrationIntegration/AuslaendBevoelkerung2010200167004.pdf?__blob=publicationFile

Statistisches Bundesamt (2017b). *Bevölkerung und Erwerbstätigkeit. Bevölkerung mit Migrationshintergrund, Ergebnisse des Mikrozensus 2015.* Fachserie 1, Reihe 2.2. Erschienen am 16.09.2016, korrigiert am 21. März 2017 (Tabelle 11 + 13). Artikelnummer: 2010220157004. Zugriff am 14.08.2018 unter https://www.destatis.de/DE/Publikationen/Thematisch/Bevoelkerung/MigrationIntegration/Migrationshintergrund2010220157004.pdf?__blob=publicationFile.

Statistisches Bundesamt (2017c). *Bevölkerung und Erwerbstätigkeit. Bevölkerung mit Migrationshintergrund, Ergebnisse des Mikrozensus 2016.* Fachserie 1, Reihe 2.2. Erschienen am 01.08.2017. Artikelnummer: 2010220167004. https://www.destatis.de/DE/Publikationen/Thematisch/Bevoelkerung/MigrationIntegration/Migrationshintergrund2010220167004.pdf;jsessionid=17DF1E7CDA4FD53ED79643E84022542B.cae4?__blob=publicationFile.

Statistisches Bundesamt (2017d). *Rechtspflege. Strafvollzug – Demografische und kriminologische Merkmale der Strafgefangenen zum Stichtag 31.3.2016.* – Fachserie 10, Reihe 4.1. Erschienen am 15.03.2017. Artikelnummer: 2100410167004. https://www.destatis.de/GPStatistik/servlets/MCRFileNodeServlet/DEHeft_derivate_00030949/2100410167004.pdf.

Steinböck, H. & Krahl, W. (2015) *Sucht und Migrationshintergrund im Maßregelvollzug – Herausforderungen einer „Doppeldiagnose".* Vortrag gehalten in der LWL-Klinik Herten, NRW („Was wirkt?") am 25.06.2015. Zugriff am 16.04.2018 unter
https://www.lwl.org/massregelvollzug-download/Abt62/Service/Dokumentationen/Tagungen_MRV_u_Sucht/2015/Steinboeck_OK.pdf

U

UNHCR. United Nations High Commissioner for Refugees. Der Hohe Flüchtlingskommissar der Vereinten Nationen (UNHCR). Amt des Vertreters in der Bundesrepublik Deutschland (2015). *Abkommen über die Rechtsstellung der Flüchtlinge („Genfer Flüchtlingskonvention") vom 28.07.1951* (in Kraft getreten am 22.04.1954) in Verbindung mit dem Protokoll über die Rechtsstellung der Flüchtlinge vom 31.01.1967 (in Kraft getreten am 04.10.1967). Berlin. Zugriff am 16.04.2018 unter
https://www.uno-fluechtlingshilfe.de/shop/media/pdf/7b/8b/76/GFK_Pocket_2015.pdf.